HISTOIRE

DES

ARTISTES VIVANTS

PARIS. — IMPRIMERIE DE J. CLAYE
7 RUE SAINT-BENOIT

HISTOIRE

DES

ARTISTES VIVANTS

FRANÇAIS ET ÉTRANGERS

ÉTUDES D'APRÈS NATURE

PAR

THÉOPHILE SILVESTRE

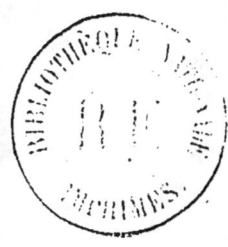

PREMIÈRE SÉRIE

Illustrée de 10 Portraits pris au Daguerréotype

ET GRAVÉS SUR ACIER

INTRODUCTION ET CATALOGUES PAR M. L. DE VIRMOND

PARIS

E. BLANCHARD, LIBRAIRE-ÉDITEUR

MAISON HETZEL, 78 RUE DE RICHELIEU

1856

INTRODUCTION

Nous avons souvent entendu exprimer le regret qu'il ne se soit pas trouvé à toutes les grandes époques, pour écrire l'Histoire des artistes, un observateur patient, épris de vérité, doué d'une curiosité toujours en éveil, d'une humeur très-libre, et prenant jour par jour des notes précises sur ses contemporains. Les révélations positives qu'il eût recueillies en interrogeant sans cesse les maîtres sur leurs sentiments, leurs opinions et leurs pratiques, les traits de génie et de caractère qu'il eût saisis au vol dans les libres entraînements de la causerie, en tous lieux, à toute heure, à propos de tout, formeraient un corps de documents originaux et de leçons directes qui nous manquent absolument. Il y a dans la tradition une lacune dont chacun se plaint et que personne ne comblera.

Les récits des vieux historiens et ceux de la plupart des modernes archéologues sont remplis d'incertitudes, de contradictions, d'anecdotes inventées après coup. A tant de vices ajoutez les complaisances ou les animosités personnelles, les théories ambitieuses, les divagations sentimentales, les coloriages de style, en un mot tous les moyens mis en œuvre par le caprice des écrivains au détriment de la vérité, — que restera-t-il à l'Histoire? Des fables façonnées comme à plaisir pour calomnier la mémoire des morts et abuser de la simplicité des vivants.

Ces romans historiques peuvent faire les délices des oisifs; ils ne laissent dans l'esprit du lecteur sérieux qu'une railleuse indifférence. Qui ne donnerait pas ces fantaisies littéraires pour une conversation avec Michel-Ange, Raphaël, Albert Durer; pour dix lignes écrites par Rubens, Vélasquez ou Rembrandt?

L'historien doit s'attacher à tout voir, à tout entendre par lui-même, et se sentir, avant de prendre la plume, aussi loyal qu'indépendant. Il est tenu d'étudier son sujet avec l'application religieuse du bon peintre, chargé d'un portrait de famille. On ne peut imaginer la vie, le caractère, les doctrines de qui que ce soit au monde, sans outrager à la fois sa propre conscience, l'homme dont on parle, le public et la postérité.

L'auteur de ce livre a fréquenté les maîtres célèbres pour apprendre, suivant le sage conseil de Montaigne, à *parler des vents avec les nautonniers*. Il a essayé de pénétrer du même coup d'œil l'âme de l'homme et l'œuvre de l'artiste, inséparables à ses yeux, afin d'arriver à dire à ses contemporains, sans tenir compte de leurs illusions vaniteuses, la vérité, ce qu'il croit être la vérité, avec le plus absolu désintéressement. Sa prétention n'est pas d'imposer ses idées; il se contente de les exprimer sincèrement dans ces *études d'après nature*, écrites au courant de la plume et dédiées à quelques amis comme un témoignage d'affection.

Il n'est pas aussi difficile qu'on le croit de parler des personnes vivantes : il suffit d'élever résolûment son âme au-dessus de l'ambition, de l'envie et de la servilité; il suffit de mépriser les talents frivoles et corrompus, de haïr la sottise, d'honorer le génie et d'aimer la justice.

HISTOIRE

DES

ARTISTES VIVANTS

INGRES

Lorsque les artistes vivants firent, en 1846, une Exposition au profit des pauvres dans les galeries Bonne-Nouvelle, M. Ingres, supplié d'y prendre part, refusa tout d'abord de s'exposer à de malencontreux voisinages, à d'injurieuses comparaisons : « Je me rendis enfin, dit-il, aux prières du baron Taylor, mais à la condition expresse de séparer mes tableaux de tous les autres par des tentures, sinon par des murailles, et de me trouver seul chez moi. Je ne les ai pas faits pour l'aveugle cohue des bazars; c'est bon pour les jeunes gens qui ont besoin de se faire connaître. Je n'ai exposé avec plaisir qu'un seul de mes ouvrages, le *Vœu de Louis XIII*[1]. Il occupait, en 1824, dans le salon carré du Louvre, la place actuelle des *Noces de Cana*, de Véronèse. J'étais heureux, en le comparant aux peintures de nos modernes, qui sont la fièvre et l'épilepsie de l'art, au *Massacre de Chio*[2], par exemple, d'avoir respecté la forme humaine au lieu de disloquer mes personnages, de les faire

---

1. Voyez à la fin de cette étude l'Œuvre de M. Ingres.
2. On dit *Scio* et non *Chio*; mais c'est M. Ingres qui parle.

marcher sur la tête et de changer en Iroquois la sainte Vierge et ses bons anges; je me raidissais avec violence dans mes principes, qui sont la vérité, pour arrêter l'invasion des Barbares, comme, avant moi, David avait soumis les révoltés qui tenaient la campagne depuis la mort du Poussin. David avait un moment restauré l'art français par la solidité de ses enseignements et le salutaire despotisme de son caractère; mais, après lui, la révolte releva la tête : Gérard, abjurant sa mission d'artiste, devint un courtisan à la mode, ouvrit la porte aux prétendus novateurs, — oh! ce Gérard! — et s'oublia jusqu'à partager leur fameux banquet d'Auteuil, où ils jurèrent tous la mort de la Peinture. Un autre, nommé Gros, leur tenait la main; l'anarchie triompha. Le *Vœu de Louis XIII* fut applaudi, récompensé, mais l'État favorisait en même temps mes adversaires..... Ah! je ne peux plus voir personne; ne parlons de rien; tout va au diable, à la diable, au trou de l'abîme; on a tué la mère des arts, la mère des arts est morte!... »

Ainsi me parlait cet artiste au cœur énergique, essentiellement intolérant, après avoir montré le poing à Rubens, qu'il appelle le Génie du Mal, maudit Rembrandt, le Corrége et tous leurs héritiers, de génération en génération. Il me semblait entendre les fougueux éclats d'un Mandement ultramontain. Pour M. Ingres l'art est un sacerdoce. Fidèle, comme pas un ministre de l'Église, aux principes de la Révélation et de l'Infaillibilité, il ne discute jamais, il affirme et commande. Au lieu de se mêler en simple mortel à la vie commune, il se retire à l'ombre du sanctuaire et c'est seulement dans les occasions solennelles que sa gloire, grandie par le mystère, éclate aux yeux d'Israël. Aussi le voyez-vous présentement tenir chapelle dans un salon réservé à lui seul au *Palais de l'Exposition universelle des Beaux-Arts :* le vrai pape, dans les deux tableaux de la *Sixtine*, c'est M. Ingres; l'humble religieux qui lui baise les pieds, c'est vous ou moi, c'est le public.

Les artistes ont semblé trouver étrange de voir, dans ce vaste et libéral concours où toutes les nations du monde sont conviées à titre égal, les ouvrages de l'illustre maître exposés comme des reliques, et sont allés jusqu'à prétendre qu'il s'est ainsi couronné d'autorité et assis dans une Apothéose. Que celui d'entre eux qui ne rêve pas pour soi-même avec une profonde volupté autel privilégié, acolytes, porteurs de queue, bénitiers et encensoirs, lui jette la première pierre !

Cet homme rare, si intéressant par la sincérité de son despotisme, ne pourrait vivre dans l'hypothèse d'un rival, et s'élevant par la foi au-dessus de tous les calculs hypocrites du respect humain, il veut être seul, et le premier, ou n'être pas. Un objet de grand prix ne souffre pas d'être manié ; il ne faut pas jouer avec les choses sacrées, ni élever la voix dans les lieux saints ; c'est donc une grande imprudence à moi de parler de ce personnage ; on m'a conseillé de lui en demander pardon d'avance, et je le fais ici très-humblement, bien que cela n'entre pas dans mon rôle.

M. Ingres est un robuste vieillard de soixante-quinze ans, de petite taille boulotte et strapassée ; d'une vulgarité extérieure qui contraste étonnamment avec l'élégance affectée de ses ouvrages et ses tendances olympiennes ; vous diriez, en le voyant passer, d'un rentier retiré des affaires et plutôt d'un curé espagnol en habit bourgeois : teint brun, bilieux ; œil noir, vif, méfiant, colère ; sourcil rare, contractile ; front étroit, fuyant jusqu'au sommet du crâne pointu comme un cône ; chevelure courte, drue, jadis très-noire, aujourd'hui grisonnante, divisée en deux parts égales à la mode des femmes ; grandes oreilles ; veines battant les tempes ; nez saillant, un peu recourbé et paraissant court à cause de la distance qui le sépare de la bouche ; joues musculeuses, débordantes ; menton et pommettes très-ressentis, mâchoire de roc, lèvre épaisse et boudeuse.

Ce petit éléphant bourgeois, bâti de moignons informes, va

tout d'une pièce, par mouvements brusques et saccadés sur ses courtes jambes, descend un escalier au galop sans tenir la rampe, s'élance en voiture d'un bond, tête baissée. Avec moins de violence dans le sang, il vivrait un siècle. Les soins parfaits qu'il a de sa personne et ses allures renversantes lui ôtent au moins vingt ans de son âge. Il est difficile de rester sérieux en présence de cette majesté triviale qui porte au front en triple couronne le bonnet de coton, le rameau de laurier et l'auréole. Il ne rit guère, de peur de compromettre sa dignité; mais il se montre d'une aimable familiarité avec les modèles, les ménagères ou le bouquiniste voisin.

Un jeune clerc de notaire, bossu et dévot, scandalisé de voir par un vasistas des femmes nues dans son atelier, vint un jour y faire une brusque irruption et lui dit : « Vous offensez Dieu, qui vous a donné un si beau talent, par ces nudités, au lieu de représenter les saints et les anges. — Je l'ai fait, mon ami, répondit le peintre; mais je me dois à tous les sujets. Pourquoi vous fâcher, n'ai-je pas aussi peint Ésope? »

Le grand maître paraît ordinairement d'une majesté réfléchie et boutonnée jusqu'au menton : il est là carrément assis dans un fauteuil, grave, immobile, comme un dieu d'Égypte sculpté dans le granit; les mains largement étendues sur les genoux parallèles, le buste raide, la tête haute; tout composé à l'effet d'exprimer les glorieuses froideurs de la dignité officielle. Après un moment de silence diplomatique, il vous dévisage, sans vous pénétrer, entre en conversation sur le ton bourru d'un homme importuné, chagrin, fatigué de tout; multiplie coup sur coup les questions pour vous étourdir, enveloppe le sens de ses paroles comme une Sibylle, trouve obscur ce qu'on lui dit, interrompt par de sourds murmures; approuve par gestes solennels, par grands mouvements de tête; pousse des soupirs, des exclamations, ne se sent pas de joie lorsqu'il parvient à rétorquer un argument *alambiqué*, et fuit le colloque en lançant la flèche du Parthe.

Contrarié, il fait la moue, et s'emportant par degrés, montre le poing, trépigne, tempête, et finit par se poser en victime. Acteur profond, il rit d'un œil, pleure de l'autre, donne la bénédiction, maudit ou se lamente. Toujours à cheval sur le sentiment, il emporte, comme une faible femme, les questions de haute lutte, et finit par avoir raison à force d'avoir tort.

Il n'a pas d'esprit, mais des mots bizarres, des boutades d'éloquence naturelle, et comme il se fait un devoir de tout ignorer, hormis les arts du dessin, il met la simplicité d'un tailleur de pierre à copier les inscriptions grecques et latines qu'on lit dans ses tableaux : « Je n'ai connu, dit-il, Homère et Virgile que par Bitaubé et l'abbé Delille ; je n'aime guère que les auteurs anciens ; mais mon livre favori, c'est l'admirable *Gil-Blas* que je relis tous les ans. »

Notre artiste serait de sa nature un assez fin tacticien dans la pratique de la vie, malgré ses apparences de paysan du Danube, mais il se laisse à tout moment trahir par les éclats de son tempérament. Les médiocrités plus froides qui vivent et marchent dans son ombre, préviennent ordinairement les suites de ses transports et lui servent de conseillers d'État et d'ambassadeurs : « Il faut lui pardonner, disent-ils ; c'est un homme de génie, un cœur d'or et un enfant gâté. »

Ingres (Jean-Auguste-Dominique), est né à Montauban, septembre 1781. « J'ai été, dit-il, élevé dans le crayon rouge ; mon père, musicien et peintre, me destinait à la peinture, tout en m'enseignant la musique comme un passe-temps. Cet excellent homme, après m'avoir remis un grand portefeuille qui contenait trois ou quatre cents estampes d'après Raphaël, le Titien, le Corrége, Rubens, Téniers, Watteau et Boucher — il y avait de tout — me donna pour maître M. Roques, élève de Vien, à Toulouse. J'exécutai sur le théâtre de cette ville un *concerto* de violon de Viotti, en 1793, à l'époque de la mort du roi. Mes progrès en peinture furent rapides : une copie de la *Vierge à la chaise*, rapportée d'Italie par mon maître, fit tomber le voile de mes yeux ; Raphaël m'était révélé ; je fondis en larmes. Cette impression a beaucoup agi sur ma vocation et rempli ma vie ; Ingres est aujourd'hui ce que le petit Ingres était à douze ans. »

Quelques années se passent. Le jeune homme vient à Paris ; David le reçoit au nombre de ses élèves ; un second prix, *Antiochus renvoyant son fils Scipion fait prisonnier sur mer*, le sauve de la conscription, et le premier grand prix du concours de 1801, *Achille recevant dans sa tente les députés d'Agamemnon*, le fait pensionnaire de l'école française à Rome. Ce tableau, imitation étique de David, conservé aujourd'hui dans la galerie de l'Ecole des Beaux-Arts, faisait dire au sculpteur anglais Flaxman : « Je n'ai rien vu de si beau à Paris que cet ouvrage. » Le mot est vrai ; M. Ingres l'approuve et le rapporte. Le désordre du Directoire avait épuisé la France, notre école de Rome était privée de budget. Le pensionnaire sans bourse, forcé de rester cinq années à Paris, y vécut misérablement de dessins et d'illustrations de livres, employant le plus de temps possible à copier les antiques du Louvre, les estampes de la Bibliothèque impériale et le modèle vivant dans l'atelier Suisse où sont passés tous nos peintres célèbres depuis David jusqu'à nos jours.

Il faisait entre temps quelques portraits et quelques crayons composés : la *famille F****, un des plus intéressants, représente un salon bourgeois : le père, la mère, un visiteur et une jeune fille de médiocre beauté, mais distraite comme Rosine par des pensées d'amour, la main gauche errante sur les touches d'un clavecin ; voilà les personnages. « On faisait, dit l'auteur, beaucoup de musique dans cette maison, j'y passais ordinairement mes soirées ; la demoiselle accompagnait ces concerts intimes ; j'avais pour elle une inclination qui fut partagée. Comme j'étais au moment de partir pour l'Italie, les parents décidèrent qu'il fallait remettre le mariage à l'époque de mon retour ; mais un beau soir, le soir des adieux, la jeune personne contraria mes idées en peinture et me tint tête; cela m'avertit, je la laissai de côté pour toujours. Le mariage m'attendait tout de bon à Rome : une dame française, d'un naturel fort enjoué, me parlait souvent d'une parente qui faisait à Guéret un petit commerce de lingerie, et elle lui écrivait : « Viens chercher un mari à Rome ! » Elle y vint, en effet ; je la vis pour la première fois à la promenade, auprès du tombeau de Néron. Cette femme, le modèle du dévouement, a fait la consolation de ma vie ; j'ai eu la douleur de la perdre en 1849 ; je me suis remarié deux ans après. »

De 1806 à 1820, M. Ingres perd pour ainsi dire à Rome sa qualité de Français et devient citoyen d'un peuple de statues. Indifférent aux joies et aux douleurs de son pays, il est tout entier à ses tableaux *l'Odalisque* et *l'Arétin*, au moment même où le canon de la Russie tonne sur les hauteurs de Montmartre. Nous le revoyons, pendant les journées de juin 1848, terminer impassiblement la *Vénus Anadyomène* au son du tocsin de la guerre civile, quand le sang des victimes coule en ruisseaux dans les rues de Paris. Heureuse insensibilité !

La misère accablait l'artiste en ménage à Florence, de 1820 à 1824, sans ébranler sa persévérance de fataliste. « J'ai toujours vu mon étoile, dit-il, mais je n'ai eu du pain que dans la vieillesse, ne voulant pas imiter l'exemple des artistes de nos jours, qui n'aiment que l'argent et le travail facile. » Il revient en France avec le *Vœu de Louis XIII*, élaboré trois ans et demi pour arrêter la révolution des coloristes, venger les traditions de l'Académie, et que l'on pourrait appeler son coup d'État.

L'école de David, tombée dans des circonstances tout à fait différentes de celles qui avaient animé son maître, se desséchait faute de pensée, comme un arbre déraciné qu'abandonne la séve. Le public, ignorant des moyens matériels de l'art et des conventions du style, mais avide d'impressions et d'idées, ne comprenait plus le sens de ces personnages peints d'après les statues. C'était pourtant ce public, à tort méprisé par tout artiste insignifiant, qui avait su trouver dans l'archaïsme même de David l'esprit allégorique de la Révolution française : l'inflexibilité de la loi dans *Brutus immolant ses enfants*, le patriotisme armé pour la défense du foyer dans *les Horaces*, la supériorité de l'âme libre sur la tyrannie dans la *Mort de Socrate*.

David exprimait ces idées avec une élévation, une force de caractère qu'il n'eût alors trouvées ni en lui-même, ni dans la réalité, et que, sur la fin de sa vie, ne lui offrait plus l'imitation des anciens, l'enthousiasme de la Révolution étant tombé et avec lui toute émulation pour l'héroïsme grec et romain. Il ne léguait à son école que l'exemple de son autorité jalouse. Il avait supprimé violemment l'Académie en 93 pour la reconstruire bientôt après à son profit et n'y laisser entrer personne qu'à travers son moule souverain : le vieux Greuze, Taunay, Demarne, périssaient — le mal n'était pas grand — sous le coup de ses implacables interdictions; Prud'hon, qui pouvait se réclamer de lui par l'amour de l'antique et qui s'en éloignait par celui du Corrége, languissait dans un coin, et Gros, qui, dans une admiration aveugle, lui sacrifiait, comme des erreurs, ses pages modernes si frappantes, restait sans force et sans action. David proscrit, ses élèves, Regnault, Girodet, Gérard, Guérin, Lethière, qui l'adoraient comme un Dieu, héritant son despotisme sans le compenser par une seule de ses qualités, mirent à la mode la haine de la vie moderne, du mouvement, de la couleur et de tous les effets qui font le charme de la peinture. La Restauration trouva dans l'art le digne pendant de sa politique oppressive et vieillotte.

L'atelier de Guérin couvait deux novateurs : Géricault et Delacroix; l'éclectisme allait sortir de l'atelier de Gros avec M. Paul Delaroche.

Géricault avait ouvert la lutte par le *Radeau de la Méduse*. Sa pensée sociale, on ne la voit pas ; son but le plus évident, c'est une réforme des moyens pratiques de la peinture, tempérée par des souvenirs scolastiques. Les personnages, aux attitudes plus conventionnelles que vraies, sont disposés d'une façon académique dans la *Méduse*, et la *Course de chevaux libres avec des hommes nus*, a tout l'aspect d'un bas-relief ; mais, à l'opposé de la peinture-statuaire, Géricault développe le sentiment du paysage, anime, agrandit la forme dans la lumière. Il a de beaux mouvements, une construction solide, une grande tournure. Son dessin ferme et saillant est infiniment supérieur à sa couleur monotone, bitumineuse et louche.

Delacroix, personnalité plus frappante par la hauteur, la liberté et la distinction de l'intelligence, le nerf, et la poésie du tempérament, dépasse Géricault. Doué du charme inné de la couleur, d'un coup d'œil vif, d'une main prompte, il arrête dans ses tableaux la vie au passage ; développe dans ses figures des reliefs vigoureux, débordants, et leur prête des mouvements, des gestes pathétiques, qui, s'emportant à force d'énergie au delà des limites matérielles de la nature, concourent, par leur désordre même, à produire l'illusion dans l'âme du spectateur et à l'entraîner invinciblement dans le monde des rêves. Il n'y a pas non plus dans ses ouvrages un but d'actualité poursuivi, mais une constante et profonde ambition d'exprimer, au hasard des circonstances et au gré du caprice, les agitations de la vie, les combats de la passion humaine, en un mot, les tendances du poëte en tous les temps. Tout aussi préoccupé, du reste, des procédés et des charmes extérieurs de l'Art que de sa pensée intime et de ses inventions, Delacroix a porté à l'idée immobile, aux recettes étroites de l'Académie, les plus rudes atteintes, et revendiqué le principe de la liberté dans cette querelle dite des classiques et des romantiques, maintenant oubliée.

Les héritiers de David, appelés dessinateurs, dépourvus de toute conviction sociale, occupés de vieilles pratiques extérieures, posaient en principe exclusif le culte de la forme humaine et faisaient prévaloir la Beauté de la combinaison précise des lignes ou contours, du dessin proprement dit. Il n'y avait pas pour eux de caractère, de grand style, hors de l'imitation des types nus ou drapés pris à la statuaire, aux fresques, aux vases d'Herculanum et de Pompéi, aux ouvrages de Raphaël; comme si le style pouvait être une convention et non l'expression originale et libre du sentiment propre à chaque maître, comme si Rembrandt, par exemple, n'avait pas montré plus de cachet et d'élévation dans le moindre de ses griffonnages, que l'Académie tout entière n'en a fait voir en un demi-siècle dans ses plus vastes machines! Ils ajoutaient que les effets de la lumière, la couleur et le sentiment du paysage diminuaient la forme humaine et la réduisaient à un aspect vague, chatoyant, à une sorte de vérité vulgaire, agréable aux yeux, mais contraire à l'imagination, qui a horreur de la réalité.

Les coloristes, surnommés aussi réalistes, vieille dénomination ressuscitée de l'opposition du Caravage à Raphaël et de Rubens au Poussin, soutenaient que la beauté humaine, résultat expressif de l'agitation physique et des affections de l'âme, au lieu d'être emprisonnée par des lignes, nous est sensible par sa mobilité vue à travers le prestige de la lumière, sans lequel il ne saurait y avoir, après tout, ni peintre ni spectateur; qu'il est impossible de rendre le mouvement, le relief, autrement que par la combinaison juste et savante des tons de la couleur; que la statuaire antique elle-même doit plutôt sa grande tournure à la saillie, à la largeur de ses plans, qu'à la circonscription linéaire de son galbe; que, d'ailleurs, cette imitation de types invariablement imposés était au rebours de la nature variée à l'infini suivant les temps, les lieux et les races. Les coloristes se déclaraient absolument libres de prendre leurs sujets à telle ou telle époque de l'histoire, dans la vérité du costume distinctif; prétendaient que les effets de la couleur ne s'adressent pas seulement aux sens du spectateur, mais surtout à son esprit, en poussant à l'infini la donnée même du tableau ; et que, s'abstenir de procédés successivement tirés de la nature par les maîtres vénitiens, espagnols et flamands, c'était priver l'art du bénéfice des découvertes, et, sous prétexte d'austérité spartiate, le dépouiller de tout charme, de toute splendeur, et le nier entièrement.

Les vieux écrivains et les tragiques de l'Empire défendaient les dessinateurs ; la jeune littérature prenait parti pour les coloristes : on se jetait à la tête le Parthénon et Notre-Dame, Shakspeare et Racine, des pourpoints de velours, des feutres à plumes, des draperies grecques et des casques romains ; c'étaient des tempêtes dans des verres d'eau, le plus souvent on cassait les verres ; le *Massacre de Scio*, de M. Eugène Delacroix, faisait tirer l'épée.

M. Ingres avait donné des gages aux romantiques : *Françoise de Rimini*, l'*Entrée de Charles V dans Paris*, véritables enluminures du moyen âge ; la *Chapelle Sixtine*, imitation du Titien, *Philippe V et le maréchal de Berwick*, reproduction de personnages et de costumes du siècle de Louis XIV. M. Delacroix, en rival généreux, prônait lui-même, sans trop l'estimer, l'artiste qui osait prendre tant de liberté contre la tradition officielle ; mais l'Académie démêlant facilement, dans les écarts modérés de M. Ingres, une simple tactique, se mit à crier *haro* sur M. Delacroix, l'homme de conviction, comme l'eût fait la garde nationale sur un chef d'émeute. M. Ingres fut décoré de la croix de la Légion d'honneur en 1824, et nommé membre de l'Institut en 1825.

Écrivains et artistes s'étaient portés au *Salon* de 1827. Le tableau capital de M. Ingres était l'*Apothéose d'Homère* ; celui de M. Eugène Delacroix, la *Mort de Sardanapale*. M. Eugène Devéria présentait la *Naissance de Henri IV*. C'était le moment décisif. Qui avait raison ? Chacun disait : moi, d'avance ; qui enlèverait la majorité et l'influence officielle ? Grande anxiété. En France, la question littéraire domine toutes les autres. Il ne s'agissait pas seulement de savoir si la *Mort de Sardanapale*, la *Naissance de Henri IV*, méritaient ou non de l'emporter sur l'école de David et l'*Apothéose d'Homère;* mais bien si la jeune littérature devait rester au-dessus ou au-dessous des classiques de l'Empire. Les écrivains nouveaux triomphèrent pour leur compte, mais l'autorité dans l'art fut conquise par M. Ingres.

La querelle n'était guère au delà d'une question de forme. Peindre pour peindre, écrire pour écrire, faire de l'art pour l'art, voilà toute la portée de cette discussion qui sent bien les logomachies du libéralisme. Il faut pourtant convenir que les peintres coloristes et les écrivains nouveaux, en exigeant la liberté de leurs impressions, de leurs préférences et de leurs moyens, montraient des prétentions justes et vraies en dépit de toutes les règles. On peut ajouter qu'en attendant le moment d'avoir une idée nouvelle, ils combattaient pour la meilleure manière d'exprimer celle qui était en eux.

Quelle vérité M. Ingres venait-il défendre avec une invincible ténacité et une incroyable fougue? La négation de toute conviction sociale et la restauration la plus exagérée des procédés matériels de son maître David démontrés radicalement vicieux. Ainsi le fanatique rejette l'esprit de la religion, pour n'en prendre que la lettre morte, l'observance étroite et oppressive. David avait mis la forme au service de la pensée, M. Ingres venait établir le culte de la forme par l'abolition de la pensée même; réduire la mission de l'Art à une voluptueuse et stérile contemplation de la matière brute, à une indifférence de glace pour les mystères de l'âme, les agitations de la vie, les destinées de l'homme, l'intimité de la création, et poursuivre, au moyen de lignes droites et courbes, l'absolu plastique, considéré comme le principe et la fin de toutes choses. Mais, après avoir créé ses nouveaux Adam et Ève, il ne devait pas même s'apercevoir qu'il avait oublié de leur donner une âme. A quelles aberrations a-t-il entraîné l'école française, et quelle responsabilité retombera sur lui!

Il me semble que ce n'est pas trop exiger de l'artiste que de lui demander une tendance de civilisation, de moralité, une expression significative. C'est seulement par là que les ouvrages des maîtres ont échappé à l'indifférence et à l'oubli. Un peintre de valeur n'est pas, sans doute, condamné sous peine de manquer d'intérêt à suivre un programme d'utilité précise, à reproduire les anecdotes de la *Morale en action*, les grandes scènes de l'Histoire en sujets de *Lanterne magique* et de *Diorama;* à tirer enfin de l'actualité des pamphlets ou des allégories; mais à qui parlera-t-il et que pourra-t-il dire sans passion et sans but? Le spectateur ne mettra pas le prix qu'il ajoute lui-même à des procédés dont l'étude pratique, à la vérité, lui a coûté la moitié de la vie, mais qui ne sont rien de plus que des moyens d'ouvrier, des arabesques ou des gammes. La voix du poëte, réduite à la seule valeur des mots agencés et des rimes sonores, n'est pas la voix de la poésie, mais un vain bruit qui frappe l'air.

L'atelier de M. Ingres s'ouvrit à l'affluence de la jeunesse. Un maître original, un homme libre, n'eût jamais songé à fonder une école. Est-il possible, en effet, de donner des idées et des sentiments à l'élève qui en serait naturellement dépourvu et de lui livrer des recettes enchantées pour atteindre l'idéal, ce je ne sais quoi, cette étincelle mystérieuse qui jaillit de l'âme de l'artiste au contact de la nature? M. Ingres était doué des qualités du professeur émérite : fanatisme de la tradition, amour de l'autorité, application pratique, nulle exaltation intellectuelle, grande abondance de paroles et de comparaisons vulgaires; obstination insurmontable. Mais, ni lui, ni personne, n'enseigne plus la peinture ou la sculpture. L'élève des fortes écoles du XVIe siècle, en participant directement aux travaux de son maître, devenait au moins un habile praticien, et personne ne se fût avisé de lui contester le droit de changer d'atelier ou de se livrer à ses inspirations personnelles, le jour où il se sentait la force de s'ériger en maître à son tour. M. Ingres, aujourd'hui quitté, ne manquerait pas de crier à l'ingratitude et à la trahison. Les élèves des académiciens ne font, du reste, sous leur direction que de maigres dessins pour s'exercer à concourir les uns contre les autres avec une égale ignorance. Ce qu'ils apprennent le mieux, c'est le respect et la crainte du professeur dont l'influence officielle leur vaudra des travaux et du pain, et peut-être un siége à l'Institut, s'ils portent bien le joug. Léonard de Vinci, Michel-Ange, Rubens, tempéraments superbes, intelligences avides, joignaient à la pratique spéciale et à la poésie la science universelle; M. Ingres a les yeux fermés à la terre, aux étoiles, à toutes les moralités de la vie, et n'est rien de plus qu'un crayon machinalement animé.

Voyez plutôt le résumé de son catéchisme tout professionnel :
« David, dit-il, est le vrai restaurateur de l'art français et un très-grand maître. J'admire les *Horaces*, l'*Enlèvement des Sabines*, comme des chefs-d'œuvre. C'est David qui m'a enseigné à mettre une figure sur ses pieds, à attacher une tête sur des épaules. Je me suis adonné, comme lui, à l'étude des peintures d'Herculanum et de Pompéi, et, quoique je sois au fond toujours resté fidèle à ses excellents principes, je crois avoir ouvert une voie personnelle en ajoutant à l'amour qu'il avait pour l'antique le goût de la nature vivante, l'étude de la grande tradition des écoles d'Italie et surtout des ouvrages de Raphaël N'y a-t-il pas quelque chose de divin dans la grâce et la noblesse et la facilité de ce maître sublime! Si je pouvais croire aux êtres surnaturels, je penserais qu'un esprit céleste habitait en lui. On ne sent pas le moins du monde le travail dans ses ouvrages; ils paraissent sortis d'un seul jet de son intelligence. Ce qu'il y a de plus admirable dans ses compositions c'est le lien qui unit entre elles les figures d'un groupe, rattache les groupes entre eux et les fait pour ainsi dire ressembler aux diverses grappes d'un raisin har-

monieusement unies à la tige principale. Raphaël, sans nul doute, est le continuateur direct de la Grèce, de Zeuxis et d'Apelle; il a été doué mieux que personne du sentiment de l'élégance; mais les Grecs, si bien servis par le climat et les mœurs de leur beau pays, qui leur permettaient d'étudier toujours la beauté à nu au milieu de l'éclat des fêtes et des cérémonies publiques, lui ont été probablement supérieurs.

*
* *

« Ah! la *forme*, la *forme*; c'est tout. Elle est dans un simple billet d'invitation à dîner, si difficile à écrire, disait un diplomate. D'où vient la beauté du commencement de la *Genèse* dans la Bible? De l'agencement des mots. La forme a des lois rigoureuses qu'il n'est pas plus possible d'enfreindre en peinture qu'en littérature. L'écrivain ne peut violer les lois de la grammaire s'il veut s'élever au style.

*
* *

« L'art consiste avant tout à prendre la nature pour base, à la copier même avec scrupule, en choisissant toutefois ses côtés élevés. La laideur est un accident et non pas un des traits de la nature.

*
* *

« Les peintres modernes s'intitulent peintres d'histoire; il faut absolument détruire cette prétention. Le peintre d'histoire est celui qui représente les faits héroïques, et ces hauts faits se trouvent uniquement compris dans l'histoire des Grecs et des Romains; c'est par eux que l'artiste peut montrer tout son talent d'exécution dans le nu et les draperies; toutes les autres époques ne donnent que des *tableaux de genre*, le costume cachant les corps. C'est à la faveur du costume que les peintres dits romantiques font si facilement leurs tableaux sans avoir appris les premiers éléments de la structure humaine.

* * *

« Les novices doivent d'abord dessiner quelque temps d'après les têtes des *Loges* de Raphaël ; puis des figures en ronde-bosse d'après l'antique, de préférence les bustes de Jupiter et de Minerve; passer au dessin du modèle vivant; copier ensuite au Louvre des tableaux ou des fragments de tableaux choisis, s'exercer enfin à peindre d'après nature. Je trouve que dans tous les ateliers les élèves font trop tôt des compositions entières. J'exerce les miens aux concours en leur donnant à colorier de mémoire une estampe tirée ordinairement des *Loges*.

* * *

« Les élèves partageront leur temps entre l'étude de la nature et celle des maîtres, s'attachant spécialement à Phidias, aux bas-reliefs du Parthénon, à la sculpture antique en général; aux peintres des écoles romaine et florentine, aux gravures de Marc-Antoine.

* * *

« Ne vous attachez pas à parfaire isolément, successivement la tête d'un personnage, le torse, les bras, etc. Vous manqueriez infailliblement l'harmonie de l'ensemble; établissez, au contraire, les rapports de proportion qui existent entre les diverses parties, recherchez la vérité de leur mouvement naturel; craignez, en le caractérisant, bien plus la froideur que l'exagération, et servez chaud.

* * *

« Ne dessinez jamais sans avoir la Nature sous les yeux ; il ne faut pas faire une main, un doigt de mémoire, de peur de tomber dans la manière, le relâchement ou la banalité. Il faut, pour avoir le dernier mot de la Nature, la respecter et l'adorer.

*
* *

« Établissez bien la variété et l'opposition des lignes ; c'est le seul moyen de saisir la tournure de la forme. Pesez sur les traits dominants du modèle, exprimez-les fortement, poussez-les, s'il le faut, jusqu'à la caricature, je dis caricature afin de mieux faire comprendre par cette exagération l'importance d'un principe si vrai.

*
* *

« Les lignes se brisent très-fréquemment dans la nature pour se relier, s'entre-croiser, comme qui dirait les osiers dont l'enlacement fait un panier.

*
* *

« Le peintre doit s'attacher fort peu à la partie musculaire de l'anatomie ; mais beaucoup à la partie ostéologique qui lui donne particulièrement les longueurs, et les rapports de ces longueurs entre elles : Vous finirez, selon le mot de David, par me mettre des rotules jusqu'au nez de vos figures ; voulez-vous être des peintres ou des chirurgiens ?

*
* *

« Un élève enclin à la *manière* se recommandera quelque temps à la protection d'un maître naïf ; Holbein, par exemple, ou à un Italien de l'époque primitive : Le Giotto. L'élève d'un tempérament débile doit *manger* deux ou trois mois de Michel-Ange ; mais avec précaution, de peur d'arriver à l'exagération ; il faut aussi s'enhardir avec les grands exécutants : Léonard de Vinci, entre autres ; mais toujours revenir à Raphaël.

*
* *

« Si vous aimez la couleur, que ce soit celle du Titien, jamais celle de Rubens ; allons, si vous voulez, à Venise, fuyons Anvers.

*
* *

« Ébauchez vos tableaux avec une précaution, un soin infinis et par légers frottis. Vos préparations doivent être toujours agréables à la vue : l'artiste, surpris dans son travail peu avancé, pourra le montrer avec avantage au visiteur.

*
* *

« Si vous êtes pressé d'exécuter votre tableau, il faut aussitôt après avoir établi le modelé, attaquer toute l'intensité du ton de la couleur ; si au contraire, vous avez tout le temps à vous, commencez par faire une esquisse douce et blonde que vous pousserez graduellement jusqu'au ton définitif ; faites avancer en même temps tous les détails de la forme avec la plus grande sollicitude.

*
* *

« Empâtez partout également. Je ne vois dans la nature, ni touches prononcées, ni rehauts de couleur.

*
* *

« Les miens soutiennent que je suis aussi fort pour la couleur que pour le dessin. Je fais aussi bien que le premier venu des tons rouges, verts, bruns, olivâtres, et je les dispose dans une juste relation ; mais ce qui me préoccupe le plus, c'est la forme.

⁂

Et il ajoute une foule d'axiomes dans le goût de celui-ci : « *Le nombril est l'œil du torse.* »

Ce catéchisme se réduit donc à une somme de recettes plus ou moins contestables, et qui, dans leur meilleure acception, sont à la peinture ce que la *Grammaire* et le *Dictionnaire des rimes* sont à l'éloquence, à la poésie. La forme, toujours la forme; jamais la pensée; mais comme sans la pensée tout est condamné à mourir, le malheureux académicien ne pouvait éviter dans ses ouvrages de méconnaître la forme elle-même et tous ses phénomènes naturels : le relief, l'action, la lumière, l'étendue, et justifier cette prédiction de Michelet faite pour lui : « Celui qui se contentera de peindre la forme ne saura même pas la voir. »

Ainsi, quand il traduit par des lignes inflexibles le contour des objets naturellement fondu, ondoyant ou agité dans l'atmosphère, il les pétrifie; lorsqu'il s'attache à poursuivre la profondeur de l'air plutôt par la précision mathématique de la perspective linéaire que par le prestige infini de la couleur, il détruit toute vraisemblance. C'est la couleur seule qui nous fait comprendre la réalité, le mouvement, la place relative des corps, et l'air qu'ils respirent. La morne immobilité de cette peinture frappe tout le monde d'étonnement :

« Elle a plus de rapport qu'on ne pense avec les peintures primitives des peuples orientaux qui sont une espèce de sculpture coloriée. Chez les Indiens, les Chinois, les Égyptiens, les Étrusques, par où commencent les arts? Par le bas-relief, sur lequel on applique de la couleur; puis on supprime le relief, et il ne reste que le galbe extérieur, le trait, la ligne. Appliquez la couleur dans l'intérieur de ce dessin élémentaire, voilà la peinture; mais l'air et l'espace n'y sont point [1]. »

---

1. Thoré, *Salon* de 1846.

« Une école de peinture s'est formée d'après les statues. Les maîtres enseignent à peindre à leurs élèves en leur donnant pour modèles des plâtres; comment ne seraient-ils pas des coloristes froids et gris?..... Le soin que l'école actuelle donne aux formes prouve clairement qu'elle méconnaît le domaine de la peinture et qu'elle suit trop exclusivement les traces des statuaires [1]. »

Par le vice radical de ce procédé, l'artiste dessine les êtres vivants, comme un géomètre décrirait les *solides,* et il arrive ainsi à priver l'homme du souffle de la vie; il le rendrait méconnaissable dans la mort. Gros n'a pas fait les cadavres glacés, étendus sur la neige du *Champ de bataille d'Eylau,* comme il eût peint des cubes et des pierres de taille. Voyez aussi les efforts douloureux de M. Ingres pour faire entrer le modelé dans ses dessins linéaires préétablis! Il le relâche et le resserre, comme le tortionnaire étirait ou raccourcissait les membres de la victime à la mesure du lit de Procuste; parfois il l'abandonne de guerre lasse et perfectionne le contour, rejetant l'épée mal forgée pour ciseler le fourreau.

Dans les ouvrages de sa première manière : *Bonaparte, premier consul, madame Devauçay, OEdipe et le Sphinx,* la *Chapelle Sixtine,* il semble avoir empâté spécialement quelques parties, mais non pas par rehauts très-sensibles. Il ne procède guère par frottis et glacis proprement dits, bien qu'il ait par exception frotté vingt fois au bleu de Prusse le bras de la Muse de *Chérubini.*

Dans sa seconde manière : le *Martyre de saint Symphorien,* il affecte une harmonie gris-sombre qui tire sur l'ardoise.

Dans sa troisième manière : portraits de mesdames d'Haussonville, de Moitessier, de la princesse de B***, *Stratonice,* la *Vierge à l'hostie,* etc., sa couleur est plus liquéfiée, plus étendue d'huile;

---

[1]. Guizot, *Salon de* 1810.

il cherche, dit-il lui-même, une peinture mince « comme de la pelure d'oignon. » Le tableau de *Stratonice* a le poli d'une glace.

Il est rare que les discordances de sa couleur n'altèrent pas les meilleures parties de son dessin. La violence des tons, réagissant contre la justesse des lignes, fait avancer ou reculer les personnages en sens inverse de la volonté du peintre qui les met en scène, et le spectateur est forcé, par ce désordre irréparable, de déserter la représentation. C'est en vain que les divers plans ont été marqués et les figures échelonnées en vertu de leur proportion linéaire : ce faux coloris vient tout bouleverser, faire le vide dans le plein, le plein dans le vide, détruire les distances, supprimer l'atmosphère, empiler, étouffer, écraser, aplatir, comme un jeu de cartes, tous les personnages les uns contre les autres.

Poursuivre la perfection de la forme par le dessin et mutiler le dessin par la couleur, c'est la tâche fatale de M. Ingres, un travail de Danaïde. Cette volonté bizarre d'exprimer exclusivement par la combinaison linéaire les proportions de la nature et l'aspect de la vie, sans cesse irritée en lui par la critique, s'est exaltée comme un amour malheureux, une religion persécutée, et changée en système farouche. Il n'a semblé chercher la couleur du Titien qu'en un moment d'insuccès et de défaillance ; mais il s'est remis de plus belle à glorifier son goût dominant au préjudice de qualités essentielles qu'il n'a pas ; à proscrire en bloc les maîtres vénitiens, espagnols, hollandais et flamands ; à élever, dans le dédain absolu de la couleur et de l'effet, des disciples dont le zèle ascétique a tenté de faire reculer la Peinture jusqu'à la fresque du XIVe siècle : voyez leurs ciels d'ardoise, leurs figures de brique, et leurs fonds d'or, damassés comme le linge de table, qu'il faut prendre, sous peine d'hérésie, pour la lumière céleste.

Raphaël, toujours invoqué, n'a jamais affecté, lui, cette aversion de la couleur, bien qu'il n'en ait pas le génie ; il arrive même à un certain charme par son harmonie brune. Il n'a pas proscrit son élève Jean d'Udine, le coloriste vénitien, et Michel-Ange protégeait Sébastien del Piombo. Le Poussin, qui n'a pas non plus le don de la couleur, n'affecte rien contre elle; Le Sueur, ordinairement d'une harmonie si pâle, s'élève à toute l'énergie de l'effet dans la *Mort de saint Bruno;* David a trouvé la profondeur dans le tableau des *Horaces*, réuni dans le portrait de *Marat* toutes les beautés de la peinture, et, dans le portrait du pape Pie VII, qui exprime si bien l'âme mélancolique et flottante du personnage, il n'a pas cherché, pour plus de rigidité, à encadrer son sujet dans des lambris faits à coups de règle ni montré ce ton gris et froid de ronde-bosse en plâtre si déplaisant dans le portrait de Chérubini.

Réduire à rien dans la peinture la couleur et l'effet, c'est supprimer deux qualités indispensables à son existence; affirmer, de plus, que les grands coloristes sont de mauvais dessinateurs, c'est une violente absurdité. Enlevez par couches la couleur du Tintoret jusqu'à la trame de la toile, et vous trouverez dessous les plus belles lignes, les plus grands mouvements. Une faculté dominante n'implique pas la mort des autres facultés; l'homme de génie la cultive par préférence; voilà tout.

Mais la supériorité de M. Ingres dans le dessin était même un préjugé, aujourd'hui détruit. Bien que le dernier terme de l'art ne consiste pas à bien attacher un poignet, ou à faire des tours de force de crayon plus ou moins intéressants pour les gens du métier, il est certain que son œuvre, envisagé même à ce point de vue étroit, fourmille de fautes et d'infirmités que ne compensent ni la grande tournure, ni l'emportement du geste : *Angélique* attachée au rocher et l'amant transi qui semble donner à *Françoise de Rimini* le premier baiser de Jocrisse, ont le cou démonté sans avoir rien perdu de leur froideur insipide ; les licteurs du *Martyre de saint Symphorien* sont de pied en cap écorchés sans paraître plus forts; la mère du martyr est trois fois trop grande, mais le peintre l'a voulue telle par système, ne pouvant, dit-il, se résigner à sacrifier dans les lointains de la perspective une femme si énergique ; le nombril de l'*Odalisque* couchée regarde le flanc ; la cuisse, la jambe et le pied de sa suivante, qui joue d'un instrument, échappent à la description ; il faut les voir ; le maréchal de Berwick va toucher le plafond, s'il se relève après avoir reçu le collier des mains du roi; le bras droit de madame Devauçay est soufflé; la main droite de madame Leblanc est vide comme un gant; les doigts de madame la princesse de B*** sont brisés à toutes les phalanges; le nez de madame de Moitessier n'est pas; Alexandre a un bras estropié dans l'*Apothéose d'Homère*. Si les personnages de M. Ingres pouvaient sentir et parler leurs douleurs, il sortirait du fond de ses tableaux tous les cris et les gémissements qui s'élèvent des champs de bataille. J'oubliais, mais j'en passe bien d'autres, ce noir Jupiter à cornes qui vient, en un accès de fureur érotique, surprendre Antiope endormie qui ne pourra s'enfuir sur ses genoux broyés. Il serait pédant d'entrer dans de semblables détails, s'il ne fallait en finir avec les fanatiques qui ne pardonneraient pas un cheveu de travers à un homme de génie et qui nous imposent la perfection du dessin de leur maître comme un article de foi.

En 1834 parut le *Martyre de saint Symphorien*, résumé de toutes les règles de l'Académie, exécuté pour fermer la bouche aux contradicteurs, et qui reçut au contraire la juste grêle des critiques. « Les ateliers Hersent, Gros et Lethière, soulevaient ciel et terre, dit l'artiste, l'Institut repoussait des concours mes meilleurs élèves, et leur disait de moi : Méfiez-vous de cet homme! Animé d'un juste dépit, dégoûté de la France, voulant m'expatrier pour avoir la paix, j'obtins la direction de l'École française à Rome en remplacement de M. Horace Vernet. »

Trop profondément irrité pour continuer à peindre, il se mit à restaurer les jardins de la villa Médicis, à rechercher, pendant trois ans, antiquailles, pierres et tessons, à faire des chariots et des cocottes de papier aux petits enfants, à élever des chats, à déclamer contre l'ineptie du public français et la malhonnêteté des écrivains. Parfois, il interrompait ses leçons par des scènes larmoyantes ou furieuses, suivies d'abattements sinistres et de tendres retours, intermèdes qui mettaient, pour des riens, l'école sens dessus dessous, étonnaient, confondaient les disciples fidèles. Les moins naïfs d'entre eux en ont fait depuis la fable des ateliers de Paris où le nom de leur maître est encore rarement prononcé, sans provoquer des pantomimes et des charges qui vous forcent à rire aux larmes. Malgré ces scènes capricieuses, il exerçait une influence croissante : « Les meilleurs élèves, dit-il, envoyés de Paris à Rome, bien prévenus contre mes conseils, venaient tous à moi; au bout de huit jours, je les avais fanatisés. »

Cette exaspération contre l'ingrate patrie, après le double *Martyre de saint Symphorien*, venait aussi de ses querelles continuelles avec l'Institut, contre qui il avait tous les jours à défendre ses intérêts et la cause des transfuges venus à lui des ateliers rivaux; il faisait éclat sur éclat, jetait sa démission, enfonçait jusqu'aux yeux sa tête dans son chapeau, rentrait chez lui, trottant de fureur, et « puis, dit-il, une demi-douzaine de ces gens-là venait me supplier. »

Il aspira, dit-on, à la Pairie et revint en France en 1841, aussitôt après l'installation de M. Schnetz, son successeur à Rome. Les amis, afin de célébrer dignement sa rentrée dans Paris, lui avaient préparé un banquet, rue Montesquieu, salle des Luttes, l'assurant que le public et la critique, revenus de leurs erreurs, n'y retomberaient plus. M. Eugène Delacroix, instamment prié à ces agapes, et prévoyant avec finesse qu'on l'y attendait pour quelque expiation, se garda bien d'y paraître. Toutefois, M. Ingres, apaisé par l'enthousiasme des convives et la fumée des encensoirs, avait bien voulu pardonner à la France; mais l'Institut ne tarda pas à remuer le brandon mal éteint; il s'ennuyait sans querelles de ménage. M. Ingres avançait-il une proposition, on la trouvait admirable. Au dépouillement du scrutin, il ne sortait de l'urne qu'une boule blanche, celle qu'il y avait lui-même déposée. Et les immortels de rire dans leur collet; et lui de tempêter, de faire jouer le télégraphe de ses bras, de ne voir que lumières en cherchant sa canne et son chapeau pour s'enfuir chez lui et s'y jeter en sanglotant dans les bras de sa femme qui lui disait : « Consolez-vous de ces misérables perfidies, correspondez dorénavant avec le ministre seul ou avec le roi; ne préparez plus tous les jours des brouillons de lettres pour donner votre démission; restez académicien et n'allez plus à l'Académie. »

Il faisait encore, de 1850 à 1851, les fonctions de recteur à l'École des Beaux-Arts de la rue Bonaparte : « J'y enseignais, dit-il, à voir et à copier la nature, à l'aide des anciens et de Raphaël : la salle était toujours comble; je parlais haut et même éloquemment; mes auditeurs m'ont beaucoup regretté. »

Animé d'une confiance aveugle en lui-même et en l'excellence de ses recettes, l'habile académicien ne pouvait manquer de rêver la dictature de l'art français : « Un peintre devrait, dit-il, pour le salut des arts en France, les gouverner absolument. » Supposez le fait accompli, et voyez le cortége des imitateurs serviles ramper dans la poussière, l'homme de talent étouffé dès sa première manifestation, le pinceau d'un rival mis sous le séquestre, pour cause d'utilité et de moralité publiques; les peintres libres, réduits à courir les foires ou l'Amérique avec leurs tableaux, à peindre des enseignes et des paysages pour les pendules à musique.

La dictature est le rêve d'une âme généreuse qui veut faire le bien, empêcher le mal et tout ce qui lui déplaît. Il est si naturel de se préférer! Pensez-vous que Raphaël, qui n'aimait pas Michel-Ange, eût vu d'un bon œil le Corrége, toléré Rubens et Rembrandt, et que Ribera protégeât beaucoup les arts, lorsqu'il aiguisait le stylet contre les peintres qui venaient à Naples?

M. Ingres a fini par tout dominer, à force de scènes d'éclat, de réconciliations, de démissions données et retirées, de pleurs, de prêches, d'ambassades, de hautes protections et d'amitiés patientes, qui, non-seulement ont opposé autour de lui un rempart à la contradiction, mais forcé, pour ainsi dire, le public à l'admirer de confiance ou par autorité. Il n'a cessé, pourtant, de nier l'intelligence, et de considérer tout écrivain comme un parleur de hasard, envieux ou servile; il a passé vingt ans à murmurer contre les *Salons*, sans y produire un seul tableau; inventé et mis en pratique un système d'exposition à gloire forcée, tantôt chez le duc d'Orléans, tantôt dans la galerie d'un ami ou dans son propre atelier. Les dévots l'y venaient admirer en silence, et les profanes, introduits sur lettres d'invitation, laissaient leur libre arbitre à la porte pour ne pas violer les plus simples lois de la politesse et de l'hospitalité.

L'influence exercée par l'artiste sur son école tient du sortilége. Il a non-seulement englouti la personnalité de ses élèves, mais il les a fait mettre à genoux. « Il n'est pas possible, me disait l'un d'eux avec bonne foi affligeante, de comparer notre maître, à un autre homme qu'à Napoléon Ier. Il a dans la physionomie, dans le geste, quelque chose de lui. Nous l'avons vu, simple et grand comme Molière, corriger plusieurs fois sur les conseils de sa cuisinière le bras droit de la Muse qui protége Chérubini. »

M. Ingres, qui connaît à merveille le prestige poétique de la couronne d'épines, a toujours présenté sa vie comme un long martyre : ce moyen l'a beaucoup servi; mais le siècle s'endurcit de jour en jour dans ses infortunes réelles. La jeunesse de l'artiste a été livrée à de dures épreuves, c'est vrai; mais ses complaintes et ses attitudes de saule pleureur n'ont plus aucune raison d'être depuis trente-cinq ans. Il a été accablé de riches commandes, étourdi de folles louanges. Toutes ses croix, il les porte à sa boutonnière. Les gouvernements qui se sont succédé lui ont pardonné avec une bonté exceptionnelle son mépris pour la France, son zèle, ses refroidissements affectés, ses exigences, ses ingratitudes, son égoïsme naïvement implacable. Sa ville natale l'a mis au-dessus des quatre fils Aymon et de Lefranc de Pompignan, ses plus chères gloires : « J'y ai reçu, dit-il, les témoignages de la plus vive admiration : Montauban a déjà donné mon nom à une de ses rues, et m'a réservé une des salles de son hôtel de ville, celle-là même où mon père me présenta tout enfant à l'évêque. J'ai donné les objets d'art que je possède et qui resteront après ma mort, pour en faire un petit musée, où l'on viendra quelquefois parler de moi et de mes ouvrages. »

On ne parlera bientôt plus, hélas! de ces quarante tableaux qui, à l'Exposition Universelle, forment plus des trois quarts de son œuvre complet depuis le commencement du siècle. Comparez cette stérilité à l'abondance des grands maîtres. Bien qu'ils soient étalés à la place d'honneur comme les drapeaux de l'art français, je ne trouve dans aucun de ces ouvrages ni l'invention, ni l'apparente réalité qui, en douant les personnages de mouvement, de passion et d'intelligence, les créent à notre image, nous font voir, ainsi que le théâtre, l'Humanité dans un miroir, et nous rendent solidaires de ses affections et de ses destinées. L'art n'existe qu'à la condition d'être humain; mais M. Ingres a passé sa vie, tantôt à répéter les mêmes formes, comme pour détruire, de parti pris, la variété de la nature; tantôt à combiner, par d'incroyables artifices de patience, les types les plus célèbres de la tradition avec le modèle vivant. Quel amalgame de traits naturels et de traits empruntés aux statues, bas-reliefs, pierres gravées et camées antiques; aux fresques, vases et ustensiles d'Herculanum et de Pompéi; aux peintures, estampes, mosaïques et tombeaux de l'Italie. Je le vois d'ici s'agiter dans un cercle enchanté de gravures, cercle de Popilius dont il ne peut sortir, tourner, retourner, prendre par-ci, par-là, une attitude, une tête, un bras, une main, une figure, un groupe; un tombeau, une colonne, une cariatide, un temple; placer un personnage, un autre, un autre encore; remplacer le premier, le second, le le troisième, etc., absolument comme s'il faisait manœuvrer sur un échiquier le *roi*, la *dame*, le *cavalier*, la *tour* ou le *fou*. La composition terminée, il s'écrie : « Que c'est beau! » Et je pense au maître de cérémonies qui, après avoir rangé par ordre de dignité tous les personnages d'une grande assemblée, se dirait dans l'enthousiasme : « La belle composition que je viens d'inventer! »

Son hésitation, ses tâtonnements, ses reprises, ses amertumes laborieuses ont fait dire qu'il a consacré une centaine de séances au portrait du duc d'Orléans, peint avec tant d'amour et soustrait cette année au public avec tant de ruse et d'ingratitude. Il est certain qu'il ajoute, retranche, efface, rétablit toujours quelque chose dans ses ouvrages, quelquefois dix ans après les avoir produits; exemples : la muse recousue à Chérubini ; et une rangée de personnages ajoutée à la *Chapelle Sixtine*. L'inspiration aurait tout le temps de venir et de se retirer dans ces longs intervalles, si M. Ingres n'enfourchait toujours un Pégase qui marche au pas, l'oreille basse. Parfois il semble secouer cette pauvre lenteur : quelques heures lui ont suffi pour ajouter les bras d'un modèle au portrait inachevé de madame d'Haussonville, et pour rétablir dans ses peintures du château de Dampierre, les morceaux que les visiteurs vantaient le plus et qu'il avait effacés à leurs yeux, au plus fort des éloges.

« J'ai arrêté, dit-il, la disposition de l'*Apothéose d'Homère* en un jour; préparé trois ans et demi et exécuté en neuf mois le *Vœu de Louis XIII*. Je me disais : Fuyons l'éclat, le fracas des sujets, et tirons un chef-d'œuvre de celui-ci qui est simple comme une image de deux sous ; le *Martyre de saint Symphorien* est celui de mes tableaux auquel j'ai le plus travaillé et sur lequel je compte le plus pour la postérité. » Le tableau de *Stratonice* a coûté quatre ans ; les deux sujets l'*Age d'or* et l'*Age de fer* ne seront jamais finis.

Cette manière de composer exclut naturellement la verve, l'imagination, la personnalité. L'idéal n'est ni dans les réminiscences, ni dans les portefeuilles d'estampes, ni dans les calques, ni dans une longue patience. La composition pyramidale, le fini, la douceur du blaireau, tout cela n'a rien de commun avec le génie. Ce soin exclusif donné aux choses imperceptibles, appartient aux miniatures italiennes, aux vignettes de modes et aux poupées de cire. Le fini n'a jamais, à ce point, tourmenté les vieux maîtres : Véronèse, après avoir exprimé ses principales idées, laissait quelques parties inachevées ; Rembrandt, qui poussait la même habitude bien plus loin encore, répondit un jour : « Je cesse de peindre quand j'ai cessé de penser. »

M. Ingres n'est pas de la famille de ces hommes de flamme. « Chez lui, a dit une personne qui le connaît parfaitement et dont j'oublie le nom, l'obstination et le calcul remplacent le sentiment ; l'inspiration lui arrive toujours comme une preuve à la fin d'une règle de *trois*. Une volonté de fer, doublée et chevillée d'une patience de religieux, voilà les deux qualités qui ont fait de lui un grand artiste, comme elles en eussent fait, au choix, un grand médecin ou un grand banquier. La nature ne l'avait doué d'aucune faculté spéciale ; mais, sur cette volonté vivace, on pouvait greffer de l'horlogerie, des mathématiques, de l'archéologie, de la jurisprudence ou de la musique. »

Tailler en pièces à sa manière les chefs-d'œuvre qui ne sont précisément frappants que par leur ensemble, leur inviolable unité, c'est ne mettre en relief que leurs défauts ; corriger par ces morceaux choisis les formes des filles et des porteurs d'eau, c'est faire des montres : les parties copiées d'après nature paraissent vivantes, les autres glacées. Si le peintre s'était borné, faute de mieux, à copier naïvement des modèles, il eût pu leur imprimer quelques traits de son propre tempérament; il est impossible qu'il n'eût pas atteint quelque effet; mais il fuit et le naturel et l'idéalité par de fausses combinaisons et des tendances affectées.

Par moments, au contraire, s'attachant à copier les plus insignifiants détails, il en vient, par exemple, à clouer devant son chevalet les ailes coupées d'un pigeon blanc pour les donner à la Victoire qui couronne Homère; il ne manque pas de suivre grain par grain l'épiderme des figures; de peindre, l'un après l'autre, les cheveux, les poils qui ombragent les phalanges des doigts; de tisser fil par fil la soie, comme un canut; de polir, comme un ébéniste, les nervures de l'acajou; d'exagérer, sauf la couleur, Gérard Dow et Miéris dans les rideaux, les tapis, les passementeries, les châles et les robes; de rivaliser enfin avec l'orfévre et le lapidaire dans la ciselure des bracelets et la coupe des pierres.

Holbein est incomparable en ce genre; mais il s'empare de l'âme du modèle, de l'ensemble de sa physionomie, avant que de songer à tous ces détails, partant du sentiment intérieur pour arriver à la réalité la plus frappante. Chez lui, les moindres accessoires, les objets les plus froids, un livre, un crayon, un bijou, s'animent de la vie des personnages et semblent empreints de leur existence.

Lorsque M. Ingres fait un portrait, la chose à laquelle il songe le moins c'est l'étude de l'âme; mais il poursuit des mois entiers les tournures conventionnelles. Si l'on excepte le portrait de son père, ceux de MM. Molé et Bertin, qui, malgré l'extrême sécheresse de l'exécution, ont une certaine valeur, on le voit recherché et tatillon dans les autres. Il repasse dans son esprit toutes les combinaisons de Raphaël et de Léonard de Vinci, surtout pour ses portraits de femme. Voyez celui de madame Devauçay qui figurera, dit-il, dans les galeries futures ; ouvrage serré comme un Léonard de Vinci, doux comme un Raphaël, mais animé de je ne sais quoi d'original, de voluptueux et de pénétrant, qui n'appartient qu'à lui-même. Il fallait emonter à la statuaire antique pour l'attitude de madame d'Haussonville, qui est à peu près la même que celle de *Stratonice*.

Ces personnages ont toujours les habits du dimanche, qui sortent neufs, étincelants, des mains du marchand et ne connaissent personne. Le groupe des apôtres, dans le tableau de *Saint Pierre recevant les clefs*, est cloué autour du Christ par des draperies à plis raides comme les stores. Tous les membres de l'assemblée que l'artiste a fait comparaître devant le public, sont visiblement tyrannisés par leurs vêtements : Louis XIII par son manteau royal, M. le comte Molé par son paletot bourgeois, Chérubini par son carrick, les femmes de l'antiquité par leurs tuniques, les femmes modernes par leurs corsages. Les figures nues sont à la question dans leur épiderme.

Quelle n'est pas, du reste, la répugnance de l'illustre maître pour le costume de nos jours! Les broderies seules ont pu le consoler de l'habit du Premier Consul et de celui de M. le marquis de Pastoret. Dans le portrait de M. le duc d'Orléans, il est intéressant de le voir compenser la sécheresse de l'uniforme militaire par deux colonnes richement ornées de pampres placées à droite et à gauche du prince. Le spectateur s'attache à ces colonnes avant que de voir l'homme, et ne veut plus les quitter. L'artiste se résigne au costume des femmes; mais il aimerait mieux les vêtir en statues. « Que je souffre à peindre ce singe habillé, » disait-il un jour en faisant le portrait d'une femme célèbre par son opulence.

Le principal intérêt de l'œuvre de M. Ingres est dans l'archéologie qui reproduit avec la plus grande aptitude possible les états de lieux, les armes, l'ameublement; mais, au moyen de deux années de patientes études à la Bibliothèque impériale, le premier venu saura retracer les détails du luxe asiatique au temps de *Stratonice*, les remparts, les faisceaux du *Martyre de saint Symphorien*, les cariatides du don *Pedro de Tolède*, les costumes du temps de *Charles V* et du siècle de Louis XIV, le temple d'Homère, l'intérieur des palais, les ustensiles et les vases sacrés du tableau de *Jeanne d'Arc*; tout cela se trouve dans les recueils; mais l'inspiration n'y est pas.

M. Ingres est le représentant absolu de cet esprit d'Académie qui jette dans un moule appelé le style tous les sentiments, toutes les facultés. Il n'y a plus, dès lors, ni bons ni mauvais artistes, ni faibles ni puissants tempéraments, ni esprit, ni imagination; l'excellence du moule tient lieu de tout. Les chefs-d'œuvre de l'art ne sont plus ces fleurs rares écloses au fond de l'âme pour répandre leur parfum sur l'Humanité, mais bien d'affreux bouquets artificiels fabriqués par des mains banales.

C'est aussi, sous prétexte de noblesse idéale que M. Ingres supprime le paysage : il nous a offert simplement, dans l'esquisse de *Jupiter et Antiope*, deux poignées de feuillage, un ciel grand comme la moitié de la main, pris au Titien, et un gazon imité du Giorgion; un palmier postiche dans le tableau de *Saint Pierre*; un rocher en forme de pain de sucre et couleur de cuir, au pied duquel une mer, fouettée comme une crème, laisse voir ce monstre de liége colorié, frappé par la lance de Roland. La mer émue, frémissant de la naissance de Vénus, et secouant comme une toison tout son peuple fougueux qui vient au soleil levant saluer la déesse, l'artiste la fait plate et morne en bleu cru de porte cochère; il n'a d'autres animaux que cinq ou six chevaux de bois et un épagneul en faïence. On ne voit qu'un bouquet de fleurs pâles et mourantes dans le boudoir de madame d'Haussonville et dans le vase mesquin de *Françoise de Rimini*. Ah! sortons de ce musée funèbre, où les personnages sont collés aux lambris et alignés comme les têtes des coupables sur les étagères des cabinets phrénologiques. Il n'y a ni air, ni soleil, ni sources, ni ombrages, ni terre, ni ciel, ni hommes, ni dieux dans ce petit monde impossible de l'élève révolté de David. On y languit, on y étouffe; on voudrait pleurer. Revenons chez les vivants.

J'ai trop insisté; dix lignes suffisaient à l'histoire de ce célèbre artiste qui a sacrifié les émotions, les facultés humaines, à la pratique manuelle, à la calligraphie de l'Art, et mis la peinture au carreau; mais, comme il ne craint pas de viser à l'idéalité, du fond de son atelier bourgeois peuplé de divinités de plâtre, et de railler la France du Poussin, de Le Sueur, de Claude Lorrain et de Le Brun en s'imposant à son admiration comme un puissant génie; je lui devais toute la vérité. Il n'y a pas dix ans encore que, grâce à de subtiles manœuvres, l'apparition d'un de ses tableaux semblait un événement. Ce temps-là passé, M. Ingres est mort dans l'opinion et l'autopsie commence. Les fanatiques qui préparaient son apothéose lui feront manquer son enterrement; car la France trop longtemps mystifiée par leurs hyperboles et leurs dithyrambes ne perdra pas l'occasion de réagir contre les prétentions d'un faux grand homme qui voudrait, sans titres, forcer la porte de l'immortalité. M. Ingres n'a rien de commun avec nous; c'est un peintre chinois égaré, au XIX° siècle, dans les ruines d'Athènes.

OUVRAGES DE M. INGRES

DE 1800 A 1806, A PARIS.

Achille recevant dans sa tente les députés d'Agamemnon, 1ᵉʳ grand prix du concours de 1801. (Ecole des Beaux-Arts, Paris). Portrait de l'artiste par lui-même. — Portrait en buste de M. Ingres père. — Portrait de Bartholini, sculpteur de Florence, en buste, gravé par Potrelle. — Philémon et Baucis, dessin : Philémon et Baucis tombent aux pieds de Jupiter dont la divinité les éblouit. Ce sujet, tiré d'Ovide, appartient à l'Académie du Puy.

Famille Forestier, dessin. (Cabinet Hauguet, Paris.) — Portrait de M. Gilibert de Montauban. — Vénus blessée par Diomède remonte au ciel sur son char ; Iris tient les rênes et presse les coursiers. Cette esquisse peinte appartient à M. Asseline, Paris. — Portrait en pied de Bonaparte premier consul. (Ville de Liége.) — Portrait de Napoléon sur le trône impérial. (Chapelle des Invalides, Paris.) — Napoléon passant le pont de Kehl ; allégorie. Ce dessin s'est perdu chez le comte de Lacépède ; M. Ingres en a conservé une mauvaise gravure.

DE 1806 A 1820, A ROME.

Copie de la Farnésine. (Musée de Marseille). — Baigneuse, petite étude. (A M. Defresne à Paris.) — Portrait de Mᵐᵉ Devauçay. (A M. Reiset, conservateur des dessins au Louvre). — Portrait de M. Bochet. — Id. de Granet, peintre, de l'Institut (musée d'Aix). — Id. de M. Marcotte. — Id. de Mᵐᵉ Panckoucke. — Id. de M. de Villers. — Id. de Mᵐᵉ Tournon. — Id. de Mᵐᵉ de Senones. (Musée de Nantes). — Id. de M. de Norvins. — Id. de Cortot. — Id. de M. Moltedo. — Id. de M. Cordier. — Id. de M. Lemoine. — Œdipe et le Sphinx : Œdipe cherche à deviner l'énigme. Ce tableau, qui appartenait à madame la duchesse d'Orléans, appartient actuellement à M. le comte Duchâtel.

Baigneuse assise, vue de dos. Ce tableau appartient à M. Valpinçon, Paris. — Jupiter et Thétis. Thétis embrasse les genoux de Jupiter et lui prend le menton. (Musée d'Aix), sujet tiré de l'Iliade, chant I. — Raphaël et la Fornarine, appartenant à M. Muller, peintre à Stuttgard. — Variante du sujet précédent, à M. le comte Pourtalès. Paris, grav. par Pradier. — Romulus, vainqueur d'Acron, roi des Céciniens, remporte les premières dépouilles opimes. Grande peinture en détrempe, figures de grandeur naturelle, commandée sous le règne de Napoléon pour la galerie impériale de Monte-Cavallo, et qui se voit actuellement dans le palais de Saint-Jean-de-Latran. — Songe d'Ossian, peinture pour le plafond de la chambre à coucher de Napoléon dans son palais de Monte-Cavallo. Ce tableau, à demi dévoré par les rats, a été racheté par l'auteur chez un regrattier.

Virgile lisant devant Auguste le passage de l'Énéide qui commence par ces mots : *Tu Marcellus eris*. Octavie s'est évanouie. L'Impératrice Livie, assise, immobile et froide, semble blessée par les allusions du poëte, à qui l'Empereur ordonne de s'arrêter ; — derrière l'Empereur, Agrippa, fixant ses yeux sur Livie, devine ses pensées ; Mécène est tout attentif à Virgile. Ce tableau, peint pour le général Miolis, est à Rome ; il a été gravé par Pradier. — Françoise de Rimini et Paolo. Ce tableau, peint sur bois, appartenait au prince de Salerne, qui l'a vendu, ces dernières années. — Variante du précédent sujet, à M. le comte Turpin de Crissé, Paris. « La Société des Amis des Arts, dit l'auteur, refusa ce tableau, au prix de 500 francs. » — Lith. par Aubry-Lecomte.

La Chapelle Sixtine : Le pape, entouré des officiers de sa maison et des dignitaires de l'Église, assiste à la messe. (Cabinet de M. Marcotte, Paris. Lith. par Sudre.) — L'Arétin refuse la chaîne d'or que lui envoie Charles-Quint. — L'Arétin chez le Tintoret : L'écrivain est venu poser pour son portrait. Le Tintoret, qui avait été maltraité au profit du Titien, prend un pistolet et lui dit d'un ton menaçant : « Je vais prendre votre mesure ; » il la prend en effet, et ajoute : « Vous avez deux longueurs et demie de mon pistolet ; allez-vous-en. » — Ces deux tableaux, exécutés pour 400 fr. chacun, sont passés dans je ne sais plus quelles mains. — Les deux répétitions des précédents appartiennent à M. Marcotte-Genlis, à Mézières. Elles ont été exécutées en 1848. — Don Pedro de Tolède baisant l'épée de Henri IV portée au Louvre par un page, appartient à M. Demier de Montauban.

Raphaël et le cardinal Bibiena : Le cardinal lui propose sa nièce en mariage. Ce tableau s'est perdu. Il avait été fait pour la reine Caroline de Naples, épouse de Murat. Il y en a un dessin dans la galerie de M. Hauguet, Paris. — Odalisque. Cette grande figure, qui fut commandée en 1813 par la reine Caroline de Naples pour le prix de 1,200 francs et achetée en 1816 par M. le comte Pourtalès, est passée à M. Goupil, marchand d'estampes, Paris. Lith. par Sudre. — Philippe V et le maréchal de Berwick : Le roi remet au maréchal l'ordre de la Toison-d'Or en présence de la reine, de la cour et des gentilshommes français. Ce tableau, peint pour le prix de 3,000 francs, appartient à la duchesse de Fitz-James. — Le duc d'Albe à Sainte-Gudule reçoit du pape Pie V, après l'expulsion du prince d'Orange, l'épée et le chapeau bénits dans la nuit de Noël. — La scène est à Bruxelles ; l'archevêque de Malines, chargé des présents du Saint-Père, s'avance à la tête de son clergé pour arriver jusqu'à l'estrade où le duc est entouré de son conseil et de sa suite. Tableau commandé par la maison d'Albe et encore inachevé chez l'auteur.

Henri IV et ses enfants : Henri IV joue avec ses enfants, au moment où vient d'entrer l'ambassadeur d'Espagne : l'un d'eux est à cheval sur son dos : « Êtes-vous père, monsieur l'ambassadeur ? dit le roi. — Sire, j'ai ce bonheur. — En ce cas, je puis continuer le tour de ma chambre ». Gravé par Richomme. — Mort de Léonard de Vinci (Cabinet du duc de Blacas. Gravé par Richomme.) Roger, monté sur l'Hippogriffe, délivre Angélique. Ce tableau, peint pour un dessus de porte à Versailles, appartient au musée du Luxembourg. Lith. par Sudre. — Portrait de M. de Pressigny, évêque de Saint-Malo, ambassadeur à Rome sous Louis XVIII. Gravé à l'eau-forte par M. Ingres lui-même. — Jésus-Christ remettant les clés à Saint-Pierre. Ce tableau, provenant de l'église de la Trinité-du-Mont à Rome, où il a été remplacé par une copie, appartient au musée du Luxembourg. Gravé par Pradier. — Projet du tombeau de lady Bedfort. — Portraits de Mme Ingres mère et de la première femme de l'artiste, dessins.

DE 1820 A 1824, A FLORENCE.

Charles V, faisant son entrée dans Paris, est reçu par Jehan Maillard et Jehan Pastourel. (Galerie de M. le marquis de Pastoret, Paris.) — Portrait de Mme Leblanc. — Portrait de M. Leblanc. — *Chapelle Sixtine*, variante. Ce petit tableau fut acheté pour 600 francs par M. le comte de Forbin, qui l'a revendu de son vivant; « M. de Forbin était un triste peintre, et qui ne m'aimait guère », dit M. Ingres Ce tableau appartient actuellement à M. Hauguet, Paris. — Vœu de Louis XIII : Louis XIII, pour obtenir l'heureuse délivrance d'Anne d'Autriche, place son royaume sous la protection de la Vierge. Il est agenouillé au pied de l'autel, en manteau royal. Ce tableau appartient à la cathédrale de Montauban. Il fut commandé à l'artiste en 1820 pour 3,000 francs et payé 6,000 après le Salon de 1824. Gravé par Calamatta. — Copie de la grande Vénus du Titien. — Second portrait du sculpteur Bartholini. — Portrait de M. Gouttrieff, ministre de Russie.

DE 1824 A 1834, A PARIS.

Frontispice de l'ouvrage le *Sacre de Charles X*, deux figures dessinées. — Portrait de Charles X en manteau royal, peint en demi-nature. (A M. de Fresne). — Portrait du cardinal Latil, dessin pour le *Sacre de Charles X*. — Portrait de M. le marquis de Pastoret en costume de conseiller d'État. — Médaille d'émulation pour l'École des Beaux-Arts, représentant la Peinture, l'Architecture et la Sculpture; dessin. — Dessin pour une autre médaille : l'Histoire et la Poésie s'appuyant sur la Grammaire. — Apothéose d'Homère, plafond du Louvre. — Apollon couronnant l'Iliade et l'Odyssée et les sept villes de la Grèce se disputant la naissance d'Homère, figures décoratives placées dans les voussures du plafond autour du sujet principal. — Henri IV et ses enfants, répétition. (A M. de Rothschild). — Don Pedro de Tolède, répétition avec variantes. (A M. Samson-Daviliers). — Portrait de M. le comte de Pastoret. — Id. de M. le comte Molé. Gravé par Calamatta. — Id. de M. Bertin aîné. Gravé par Henriquel-Dupont. — Le Martyre de saint Symphorien, appartenant à la cathédrale d'Autun. — Famille Gatteaux, dessin. — Portrait de Baillot. — Id. de M. Hittorff, crayon.

DE 1834 A 1841, A ROME.

Stratonice. Le jeune Antiochus, fils du roi Séleucus de Syrie, amoureux de sa belle-mère Stratonice, va mourir, consumé par sa passion fatale et sans en avoir dit le secret. Le père, accablé de douleur, est tombé au pied du lit, la tête perdue dans une draperie. Stratonice traverse en ce moment l'appartement. A sa vue, le malade, par son agitation soudaine, laisse voir involontairement au médecin Érasistrate la cause de son mal. Une esclave qui brûle des parfums, un ami affligé du prince, le front appuyé contre une colonne, la nourrice accroupie et cachant sa tête dans ses bras, sont disposés pour ne pas voir la révélation du mystère. Ce tableau, qui appartenait à madame la duchesse d'Orléans, a été acquis en vente publique par le comte Démidoff au prix de 63,500 francs. — La Vierge à l'Hostie : la Vierge est en adoration, les mains jointes; à sa droite, est saint Nicolas; à sa gauche, saint Alexandre, protecteurs de l'empire de Russie. Ce tableau apppartient à l'Empereur Alexandre II « qui me le demanda lui-même à Rome », dit l'auteur. — Odalisque et son esclave (A M. Marcotte d'Argenteuil), Paris. — Chérubini et la muse des hymnes sacrés : le musicien est assis; la muse étend la main droite au-dessus de sa tête en signe de protection. La muse est le portrait de Mlle de Rayneval, fille de l'ambassadeur de France à Rome. (Musée du Luxembourg). Lithographié par Sudre.

DE 1841 A 1855, A PARIS.

Portrait du duc d'Orléans. Gravé par Calamatta. — Portrait de Mme la vicomtesse d'Haussonville. — Cartons de grandeur naturelle, commandés par le roi Louis-Philippe, pour servir de modèles aux vitraux des chapelles de Dreux et de Saint-Ferdinand.

Pour la chapelle de Saint-Ferdinand :

1. Saint Philippe, patron du roi. — 2. Sainte Amélie, patronne de la reine. — 3. Saint Ferdinand, patron du duc d'Orléans. — 4. Sainte Hélène, patronne de la duchesse d'Orléans. — 5. Saint Louis, patron du roi et du comte de Paris. — 6. Saint Raphaël, patron du duc de Nemours. — 7. Saint Robert, patron du duc de Chartres. — 8. Saint François d'Assise, patron du prince de Joinville et de la princesse Marie. — 9. Saint Henri, patron du duc d'Aumale. — 10. Saint Antoine de Padoue, patron du duc de Montpensier et de la duchesse de Nemours. — 11. Sainte Rosalie, patronne de la ville de Palerme, où est né le duc d'Orléans. — 12. Saint Charles Borromée, patron de la reine des Belges. — 13. Saint Clément, patron de la princesse Clémentine. — 14. Sainte Adélaïde, patronne de la princesse, sœur du roi Louis-Philippe. — 15. La Foi. — 16. L'Espérance. — 17. La Charité.

Pour la chapelle de Dreux :

1. Sainte Hildegonde. — 2. Saint Remi. — 3. Sainte Isabelle. — 4. Saint Germain. — 5. Sainte Bathilde. — 6. Sainte Clotilde. — 7. Sainte Geneviève. — 8. Saint Denis.

Ces figures ont été lithographiées par Sudre et exécutées en lithochromie dans les ateliers Lemercier.

Portrait de la baronne de Rothschild.

Cinq figures dessinées pour l'illustration du *Plutarque français* : 1. Jeanne d'Arc au sacre de Charles VII. Gravée par Pollet. — 2. Lesueur au couvent des Chartreux. Gravé par Laugier. — 3. Molière dans son cabinet. Gravé par Henriquel-

Dupont, de l'Institut. — 4. Racine en habit de cour à Versailles. Gravé par Pollet. — 5. La Fontaine en promenade. Gravé par Dien. — *L'Age d'or et l'âge de fer*, deux décorations inachevées pour la galerie de M. le duc de Luynes au château de Dampierre. Voici comment l'artiste a conçu l'âge d'or, qui comprend environ quatre-vingts figures nues, en comptant les têtes et celles qui ne sont qu'à mi-corps :

C'est un lieu assez vaste, une prairie bornée par des rochers disposés à la manière de ceux que l'on voit dans le Polyphème du Poussin. Par une échappée, apparaît la mer. Ces groupes oisifs ne connaissent ni les maux ni les querelles. « Ce sont des paresseux qui se gobergent et boivent dans un doux *far niente* le lait et le miel des ruisseaux, » dit l'artiste. *L'Age d'or* est une ébauche fort avancée. Quelques parties sont finies, notamment cinq ou six figures.

L'Age de fer devait représenter la destruction et la guerre : un égorgement sous le péristyle d'un temple, la statue de Minerve renversée, etc.

Le pinceau de M. Ingres n'a pas touché à *l'Age de fer*. Ses élèves en ont simplement préparé le champ : c'est la vue de l'acropole de la ville qui devait être prise d'assaut et saccagée.

Raphaël et la Fornarina, variante inachevée du tableau déjà mentionné. — *Vénus Anadyomène*. Vénus s'élève au-dessus des flots environnée d'un essaim d'amours ; les perles tombent de sa chevelure ; elle contemple sa beauté dans un miroir. Cette figure nue, de grandeur naturelle, commencée à Rome en 1807, finie à Paris en 1848, appartient à M. Reiset, conservateur des dessins au Louvre. — Portrait de Mme de Moitessier. — Jésus au milieu des docteurs (inachevé). — Jupiter et Antiope, petite esquisse peinte en 1852. — L'Apothéose de Napoléon, plafond de l'Hôtel de ville de Paris, peint en 1853. — Portrait de Mme la princesse de B. — Portraits de MM^{es} R. et Gonse. — Variante de *la Vierge à l'Hostie*, déjà mentionnée (1854). — *Jeanne d'Arc* appuyée sur l'autel pendant le sacre de Charles VII. Elle est suivie de son écuyer Doloy et du moine Paquerel, son aumônier. Ce tableau peint en 1854, était exposé cette année à la grande fête d'Orléans.

EXPOSITIONS FAITES PAR M. INGRES AUX DIVERS SALONS.

1806 : L'Empereur Napoléon sur son trône. — 1814 : Don Pedro de Tolède. — La Chapelle Sixtine. — Plusieurs portraits. — 1819 : Odalisque. — Philippe V et le maréchal de Berwick. — 1822 : Entrée de Charles V dans Paris. — 1824 : Vœu de Louis XIII. — Mort de Léonard de Vinci. — Portraits. — 1833 : Portraits.

EXPOSITION DANS LES GALERIES BONNE-NOUVELLE, EN 1846.

Œdipe et le Sphinx, — Chapelle Sixtine, — Odalisque, — Philippe V, — Françoise de Rimini, — Entrée de Charles V, — Portrait de Bertin aîné, — Id. du comte Molé, — Odalisque couchée, — Stratonice, — Portrait de la vicomtesse d'Haussonville, tableaux déjà mentionnés.

EXPOSITION UNIVERSELLE DE 1855.

Portrait de l'artiste âgé de vingt-quatre ans. — Id. de son père en buste. — Id. en pied de Bonaparte, premier consul. — *Baigneuse*, petite étude, buste. — *Baigneuse*, vue de dos, figure de grandeur naturelle. — Portrait de Mme Devauçay. — Id. de Mme Leblanc. — Œdipe et le Sphinx. — Plusieurs têtes d'étude. — Don Pedro de Tolède baisant l'épée de Henri IV. — Françoise de Rimini. — Angélique et Roger. Chapelle Sixtine. — Variante du sujet précédent. — Jésus-Christ, saint Pierre et les apôtres. — Entrée de Charles V dans Paris. — Henri IV et ses enfants. — Philippe V et le maréchal de Berwick. — Vœu de Louis XIII. — Homère déifié. — Portrait de M. Bertin aîné. — Id. de M. le comte Molé. — L'épée de Henri IV. — Le Martyre de saint Symphorien. — Odalisque et sa suivante. — Chérubini et la Muse. — L'Arétin. — L'Arétin chez le Tintoret, variantes. — Cartons des vitraux des chapelles de Dreux et de Saint-Ferdinand. — Portraits de Mme la vicomtesse d'Haussonville, — de Mme la princesse B., — de Mme de Moitessier, — de Mme Gonse, — de Mme R. — Jupiter et Antiope. — Vénus Anadyomène. — Apothéose de Napoléon Ier. — La Vierge à l'Hostie. — Jeanne d'Arc.

EUGÈNE DELACROIX

A M. JEAN BONNEFONT

Les artistes vivants ne sont en général que des artisans élégants, des praticiens agiles privés de toute noblesse morale et de toute puissance intellectuelle : adorateurs de l'argent, amoureux de la vie facile, altérés d'applaudissements, ils gaspillent le temps de l'étude à courir les coteries, à voisiner avec les feuilletonistes dont ils méprisent d'ailleurs les éloges après les avoir savourés, et à solliciter la faveur de tous les gouvernements qui leur donnent toujours plus qu'ils ne méritent et dont ils se plaignent éternellement. Delacroix les domine non-seulement par son génie altier et pathétique, mais encore par ses connaissances universelles et par la règle de sa vie privée : peintre, il fait à la fois mieux que le premier d'entre eux sujets de religion, batailles, scènes de mœurs, portraits, paysages, marines, animaux, fleurs et fruits ; homme d'esprit et d'instruction, il est bien supérieur au plus grand nombre des écrivains actuels, et personne comme lui ne sait d'un coup de langue trancher un sot en deux : « *Que l'oreille est bien!* » disait-il un jour en regardant le portrait d'un contemporain illustre dont il dédaigne à bon droit les ouvrages ; homme pratique, il est l'un des conseillers les plus sensés de l'Hôtel de ville de Paris ; homme du monde, il sait montrer une parfaite délicatesse dans ses relations. Tant de qualités éminentes et solides dans l'art et dans la vie me font oublier ses écarts, ses susceptibilités et ses caprices. Delacroix est quelque chose de mieux qu'un peintre et un écrivain réunis : c'est un grand homme.

Il plane, il éclate, il rayonne au-dessus de tous les artistes de l'Europe et du monde à l'*Exposition universelle*. Combien je me sens au-dessous de ma tâche en essayant de retracer ici ce brillant caractère !. . . . .

Delacroix se cloître avec une précaution jalouse et déteste les visiteurs. Que de journées il passerait sans pouvoir donner un coup de pinceau, si sa porte restait ouverte à l'artiste, à l'écrivain, à l'amateur promenés par l'oisiveté d'atelier en atelier! Les ouvrages d'un peintre qui travaille sans gêne devant le premier venu ressemblent par leurs faiblesses et leurs banalités aux articles du journaliste improvisés sur la table commune à tous les rédacteurs ou dans le tumulte d'une imprimerie. Delacroix se fortifie par la solitude et le recueillement ; il est à son chevalet, mystérieux et incessant, comme l'alchimiste à ses fourneaux. Bien des gens n'ont trouvé que hauteur et misanthropie dans la retraite un peu farouche qu'il s'est imposée ; mais un tel artiste, dévoré du besoin de produire, sent l'existence courte et n'est guère porté à sacrifier aux relations les plus intéressantes. Selon l'expression du poëte, il cache sa vie et répand son esprit. L'homme studieux qui connaît le monde ne s'ennuie jamais ; l'isolement est, d'ailleurs, un droit pour son égoïsme, un devoir pour son intelligence. Libre et fort par lui-même, que gagnerait-il aux affections et aux vanités vulgaires? Le dégoût et l'ennui. Celui qui connaît le prix de son âme et des vérités éternelles appartient à la solitude.

Delacroix tressaille comme un coupable toutes les fois qu'il entend les pas du visiteur ; un coup de sonnette jette l'alarme dans sa maison ; deux gouvernantes accourent à la porte, semblables à des sentinelles réveillées par un coup de feu, et défendent la consigne. Si, par une rare tolérance, il vous arrive d'entrer aux heures du travail dans cet atelier si bien gardé, le peintre est arrêté court, quelquefois même pour le reste de la journée, dans ces moments de verve et d'entrain qui le prennent par intervalles; soyez certain qu'il vous maudit intérieurement, tout en vous disant mille choses charmantes. C'est qu'il est arrivé à cette jalouse et inflexible distribution du temps qui décuple la fécondité des hommes supérieurs, leur permet de prêter à la spécialité de leur art l'appui de toutes les connaissances, et d'arriver enfin par l'habitude d'un travail solitaire et obstiné à la fermeté de l'expérience sans préjudice des qualités natives. L'écrivain même qui, dans toute l'ardeur de la jeunesse et du sentiment, est confus, désordonné, c'est-à-dire médiocre et même mauvais, peut devenir, comme le vin, excellent en vieillissant, et se trouver dans toute sa puissance, précisément à l'heure où il n'a plus ni dents ni souffle. Non-seulement alors les idées se pressent dans son cerveau comme autrefois, mais encore a-t-il rejeté les paillettes du faux luxe en gagnant des qualités solides, l'enchaînement, la proportion qu'il ne soupçonnait même pas et qui lui viennent à cette heure avec la conception, naturellement, spontanément. Malgré leur vivacité, leur imprévu et cette saveur amère des fruits verts que les enfants font tomber des arbres à coups de pierres, les ouvrages de la jeunesse manquent de fermeté et sont inférieurs aux travaux du génie arrivé à l'expérience.

« D'où vient, me disait un jour Delacroix, qu'à présent je ne m'ennuie pas un seul instant quand j'ai le pinceau à la main? J'éprouve même que si mes forces pouvaient y suffire, je ne cesserais de peindre que pour manger ou dormir. Autrefois, dans cet âge prétendu l'âge de la verve et de l'imagination, j'étais arrêté à chaque pas et souvent dégoûté; aujourd'hui, je n'hésite plus : la maturité est complète, l'imagination est aussi fraîche, aussi active que jamais, et délivrée des passions folles; mais les forces physiques manquent, les sens usés demandent le repos, et pourtant quelle consolation je trouve encore dans le travail! Je me sens heureux de ne plus être heureux comme je l'entendais autrefois. A quelle tyrannie sauvage l'affaiblissement du corps ne m'a-t-il pas arraché? Il faut donc faire comme on peut : si la nature nous refuse le travail au delà d'un certain nombre d'instants, ne lui faisons pas violence; estimons-nous heureux de ceux qu'elle nous laisse; jouissons du travail pour le travail lui-même et des heures délicieuses qui le suivent; ce repos a été acheté par une salutaire fatigue qui entretient la santé du corps, agit sur celle de l'âme, et empêche la rouille des années de dévorer les nobles sentiments. »

Mais ne vous fiez pas à ces paroles de résignation : il a des rages de travail qui le jaunissent et le dessèchent. Il prend tour à tour par passades, avec rapidité et furie, dix à douze toiles qui se succèdent sur son chevalet comme les apparitions de la lanterne magique. Je me trouvais un soir chez lui vers les quatre heures : on lui demandait un *Christ en croix* que je vis entièrement esquissé le lendemain : Christ, larrons, saintes femmes, peuple, soldats et bourreaux, tout était déjà rendu avec autant d'énergie que si le tableau eût été fini; seulement la scène se passait encore un peu confusément à travers les chaudes fumées de l'inspiration première.

Cet homme subtil et impressionnable vibre au moindre choc, s'agite au moindre souffle; il voit, entend, saisit tout au vol, un mot, un geste, un nuage qui passe sur votre physionomie; mais sa défiance développée à l'excès par l'expérience du monde et de ses hypocrisies dépasse quelquefois sa perspicacité naturelle; il lui arrive de manquer de franchise, sans rien laisser paraître de cette dissimulation de circonstance, parce qu'il est à peu près le maître de ses attitudes et de sa langue. Je crois qu'il n'excepte que très-peu d'hommes de son indifférence ou plutôt de son mépris, et que sa philosophie pratique se borne à quelques moyens diplomatiques doublés d'ironie. Dieu me préserve de trouver cela mauvais, ayant moi-même l'humeur peu inclinée vers la sentimentalité après beaucoup d'expériences faites par curiosité sur la lâcheté et la platitude des caractères de mon temps. S'il arrive au sceptique de commettre quelques injustices de détail en faisant au premier venu l'application de ses généralités dédaigneuses, il est en revanche assuré de se tromper beaucoup moins qu'il ne le faisait au temps de ses aveugles confiances et il a bien raison de fuir les importuns, les sots et les méchants.

Delacroix est un caractère violent, sulfureux, mais plein d'empire sur lui-même; il se tient en prison dans son éducation d'homme du monde, qui est parfaite. Observateur rusé, attentif quand on lui parle, il est prompt, aiguisé, prudent dans ses répliques. Comme il connaît à fond l'escrime de la vie, il enferre proprement son homme sans avancer d'une ligne. Né au cœur de la diplomatie, bercé sur les genoux de Talleyrand qui fut le successeur de son père au ministère des relations extérieures, il remplirait encore mieux que ne le fit Rubens la plus brillante ambassade : il ne pourrait sans doute déployer le faste, l'ampleur du flamand; mais quel goût, quelle finesse il ferait voir! Son maintien est élégant et supérieurement aisé : gestes sobres, fort expressifs et une langue d'or. Il a toute l'habileté, les manières caressantes, les insinuations voilées, les grâces félines et les milles caprices de la femme. Ses petits yeux vifs, clignotants, enfoncés sous l'arcade de ses sourcils noirs et rudes; l'abondance magnifique de sa chevelure, — (il n'a pas un cheveu blanc à cinquante-six ans), — me rappellent, mais avec finesse, un des plus vivants portraits à l'eau-forte que Rembrandt nous ait laissés de de lui-même. Delacroix est du reste le parent de Rembrandt par la ténacité, la fougue et la divination. Son humeur est spirituelle et sarcastique plutôt qu'enjouée. Il a le sourire profond et mélancolique. La coupe carrée de ses mâchoires inégales et proéminentes, la mobilité vigoureuse et incessante de ses narines largement ouvertes et frémissantes, expriment à outrance l'ardeur de ses passions et de sa volonté. Parfois ses airs de tête sont d'une fierté et d'un cynisme souverains. Son front carré s'avance en bosses intelligentes. Sa bouche, d'un dessin redoutable, tendue comme un arc, lance des flèches acérées sur ses contradicteurs et porte des jugements d'une finesse exquise. Il n'est pas beau, dans les conditions bourgeoises, et sa physionomie rayonne. Toutes ses figures ont quelque chose de lui : l'air pensif et souffrant, son sang et ses nerfs, mais il donne à l'homme énormément de muscles par amour pour la force et l'activité. Ses femmes surtout lui ressemblent par la noblesse, l'élégance des attitudes, l'ardeur fébrile du tempérament et la fatale beauté des passions écrites sur leurs visages.

Un critique plus subtil que tout autre, M. Charles Baudelaire, les a parfaitement définies : « généralement les femmes de Delacroix peuvent se diviser en deux classes : les unes, des femmes mythologiques, riches, très-fortes, plantureuses, abondantes, jouissent d'une transparence de chairs merveilleuse et de chevelures admirables (la nymphe couchée et vue de dos dans le plafond du Louvre). Quant aux autres, — quelquefois des femmes historiques (la Cléopâtre regardant l'aspic), plus souvent des femmes de caprice, de tableaux de genre, — tantôt des Marguerite, des Ophélie, des Desdémone, — tantôt des Madeleine, des Sainte-Vierge même, — je les appellerais volontiers des femmes d'intimité. On dirait qu'elles portent dans les yeux un secret douloureux impossible à enfouir dans les profondeurs de la dissimulation. Leur pâleur est comme une révélation des batailles intérieures. Qu'elles se distinguent par le charme du crime ou par l'odeur de la sainteté, que leurs gestes soient allanguis ou violents, ces femmes malades du cœur ou de l'esprit ont dans les yeux le plombé de la fièvre ou la nitescence anormale et bizarre de leur mal, et dans leur regard l'intensité du surnaturalisme. Mais toujours et quand même, ce sont des femmes *distinguées*, essentiellement *distinguées*, et enfin, pour tout dire en un mot, Eugène Delacroix me paraît l'artiste le mieux doué pour exprimer la femme moderne, surtout la femme moderne dans sa manifestation héroïque, dans le sens infernal ou divin. Ces femmes ont même la beauté physique moderne, — l'air de rêverie, — mais la gorge abondante avec une poitrine un peu étroite, le bassin ample, et les bras et les jambes charmants. »

Le peintre a beaucoup aimé la femme, comme on le voit en s'arrêtant devant son œuvre où elle joue un si grand rôle; mais il lui a toujours défendu de prendre sa vie intellectuelle, comme le lui permettent, hélas! tant de malheureux qui lui abandonnent âme, corps et biens. Gens sans caractère, bêtes infortunées!

La frêle constitution de l'artiste est relevée par la vigueur de ses nerfs; il a la résistance et la souplesse de l'acier fin; il respire feu et flamme comme ce petit cheval cabré dans le *Massacre de Scio*, sublime ouvrage de sa jeunesse. Quand il parle, c'est avec mesure; mais, à ses attitudes impatientes, on voit qu'il refrène son impétuosité. Il m'a souvent étonné par tant de fougue mêlée à tant de sang-froid et par cette surexcitation de l'esprit qui pétille toujours en lui comme une flamme. M. le comte de Nieuwerkerke me disait un jour : « je m'oublierais deux heures avec Delacroix sous la pluie battante. »

L'artiste, qui, dans la folle émulation de sa jeunesse, aurait peint sur la pointe d'un clocher, comme il le dit lui-même, et qui a fait à la diable le *Massacre de Scio* dans un petit atelier humide du quartier de la Sorbonne, a besoin aujourd'hui de beaucoup de précautions et de soins physiques : l'atmosphère de son atelier est tellement chaude que des couleuvres y vivraient heureuses; cet homme ardent et frileux se tient toujours enveloppé comme le python des galeries zoologiques; on croirait qu'il est né à Java et non pas sous le ciel de Paris. Son teint est un capricieux mélange de vert d'olive, de jaune de citron et de café clair. Les sensations qui courent dans ses nerfs délicats, plus rapides que l'électricité sur les fils télégraphiques, le bouleversent vingt fois par jour.

— « Il y a vingt ans, m'écrivait l'illustre George Sand, que je suis liée avec lui, et par conséquent heureuse de pouvoir dire qu'on doit le louer sans réserve; parce que rien, dans la vie de l'homme, n'est au-dessous de la mission, si largement remplie, du maître; et je n'ai probablement rien à vous apprendre sur la constante noblesse de son caractère et l'honorable fidélité de ses amitiés.

« Je ne vous apprendrai pas non plus que son esprit est aussi brillant que sa couleur et aussi franc que sa verve. Pourtant cette aimable causerie et cet enjouement, qui sont souvent dus à l'obligeance du cœur dans l'intimité, cachent un fonds de mélancolie philosophique, inévitable résultat de l'ardeur du génie aux prises avec la netteté du jugement. Personne n'a senti comme Delacroix le type douloureux de Hamlet; personne n'a encadré dans une lumière plus poétique, et posé dans une attitude plus réelle, ce héros de la souffrance, de l'indignation, du doute et de l'ironie, qui fut pourtant, avant ses extases, le *miroir de la mode* et le *moule de la forme*, c'est-à-dire, en son temps, un *homme du monde* accompli.

« Vous tirerez de là, en y réfléchissant, des conséquences justes sur le désaccord que certains enthousiastes désappointés ont pu remarquer avec surprise entre le Delacroix qui crée et celui qui raconte, entre le fougueux coloriste et le critique délicat, entre l'admirateur de Rubens et l'adorateur de Raphaël. Plus puissant et plus heureux que ceux qui rabaissent une de ces gloires pour déifier l'autre, Delacroix jouit également des diverses faces du beau par les côtés multiples de son intelligence.

« Delacroix, vous pouvez l'affirmer, est un artiste complet. Il goûte et comprend la musique d'une manière si supérieure, qu'il eût été, très-problablement, un grand musicien, s'il n'eût pas choisi d'être un grand peintre. Il n'est pas moins bon juge en littérature, et peu d'esprits sont aussi ornés et aussi nets que le sien. Si son bras et sa vue venaient à se fatiguer, il pourrait encore dicter dans une très-belle forme des pages qui manquent à l'histoire de l'art, et qui resteraient comme des archives à consulter pour tous les artistes de l'avenir.

« Ne craignez pas d'être partial en lui portant une admiration sans réserve. La vôtre, comme la mienne, a dû commencer avec son talent et grandir avec sa puissance, année par année, œuvre par œuvre. Aujourd'hui, la plupart de ceux qui lui contestaient sa gloire au début rendent pleine justice à ses dernières peintures monumentales, et, comme de raison, les plus compétents sont ceux qui, de meilleur cœur et de meilleure grâce, le proclament vainqueur de tous les obstacles comme son Apollon sur le char fulgurant de l'Allégorie. »

Tant d'aptitudes brillantes et variées n'ont fait qu'embellir les études spéciales de l'artiste : le public sera bien surpris, après sa mort, si la collection innombrable et précieuse de ses essais en tous genres passe entière sous ses yeux avides : ce sont des montagnes de dessins, à la plume, au crayon, d'après nature ou de mémoire ; d'après tous les maîtres de la peinture et de la sculpture. Le peintre a longtemps couru les cliniques, suivi la trace des émeutes, croquant au passage morts et blessés, notant ensuite dans les amphithéâtres les détails de la dissection et de l'ostéologie. Ces études exactes pourraient supérieurement illustrer le livre d'un savant anatomiste.

Viennent les dessins d'après les peintures d'Herculanum : combats, sacrifices, allégories, divinités, groupes, fragments, vases, ornements, meubles et draperies; les morceaux étudiés sur Michel-Ange, Raphaël, Rubens, le Titien, Véronèse, Tiepolo ; les griffonnages d'après les statues et les bas-reliefs antiques des musées de Paris et de Londres ; les croquis faits sur les Arabes, les Peaux-Rouges d'Amérique venus à Paris, etc.

Le dessin original de Delacroix est très-libre et beaucoup moins détaillé que ne le sont toutes ces imitations attentives : comme il voit les choses promptement et d'ensemble, c'est-à-dire à l'état de croquis, il ne peut manquer de les abréger ; chacun de ses coups de crayon devient caractéristique, généralisateur, et détermine avant tout le volume, la saillie des corps et la direction de leurs mouvements.

Un exemple est nécessaire. Supposons un bas-relief horizontalement couché et à demi plongé dans l'eau : la partie qui surnage et saute à l'œil n'est pas certes un appareil de contours, de lignes détachées, mais un ensemble en saillie. Qui pourrait alors déterminer l'importance propre de la ligne qui n'est qu'une pure hypothèse? La plus grande préoccupation de Delacroix, c'est donc l'étude du volume des corps, l'analyse des épaisseurs. Aussi construit-il ses figures par noyaux, par masses proportionnelles qui, réunies, forment le modelé. Ainsi procédait Gros, lorsqu'il n'était pas détourné de ses tendances naturelles par un respect obséquieux pour les principes de David. Gros, par exemple, représentait sommairement les principaux plans de la charpente d'un cheval par quelques oves juxtaposées. Géricault a trouvé de la même manière son énergique relief. Il faut dire aussi que, si le peintre établit les saillies avec justesse, il ne franchira pas, par ce seul fait, cette limite imaginaire appelée ligne ou contour qui n'est autre chose que le *finissement* des objets. Comprendriez-vous un sculpteur qui ayant à faire un médaillon, une tête en profil, dessinerait préalablement ce profil au trait sur sa planche de travail pour remplir ensuite de morceaux de terre l'espace circonscrit? Il ne pourrait manquer ainsi d'étrangler dans son réseau linéaire les saillies de la figure vivante. Il lui serait surtout impossible de faire par le même moyen une statue entière. Les procédés matériels de Delacroix ont, du reste, beaucoup de rapports avec quelques moyens de la sculpture : ses larges touches rappellent ces fortes balafres employées par Géricault dans le *Radeau de la Méduse* et les coups de pouce imprimés sur la terre molle par le statuaire. Il marque d'abord du ton le plus lumineux le point culminant des saillies et entoure leur volume d'un ton sombre; voilà déjà l'indication des creux et des pleins, la topographie marquée par les lumières et les ombres sur la figure humaine.

Les peintures de Delacroix ont des dessous fortement bâtis, condition qui les fera toujours reconnaître dans l'avenir. Une seule chose pourrait nuire à leur durée, l'emploi trop rapide des vernis. Dans son impatience d'arriver à l'aspect définitif du tableau, il s'en sert pour faire vivement sécher ses couleurs et tromper ainsi les lenteurs du métier. C'est par suite de ces moyens imprudents que le tableau *le Dante et Virgile* éclate déjà comme une écorce de chêne. L'artiste attribue ces accidents à d'autres raisons : « on fraude aujourd'hui, dit-il, sur toutes les denrées; il n'est pas possible de se procurer de la bonne huile; il faudrait cultiver soi-même la garance pour l'avoir sans altération et relier fortement les pinceaux pour éviter de laisser la moitié de leurs poils dans les couleurs. La limpidité de l'exécution des flamands tient non-seulement à leur habileté, mais encore au choix des instruments et à l'excellence des denrées dont ils faisaient usage. » On pourrait à tout cela répondre qu'il y a bon nombre de tableaux modernes, d'ailleurs célèbres, d'une trop grande solidité matérielle; ils auraient beaucoup trop à durer si l'estime publique pouvait se résoudre à conserver la médiocrité dans ses archives.

A l'exemple du Titien, de Paul Véronèse et de Rubens, Delacroix commence par ébaucher son sujet en grisaille, pour arriver simplement et promptement à établir l'effet général. Il ne s'amuse jamais à peindre le tableau par places successives, à parfaire une tête, un bras, une main, détails que les amateurs de peinture, espèce de gastronomes, appellent les beaux ou les bons morceaux; ce qu'il veut, c'est le drame expressif de l'ensemble, ce sont des courants d'action qui entraînent le spectateur. Si vous prenez isolément chacun des personnages, vous serez frappé du développement exagéré, quelquefois monstrueux de ses formes agissantes, développement que l'artiste a jugé nécessaire à l'énergie du mouvement, à l'intensité de l'expression. Si ce désordre ne se produit pas absolument dans la nature réelle, il n'en existe pas moins dans notre imagination, et c'est à notre imagination surtout que le peintre veut parler. Il dit que « la peinture n'est autre chose que l'art de produire l'illusion dans l'esprit du spectateur en passant par ses yeux. » C'est pourquoi ses héros se disloquent en frappant d'estoc et de taille dans l'ardente mêlée ; les chevaux, poussés en avant par le vertige, viennent mourir, s'effondrer, s'abattre, pour ainsi dire, sur le spectateur, sanglants et fumants ; les yeux de l'homme en fureur sortent de leurs orbites ; les vaincus, les victimes, suppliants, renversés, tendent les bras avec une exagération sans mesure comme leur désespoir. La main qui excite à la révolte, commande le supplice ou lance la malédiction, grandit encore outre mesure, sous les touches poussées à fond comme des coups d'épée. Le but n'est pas seulement atteint, mais traversé par la main violente de l'artiste.

C'est que la nature se livre parfois elle-même à ces débordements, emportée par la fatalité de ses propres lois. Examinez la foule au moment où un chariot vient d'écraser en passant dans les rues encombrées un enfant, une femme : on respire dans l'air un frisson tragique : l'effroi, la colère, la pitié, allument les yeux, tordent les bouches, écarquillent les mains et font avancer les têtes sur les cols allongés ; l'équilibre anatomique a reçu un ébranlement irrésistible ; qu'est devenue la régularité des proportions dans les physionomies, dans les mouvements, et surtout cette délimitation froide et dure appelée ligne ou contour ? La liberté sans frein des émotions naturelles a tout bouleversé : encore si la plupart des artistes n'affectaient pas de rendre ce contour, là où il est le plus nuisible à la saillie, au mouvement des corps, et ne le considéraient comme un moyen commode quoique brutal de détacher les figures ! Le contour doit être exprimé délicatement et conformément aux lois naturelles. Le peintre ne saurait rendre par un trait linéaire la forme des objets, qui vient s'émousser dans les dégradations de la lumière et se noyer dans l'air ambiant. Au lieu d'écrire le contour, Delacroix le fait sentir par une touche ondoyante, afin de lui laisser sa prestigieuse mobilité et pour abonder dans le sens de la nature, dont l'élasticité est infinie, tandis que les linéistes exclusifs, Ingres et son école par exemple, en font un fil de fer. Parmi les vieux maîtres, les uns ont raidi, les autres adouci le contour. Les primitifs, Albert Durer, Holbein, les Florentins, en le traduisant par des lignes aigres et dures, ont enlevé pour ainsi dire à l'emporte-pièce les personnages du fond de leurs compositions ; mais Paul Véronèse, Rubens, Rembrandt, l'indiquant librement avec le pinceau et le portant même en dehors des objets pour les faire paraître plus saillants, arrivent à un degré de vie qui nous fait illusion. Murillo et le Corrége l'ont complétement *fondu*.

On dit partout que le dessin et la couleur sont deux principes rivaux, contradictoires, se développant au préjudice l'un de l'autre ; que tel tableau est bien peint et mal dessiné, tel autre beau de lignes et détestable par les tons ; que les coloristes ne parlent qu'à nos sens, tandis que les dessinateurs s'adressent seulement à notre intelligence. Cette division exclusive fut de tout temps un sujet de querelles stériles non-seulement dans la peinture, mais dans toutes les branches du génie humain : histoire, politique, religion. Elles traînent dans tous les livres sous cette invariable rubrique : spiritualistes et matérialistes, penseurs et écrivains, catholiques et athées, dessinateurs et coloristes. Chaque maître, disais-je ailleurs, a développé avec un amour exclusif sa tendance naturelle la plus forte, sans rester pour cela inférieur dans les autres parties de l'art ; il serait vulgaire d'ajouter qu'une qualité dominante exige en lui des sacrifices et que ses défauts commencent toujours à l'exagération de ses qualités. Il faudrait remuer aujourd'hui, pour vider la question entre Ingres et Delacroix, les raisons jadis invoquées par les derniers imitateurs de Raphaël contre le Caravage et Ribera, par les élèves du Poussin contre Rubens, par les fanatiques de David contre Prudhon et Géricault. Il est bien plus simple de s'en rapporter au bon sens et de reconnaître tout de suite que la Nature, ce maître à tous, dessine et colore à la fois avec une puissance indivisible. Oui, les meilleurs dessinateurs sont en même temps les plus grands coloristes, de même que les plus grands coloristes sont les meilleurs dessinateurs. Un professeur de pensionnat de demoiselles est bien capable de dessiner avec justesse la forme du premier objet venu et de faire au besoin la réduction microscopique de la plus vaste des compositions; mais lui faut-il autre chose pour cela que la patience, la justesse de l'œil, et à défaut de cette justesse, une loupe, un compas, un pantographe? On prend ordinairement pour un beau dessin une image proprement achevée jusqu'au moindre détail avec un crayon finement taillé; ce n'est là précisément qu'un dessin sans caractère, enlevé à la pointe d'une épingle. Regardez ces beaux croquis de Rubens écrits à gros traits émoussés, spontanément, rapidement comme un paraphe, sous l'empire d'une forte impression : quelle vie, quel feu, quelle tournure!

Ah! Raphaël, Raphaël, quel grand dessinateur! disent depuis plusieurs centaines d'années les portiers des Musées et des Académies. Les rues sont pleines de maîtres-ès-arts qui n'ont que cette phrase à réciter. Ce sont ceux-là surtout qui, ne voyant Raphaël que dans les détails, ne le comprennent pas. Les romanciers ne manquent guère eux aussi de comparer leurs héroïnes aux madones de Raphaël lorsqu'ils veulent exprimer leur divine beauté. Ceux-là non plus ne comprennent pas le Beau puisqu'ils le font sortir d'un moule célèbre sans consulter leur propre tempérament. Faut-il donc s'étonner que le premier venu s'écrie en présence d'un tableau de Delacroix : ce peintre ne sait pas dessiner! Dites qu'il ne dessine pas comme les autres et qu'il ne veut pas suivre de recette, voilà tout ; mais nul maître, chez les anciens ou parmi les modernes, n'a plus étudié, comparé, réfléchi en pareille matière. Il me faudrait une année pour dresser l'inventaire raisonné de ses dessins, originaux ou copies, sans compter les feuilles volantes qu'il a dans sa jeunesse éparpillées par le monde. Je connais de lui des essais d'une ténacité presque puérile et qu'il faisait uniquement pour réussir ou se prouver à lui-même qu'il était capable de réussir à force de volonté dans les travaux les plus ingrats et les plus antipathiques. S'il lui arrive de commettre des fautes et, si l'on veut, des énormités, il ne faut les attribuer ni à l'ignorance ni au manque de réflexion : tout est en lui combinaison, logique, parti pris invincible. Il lui est sans doute difficile, avec sa nature fiévreuse et ses nerfs irrités, de ne pas marquer tous ses ouvrages d'un cachet d'emportement ; mais soyez sûr que sa tête reste froide et lucide. Il est savant, très-savant dans son art, et ce qui vaut mieux encore, doué de ce génie divinateur qui trouve les choses du premier coup. Ajoutez à ces facultés un acharnement continuel au travail, une ruse aiguisée par trente années de luttes soutenues à lui seul contre tous, un esprit de personnalité qui ne cède jamais, et dites maintenant ce qu'il peut ignorer avec de telles qualités. Ne lui pardonnez rien ; il sait à merveille tout ce qu'il fait. Il faut voir avec quelle profonde subtilité il analyse les travaux des vieux maîtres, les compare aux siens propres et quelle ardeur il tire de ces rapprochements. Cependant son génie s'incline bien souvent devant les gloires traditionnelles. Il s'épanche en admirations abondantes pour Michel-Ange, Véronèse, Rembrandt ou le Corrége ; mais ses yeux s'allument lorsqu'il parle de Rubens ; il marche alors vivement, s'arrête brusquement, vous prend en face, vous presse jusque dans un coin de son atelier : « Rubens, Rubens, c'est le roi des peintres ; il est grand comme Homère, et, comme lui, il anime d'un trait tout ce qu'il touche : si l'on éprouve un frisson en lisant *l'Iliade,* juste au moment où le poëte met Achille et Hector en présence, on a le cœur serré devant la toile de Rubens où le soldat romain porte au flanc du Christ un coup de lance qui le traverse. Il y a dans ce coup de lance une impulsion, une force homérique que je n'ai jamais pu oublier ! »

M. Ingres, qui a fait mille fois le tour des ouvrages de Raphaël, n'a pas acquis dans toute sa vie trois ou quatre idées dignes d'intérêt sur le grand maître, objet de son culte. Il n'a pour lui que des *oh!* des *ah!* des *hélas!* des pantomimes enthousiastes et des redites de bonne femme; il étudie les contours et les attaches de ses figures avec la curiosité d'un ciseleur de bijoux ou d'un tourneur d'ivoire. Delacroix, au contraire, tout avide qu'il est des raffinements extérieurs de l'art, va tout de suite à l'expression spirituelle, à l'âme des tableaux.

J'examinais un jour avec étonnement une de ses petites copies à la mine de plomb, d'après une composition du maître italien. Il en avait exagéré les traits les plus significatifs pour entrer plus avant dans son caractère, comme il fait toujours en se rendant compte du génie des autres maîtres. Raphaël ne manque jamais, lui, de balancer une ligne par une ligne contraire, une attitude par une attitude opposée, un pli de draperie par un autre pli; de telle sorte que, dans ses compositions les plus nombreuses, toute figure devient nécessaire à son système de pondération, tandis que les Flamands, Rubens lui-même, jettent parfois leurs personnages sur la toile comme s'ils y versaient des corbeilles pleines de fruits ou de marée; aussi voit-on des vides restés béants dans leurs compositions ou comblés après coup : « J'admire également Raphaël, me dit vivement Delacroix ; c'est lui qui a élevé au plus haut point de perfection cette brillante création du génie italien, l'*arabesque de la ligne*. Semblable à un poëte qui tient dans sa main les deux forces jumelles et expressives du vers et de la rime, Raphaël, avec deux lignes opposées, produit d'un bout à l'autre de ses ouvrages un rhythme harmonieux. C'est un peintrepoëte; les autres maîtres ne sont que des prosateurs. Lui seul possède cette concentration de lignes et d'expression unie au sentiment de la grâce, à la puissance de l'idéalité. Ce mérite suprême que je trouve en lui n'est pas celui dont on l'a glorifié le plus, s'il est encore vrai que personne le lui ait reconnu aussi bien que je crois le faire. Privé de moyens qui semblent indispensables, l'imitation exacte, la couleur et l'effet, Raphaël reste encore sublime et inimitable. » Mais Delacroix revient toujours au coup de lance de Rubens par inclination de tempérament.

Oui, sans doute, le génie de Rubens est tout entier dans ce coup de lance, dans ce sang jaillissant, dans ce cheval qui culbute la multitude de son poitrail robuste, dans ces bourreaux armés de tenailles, de câbles et de marteaux; mais il demeure indifférent à la moralité de ses personnages et ne manque presque jamais de noyer leur âme dans les débordements de sa brutalité.

Le *Christ* de Delacroix expire lentement, la face voilée par une demi-teinte mystérieuse aux regards insolents de la populace; son agonie toute violente qu'elle est n'a rien de grossièrement pantelant; les dernières lancinations de la douleur physique tordent ses mains et ses pieds cloués; le sang jaillit des blessures béantes, mais non pas avec cette horrible abondance qui change le Calvaire en abattoir. Pour pousser à bout l'effet de son tableau, Delacroix n'a pas manqué de solliciter arbitrairement toutes les émotions de la nature extérieure : la terre tremble, le ciel s'obscurcit, le soleil traverse de lueurs ensanglantées les nuages noirs qu'un vent tempêtueux roule les uns contre les autres et traîne vers la terre comme des crêpes déchirés; la foule enveloppée de ténèbres s'épouvante, reconnaît la mort du Juste et la colère de Dieu.

Le génie ambitieux du grand artiste voudrait à chacune de ses émotions remuer la création entière : dans la *Pietà* qu'on voit au fond d'une obscure église du Marais, le paysage est sombre et désolé comme l'âme de la mère qui pleure sur le corps de son enfant mort; dans le *Naufrage de don Juan,* les malheureux sont perdus entre deux infinis, l'infini de la mer qui va les engloutir et l'infini du ciel qui déroule au-dessus de leurs têtes ses mornes profondeurs. Le peintre accumule les horreurs de la vie : la Guerre et la Peste travaillent ensemble dans le *Massacre de Scio;* on n'y voit plus d'hommes, ils sont morts au combat; deux ou trois seulement demeurent entourés de femmes et d'enfants : l'un s'élance d'un bond frénétique à la bride du farouche vainqueur qui tire le sabre impassiblement, et dont le cheval se cabre et se hérisse en traînant une jeune fille attachée à ses crins; l'autre expire encore soutenu par sa femme expirante; l'enfant est renversé sur le sein de sa mère déjà décomposée par la mort; l'aïeule, accroupie comme une statue sur une tombe, attend dans l'inertie du désespoir que les pieds des cavaleries viennent l'écraser. On ne cesse de s'égorger dans les lointains fumants de la toile implacable, et les villages incendiés flambent au loin sous un ciel étouffant, chargé de miasmes putrides et de vapeurs de sang.

L'homme est toujours poursuivi par le malheur d'un bout à l'autre de l'œuvre de Delacroix; il trempe la terre de sueur, de sang et de larmes, et marche toujours en avant sous le fouet des Destinées. Rarement il prend un moment de repos : ce n'est guère que dans le tableau de la *Noce juive* qu'il semble se réjouir; dans tous les autres on entend retentir éternellement la voix d'airain de la Désolation. Les insurgés de la *Barricade* s'enivrent de poudre et de soleil au fond d'un quartier noir et tortueux de la vieille *Cité,* entre l'Hôtel de ville qui les mitraille, l'Hôtel-Dieu qui les repousse et la Morgue qui les attend; hommes et chevaux sont précipités du haut des parapets du pont de *Taillebourg; Hamlet* promène ses tourments et ses projets funestes, *Lady Macbeth* ses noires épouvantes, *Othello* sa jalousie sinistre, et le corps d'*Ophelia* flotte noyé dans la rivière aux longs herbages. Voici *Faust, Marguerite, Méphistophélès,* la *Mort de Valentin,*

Marino Faliero, *Sardanapale*, l'*Évêque de Liége*, le *Prisonnier de Chillon*, *Lara*, le *Giaour*, *Boissy-d'Anglas*, les *Croisés à Constantinople*, les *Convulsionnaires de Tanger* : toutes les passions, tous les crimes, tous les malheurs de l'histoire, toutes les sombres conceptions des poëtes. Non-seulement le peintre exalte à l'infini la physionomie de ses héros, mais il nous les fait voir, par je ne sais quelle magie, à travers des couleurs dont chacune rappelle à la fois un trait énergique de la nature extérieure et une passion de l'âme humaine : il poursuit entre le bleu et le vert sombres l'immensité du ciel et de la mer, fait retentir le rouge comme le son des trompettes guerrières, et tire du violet de sourds gémissements. C'est ainsi qu'il retrouve dans la couleur les chants de Mozart, de Beethoven, et les plaintives mélodies de Weber.

Il ouvre à l'imagination exaltée des profondeurs inouïes dans le champ de ses tableaux ; il ne cesse d'agrandir la carrière aux émotions et à la dévorante activité de l'homme : la ville de Constantinople, la mer étoilée de voiles lointaines et les montagnes bleuâtres environnent à perte de vue le triomphe des *Croisés* de leur panorama féerique ; un ciel chargé de neige et la monotone étendue des plaines de la Lorraine ajoutent à l'effet cruel de la *Bataille de Nancy* dont les légions s'entre-choquent avec tant de fureur. Tantôt l'artiste pathétique engage une armée dans l'étroit passage d'un pont, comme à *Taillebourg*, pour renforcer le carnage par une lutte corps à corps et ne laisser aux vaincus d'autre issue que la mort par la dague ou la noyade ; tantôt il souffle comme un démon tous les feux de l'orgie et du meurtre dans l'âme des Liégeois révoltés, et jette leur évêque éperdu, fou de terreur, au milieu des cris de mort et des couteaux étincelants. La colère des convives ameutés contre le vieillard, au fond de cette vaste salle de festin, aspire des vertiges d'enfer dans les fumées montantes du vin et dans l'éclat éblouissant des flambeaux. Mais Delacroix touche aux derniers termes du fantastique et du terrible dans le *Boissy-d'Anglas*. Le peuple s'engouffre comme un fleuve colère dans l'enceinte forcée de la Convention nationale. Murailles, escaliers, galeries, craquent et chancellent; ouvriers, clubistes, pastoureaux montent les uns sur les autres en se cassant les membres; les représentants restent à leurs places dans une stoïque immobilité; le Président contemple sans frayeur et sans trouble la tête sanglante de Féraud qui lui est présentée au bout d'une pique, et les tricoteuses frénétiques, penchées du haut des tribunes, éclatent en tonnerres d'applaudissements. Un jour rare glisse péniblement dans la salle par-dessus les têtes qui foisonnent aux fenêtres obstruées. La poussière soulevée par les trépignements vole en tourbillons dans l'atmosphère orageuse, traversée par l'éclair livide des baïonnettes.

Delacroix (Ferdinand-Victor-Eugène) est né à Charenton-Saint-Maurice, banlieue de Paris, le 7 floréal an VII (26 avril 1799). Son père, Charles Delacroix, successivement député à la Convention nationale, ministre du Directoire, préfet de Marseille et de Bordeaux où il mourut, était une de ces fortes et agiles natures qui passèrent du régime de la Terreur à celui de l'Empire, sans laisser leur tête à moitié chemin. L'enfance d'Eugène Delacroix est pleine d'accidents : le feu prend à son berceau pendant son sommeil et l'enveloppe; il s'empoisonne avec du vert-de-gris qui servait à laver des cartes géographiques; il manque de s'étrangler, une première fois, en avalant une grappe de raisin, une seconde, en jouant avec les courroies de la sabretache de son frère aîné, capitaine des chasseurs de la garde, et il tombe dans le port de Marseille d'où il est retiré demi-mort par un matelot. « C'est aussi un fou, dit-il, qui a tiré mon horoscope : une bonne me menait par la main à la promenade, lorsqu'il nous arrête; elle cherche à l'éviter, mais le fou la retient, m'examine attentivement trait par trait, à plusieurs reprises, et dit : *Cet enfant deviendra un homme célèbre; mais sa vie sera des plus laborieuses, des plus tourmentées et toujours livrée à la contradiction.* Vous le voyez : je travaille et je suis encore contesté; ce fou était un devin. Ce que c'est que la prédestination ! »

Delacroix entra, à neuf ans, au Lycée impérial où Géricault, qui se faisait toujours mettre à la porte de la classe, terminait alors ses études, et il vit pour la première fois, un jour de sortie, le Musée Napoléon encore resplendissant des chefs-d'œuvre apportés de l'Italie, de la Flandre et de l'Espagne, par les armées victorieuses : la *Transfiguration* de Raphaël, les plus beaux Rubens, la *Déposition de Croix* du Corrége, le *Saint-Pierre* du Titien, le *Saint Marc* du Tintoret, en un mot « tout ce que la peinture avait produit de plus parfait pendant trois siècles. » Telle est la vivacité des impressions de l'enfant : la vue de ces tableaux décida de sa vocation; en sortant du Musée il était peintre. A dix-huit ans, il entra dans l'atelier de Guérin, qui ne l'aima jamais. « Ici commencent à se montrer, dit-il, les premières tendances de ce *romantisme* dont l'opinion m'a fait, pour ainsi dire, le chef patenté. Si l'on entend par mon romantisme la libre manifestation de mes impressions personnelles, mon éloignement pour les types invariablement calqués dans les écoles et ma répugnance pour les recettes académiques, je dois avouer que non-seulement je suis romantique, mais que je l'étais même à quinze ans; je préférais déjà Prudhon et Gros à Guérin et à Girodet. »

En 1822, l'artiste envoya au Salon son premier tableau, le *Dante et Virgile*. M. Thiers, écrivit dans *le Constitutionnel* le compte-rendu dont voici des fragments :

« Aucun tableau ne révèle mieux, à mon avis, l'avenir d'un grand peintre que celui de M. Delacroix, représentant le *Dante et Virgile aux Enfers*. C'est là surtout qu'on peut remarquer ce jet de talent, cet élan de la supériorité naissante qui ranime les espérances un peu découragées par le mérite trop modéré de tout le reste.

« Le Dante et Virgile, conduits par Caron, traversent le fleuve infernal et fendent avec peine la foule qui se presse autour de la barque pour y pénétrer. Le Dante, supposé vivant, a l'horrible teinte des lieux ; Virgile, couronné d'un sombre laurier, a les couleurs de la mort. Les malheureux condamnés éternellement à désirer la rive opposée s'attachent à la barque : l'un la saisit en vain, et, renversé par son mouvement trop rapide, est replongé dans les eaux ; un autre l'embrasse et repousse avec les pieds ceux qui veulent aborder comme lui ; deux autres serrent avec les dents le bois qui leur échappe. Il y a là l'égoïsme de la détresse, le désespoir de l'enfer. Dans ce sujet si voisin de l'exagération, on trouve cependant une sévérité de goût, une convenance locale, en quelque sorte, qui relève le dessin auquel des juges sévères, mais peu avisés ici, pourraient reprocher de manquer de noblesse. Le pinceau est large et ferme, la couleur simple et vigoureuse, quoique un peu crue. L'auteur a, outre cette imagination poétique qui est commune au peintre comme à l'écrivain, cette imagination de l'art, qu'on pourrait appeler en quelque sorte *l'imagination du dessin*, et qui est tout autre que la précédente. Il jette ses figures, les groupe, les plie à volonté avec la hardiesse de Michel-Ange et la fécondité de Rubens. Je ne sais quel souvenir des grands artistes me saisit à l'aspect de ce tableau ; je retrouve cette puissance sauvage, ardente, mais naturelle, qui cède sans effort à son propre entraînement.....

« Je ne crois pas m'y tromper, M. Delacroix a reçu le génie ; qu'il avance avec assurance, qu'il se livre aux immenses travaux, condition indispensable du talent, et ce qui doit lui donner plus de confiance encore, c'est que l'opinion que j'exprime ici sur son compte est celle de l'un des grands maîtres de l'école. »

Ce maître d'école, c'était le baron Gérard, dont la tolérance porta ses fruits en cette occasion ; mais, tout en reconnaissant la supériorité du peintre nouveau, il ne pouvait s'empêcher de dire : Il court sur les toits !

L'Académie fut émue par le tableau *le Dante et Virgile*, que Gros appelait aussi « un Rubens châtié, » comme elle l'avait été par le *Radeau de la Méduse*. M. Thiers, qui n'était rien alors qu'un pauvre et bon jeune homme inconnu, venait de révéler Delacroix, mais il terminait bien mal son article en disant : « Ainsi, que MM. Drolling, Dubufe, Cogniet, Destouches, Delacroix, forment une génération nouvelle qui soutienne l'honneur de notre école, et marchent avec le siècle vers le but que l'avenir leur présente. » Delacroix devait rire jaune sous cape de la candeur de M. Thiers qui l'accolait à MM. Drolling, Dubufe et Destouches, trois noms qui hurlent contre le sien.

On a prétendu que le tableau *le Dante et Virgile* relevait trop directement de Géricault, et l'on ajoute qu'il est le chef-d'œuvre de Delacroix : voilà bien cette tactique si vieille qui consiste à dénier d'abord l'originalité à tout homme nouveau, et à renvoyer plus tard l'auteur à son premier ouvrage, afin de faire entendre qu'il est mort d'épuisement après un coup de maître. « N'osant pas contester tous mes tableaux, dit l'artiste avec ironie, ils m'en laissent passer un; c'est toujours le mot du bon Géronte à Scapin : « *je te pardonne, mais à la charge que tu mourras!* »

Le *Massacre de Scio* terminé sous l'impression des événements qui désolaient alors la Grèce, Delacroix obtint la permission d'y faire avant l'exposition publique quelques retouches dans la *salle des Antiques* du Louvre. Girodet lui adressa ses compliments, en passant, pour les figures de la mère morte et de l'enfant renversé; mais il se plaignait d'un œil un peu dépaysé dans ce visage si émouvant : « je vois bien l'incorrection, répondit Delacroix, mais puisque vous me dites que la figure est expressive dans son ensemble, je me garderai bien de retoucher à un détail; il n'est plus temps. » Delacroix est tout entier dans cette réponse.

Il venait de rompre avec ce reste de sagesse et de modération que les juges les plus timides étaient encore tentés de reconnaître dans *le Dante et Virgile*. L'opinion chauffée par les extravagances du journalisme fit explosion et se partagea en coteries violentes qui donnaient tous les jours le scandale de leurs animosités. Le *Christ au Jardin des Oliviers*, *Justinien*, l'allégorie de *la Grèce*, *Marino Faliero*, furent successivement déchirés par les critiques, mais le grain le plus noir éclata sur le *Sardanapale;* le peintre n'était plus digne de la lumière du soleil. M. de Larochefoucauld, directeur des Beaux-Arts, intervint pour tancer vertement le novateur audacieux, qui lui répondit : « le monde entier ne m'empêchera pas de voir les choses à ma manière, » et lui tira sa révérence. Mis à l'index du Ministère et privé de travaux, il épancha sa verve en lithographies superbes qui faisaient fuir les bourgeois des étalages du boulevart. La première des deux collections, qu'il publia de 1825 à 1828, est une série d'interprétations de reliefs, de médailles et de pierres gravées antiques de la collection de M. le duc de Blacas. Ces lithographies, devenues très-rares, résument absolument le côté pratique du génie de Delacroix et donnent la clef de son œuvre dont le principe, du reste, loin d'avoir varié, n'a fait que se fortifier par la suite. Il est bien certain que si les ouvrages de sa jeunesse n'égalent pas en intensité ceux de son âge mûr, si l'*Entrée des Croisés à Constantinople* surpasse le *Massacre de Scio*, tout Delacroix est dans l'un comme dans l'autre tableau avec ses émotions profondes, sa manière fièrement personnelle, son cachet inimitable.

La seconde série de lithographies est une illustration de Faust : « Je retrouve dans ces images, disait le vieux Goethe, toutes les impressions de ma jeunesse. » L'*Évêque de Liége* est de l'année 1829.

Arrive la Révolution de 1830. Tandis que les boutiquiers fêtaient les *glorieuses journées* dans les jardins du Palais-Royal, le nouveau gouvernement, jaloux de répondre par un beau spectacle à leur enthousiasme dynastique, demandait deux tableaux à Delacroix : *Jemmapes et Valmy,* autrement dit la double apothéose du *roi citoyen;* mais l'artiste, encore agité par les scènes du 29 juillet, aima mieux représenter sur une barricade cette *Liberté* qui devait inspirer ces vers à Auguste Barbier, un grand poëte, le seul de notre temps qui ait avec l'artiste une parenté par la virulence de ses pensées, la vibration de sa couleur et la force de ses mouvements :

> C'est une forte femme aux puissantes mamelles,
> A la voix rauque, aux durs appas,
> Qui, du brun sur la peau, du feu dans les prunelles,
> Agile et marchant à grands pas,
> Se plaît aux cris du Peuple, aux sanglantes mêlées,
> Aux longs roulements des tambours,
> A l'odeur de la poudre, aux lointaines volées
> Des cloches et des canons sourds.
>
> . . . .

La Liberté produisit une telle sensation que, le bon public rentré chez lui et le roi bien assis sur son trône, on la relégua par ordre dans l'obscurité des corridors du Louvre. L'*Amende honorable, intérieur de couvent,* parut en 1831. Cette même année, Eugène Delacroix, attaché à une petite légation, partit pour le Maroc.

« Maroc, dit-il, m'a fait grand effet : cette vie de camp, ces longues courses à cheval, ces rivières passées à la nage, au milieu des coups de fusil, car il n'y a dans ce pays ni ponts ni bateaux, — pour ne pas favoriser l'évasion des voleurs, me disait bonnement un des ministres d'Abd-err-Rahman, — toutes ces émotions de la vie d'aventures me remuaient profondément ; je ne pourrais vous les exprimer que si mon cœur avait un langage. L'aspect de cette contrée restera toujours dans mes yeux ; les hommes et les femmes de cette forte race s'agiteront, tant que je vivrai, dans ma mémoire ; c'est en eux que j'ai vraiment retrouvé la

beauté antique. Je faisais mes croquis au vol et avec beaucoup
de difficultés, à cause de l'opinion des musulmans sur les
images; j'arrivai néanmoins à faire poser de temps en temps
hommes et femmes, pour quelques pièces de monnaie, dans les
salles du consulat français. Le modèle avait ordinairement une
rare intelligence de mes moindres intentions; mais le croquis
fait, il le prenait, le tournait et le retournait en tous sens avec la
curiosité du singe qui cherche à lire un papier, et le remettait en
place, riant de pitié pour moi qui pouvais ainsi m'attacher à une
occupation si puérile. Un de ces Arabes voulut pourtant avoir
son portrait : c'était un jeune homme superbe et marqué au front
d'un signe bleu que les mères en ce pays impriment à leur enfant
le plus beau pour désigner sa nature choisie à la clémence du
sort. Autre plaisir que j'avais encore : l'étude des chevaux arabes.
Ils ont sous le ciel natal un caractère particulier de fierté,
d'énergie, qu'ils perdent en changeant de climat; il leur arrive
assez souvent de se débarrasser violemment de leur cavalier afin
de se livrer entre eux de sanglantes batailles qui durent des
heures entières : ils se prennent à belles dents, comme des tigres,
et rien ne peut les séparer; les souffles rauques et enflammés
qui sortent de leurs naseaux écarlates, comme la respiration des
locomotives, leurs crins épars ou empâtés de sang, leurs jalousies
féroces, leurs rancunes mortelles : tout en eux, attitudes et
caractère, s'élève jusqu'à la poésie. » Qui ne retrouverait ici la
première impression des *Exercices militaires des Marocains* et du
Choc de cavalerie arabe? Ces chevaux ont le diable au corps; ils
volent comme des hippogriffes.

Tous les maîtres ont peint avec amour le cheval dans leurs
compositions les plus splendides; Delacroix ne lui a pas seulement emprunté son grand aspect décoratif; il en a fait un héros,
presque l'émule de l'homme : voyez la furie des chevaux du
Giaour et du *Pacha* et l'effort désespéré de l'étalon noir de Charles le Téméraire dans la *Bataille de Nancy* pour s'arracher d'un

marécage avec son maître surpris et désarçonné à coups de lance par un gentilhomme lorrain! Dans la *Bataille de Taillebourg*, le cheval monté par Saint-Louis, et dont le poitrail s'écarte, se développe jusqu'à la difformité, ne doit peut-être qu'à cette exagération de structure le formidable élan avec lequel il semble faire tomber les rangs ennemis comme de vieux pans de murailles. Celui qui meurt, à la gauche du spectateur, est à lui seul un épisode des plus émouvants; le terrible cheval d'*Attila*, que l'on voit dans l'un des hémicycles de la bibliothèque des députés, souffle l'épouvante et la mort. Le peintre bâtit avec énergie les noyaux musculeux de ces animaux incomparables et fait jouer les finesses, les transparences de sa couleur dans leurs robes éblouissantes de reflets. Il fait les lions et les tigres, comme Rubens et Sneyders, mais il leur donne une tournure plus grandiose et presque fantastique.

Quelques portraits, la *Bataille de Nancy*, les *Femmes d'Alger*, le *Prisonnier de Chillon*, *Saint Sébastien*, les PEINTURES DU SALON DU ROI, la *Bataille de Taillebourg*, *Médée furieuse*, *Hamlet et les Fossoyeurs*, la *Justice de Trajan*, les *Croisés à Constantinople*, le *Naufrage de don Juan*, la *Noce juive au Maroc*, les *Dernières Paroles de Marc-Aurèle*, la traduction de *Hamlet* en lithographies, la *Sibylle*, *Muley Abd-err-Rahman entouré de sa garde*, les PEINTURES DE LA BIBLIOTHÈQUE DU LUXEMBOURG, les *Adieux de Roméo et Juliette*, le *Christ en croix*, les *Exercices militaires des Marocains*, les PEINTURES DE LA BIBLIOTHÈQUE DES DÉPUTÉS, le *Christ au tombeau*, la *Mort de Valentin*, le PLAFOND D'APOLLON AU PALAIS DU LOUVRE, la *Résurrection de Lazare*, les *Disciples d'Emmaüs*, les PEINTURES DU SALON DE LA PAIX A L'HÔTEL DE VILLE; plusieurs scènes arabes, *Jésus endormi pendant la tempête*, *Weisslingen pris* dans une *embuscade;* les trois esquisses pour la chapelle des Saints-Anges à l'église Saint-Sulpice : *Michel terrassant le démon*, la *Lutte de Jacob*, *Héliodore chassé du temple;* quelques tableaux d'animaux, de fleurs et de fruits; la *Chasse aux lions*, sa plus récente débauche de couleur, et les *Deux Foscari*, triple chef-d'œuvre de mise en scène, de couleur et d'expression, qu'il achevait cette année même, la veille de l'ouverture de l'*Exposition universelle*, avec la vaillance de la jeunesse, la sécurité de l'âge mûr et la science subtile du génie consommé : voilà, par ordre, les travaux les plus importants qui ont presque entièrement rempli la vie infatigable de Delacroix, de 1832 à la fin de 1855. On retrouvera les autres plus loin avec la description de ses peintures monumentales. Son œuvre est tellement abondant qu'il ne m'est pas possible de l'exposer ici en détail. Cette inépuisable fécondité, cette variété des moyens d'exécution que l'on retrouve depuis sa plus petite lithographie et son moindre griffonnage à la plume jusqu'à ses plus vastes compositions peintes, cette affluence des motifs qui ont assiégé son esprit, le placent à la hauteur des vieux maîtres. Comme eux aussi, il s'est parfois répété à satiété. Voilà un des côtés ennuyeux de la Peinture. La main de Delacroix ne peut rester en repos; il est aussi dévoré, malgré le scepticisme méthodique qu'il montre à tout moment dans ses paroles, par la soif de l'immortalité. Dédaigneux du présent et de ses misères, il ne pense qu'à l'avenir, dont il attend plus d'intelligence et de justice. « Que pensera-t-on de moi quand je serai mort? » demande-t-il quelquefois. Il se donne mille chagrins et mille soins afin de prévenir l'altération de ses tableaux; il les traite comme des enfants malades, les fait baigner dans l'huile, se tourmente pour eux des caprices de l'atmosphère, du hasard des voyages; fait toute sorte d'expériences sur la qualité des couleurs et des toiles, frémit à l'idée de la destruction, redouble d'activité au travail, et multiplie ses sujets avec acharnement. « Les peintres devraient songer, dit-il, à la fragilité de leurs productions : un incendie va consumer des milliers d'ouvrages; des accidents sans nombre conspirent contre le bois et la toile, ces dépositaires de leurs inspirations. Ne semble-t-il pas qu'en multipliant leurs travaux dans la mesure de leurs forces, ils augmentent la chance de surnager sur la mer de l'oubli? »

Cette sorte de fureur pour le travail lui a fait prendre en horreur tout ce qui est de nature à troubler son application. Son amour de la solitude devient de jour en jour plus sauvage ; il s'enfermerait dans un antre pour n'y pas être dérangé. Il a un rare mépris pour le mariage qui déshonore la plupart des artistes en les jetant dans la misère, et il déteste les enfants à cause de leur turbulence et de leur importunité. « Vous aussi, dit-il à celui qui parle de se marier, vous pourrez vivre au milieu des horreurs du ménage et travailler avec des marmots dans les jambes? » Revenu des premiers emportements de la jeunesse, il s'est imposé rigoureusement l'ordre et l'économie. « Il faut garder, dit-il, le peu d'argent que l'on possède : argent, liberté, dignité, c'est tout un pour l'homme prudent ; quiconque n'a pas assez d'argent pour se passer d'autrui, est aujourd'hui plus que jamais voué à l'impuissance et aux dernières humiliations de la servitude. » Travailler à l'abri des soucis matériels, voilà la préoccupation de toute sa vie. La Peinture est pour lui « cette maîtresse jalouse qui veut son homme tout entier. » Aussi, lui fait-il tous les jours le sacrifice de ses plaisirs et de sa santé ; il mourra le pinceau à la main. Je tremble pour ce noble artiste, si courageux et si frêle, quand je le vois s'engager sous les humides voûtes de Saint-Sulpice, impatient de laisser sur les murailles durables d'un monument un chef-d'œuvre de plus à la postérité.

Delacroix adore les lettres : il va, de temps en temps, s'enfermer avec des tas de livres et de papiers dans sa petite maison de campagne, à Champrozai, près Versailles. Il connaît à merveille les historiens, les poètes, les romanciers français et étrangers. Il en parle à ravir. Il met au-dessus de l'allure héroïque de Corneille, la perfection et la finesse des sentiments de Racine ; Shakspeare le charme par ses côtés rusés, vigoureux et terribles, mais l'impatiente par ses longueurs déclamatoires et ses descriptions ; il trouve dans Byron des situations heureuses, mais ses héros lui semblent trop souvent des fanfarons, des héros en papier mâché. Au reste, son intelligence, capricieuse comme la gourmandise, passe du Dante à l'Arioste aussi facilement que de Shakspeare à Racine ; il vous dit une fois : « je suis pour le dix-septième siècle ; » une autre fois : « je suis tout au dix-huitième, et j'adore Voltaire. » Le dix-neuvième le dégoûte par la banalité ou la fausseté de son esprit et par l'insolence de ses prétentions. « Je causais, il y a fort longtemps, avec M. Delacroix, me disait un de mes amis ; il trouvait Balzac tracassier, puéril, irritant par ses incisions mesquines ; il exaltait, au contraire, la large manière d'un autre de nos romanciers célèbres. Deux ou trois ans plus tard, reprenant le même sujet : — ah ! sans doute, disait-il, Balzac, voilà un écrivain ; l'autre n'est qu'un orateur ! — Enfin, m'écriai-je, vous voilà de mon opinion, M. Delacroix ? — C'est vous qui êtes de la mienne, répondit-il. »

Delacroix est fort séduisant en conversation par le tour de ses récits, la finesse de ses observations, la promptitude de ses saillies : il a l'imprévu, l'originalité de Stendhal dans les notes qu'il écrit à bâtons rompus ; il a aussi des phrases inégales, des périodes boiteuses, des ellipses obscures, enfin tous les défauts particuliers à l'auteur de *Rouge et Noir* et de la *Chartreuse de Parme;* mais il devient tendu et timide dès qu'il s'applique à la correction académique. En recherchant la gravité du ton il se refroidit et s'éteint, lui naturellement si vif, si coloré, et, qui le dirait? il tombe quelquefois dans les dictions des vieux professeurs : « les traits du sort, — le corps inanimé d'un objet chéri et ravi à jamais, — les cyprès changés en lauriers, — le fardeau de l'inspiration, — les cruels déplaisirs, — la poussière du combat, — le coursier du dieu Mars, — le monde des nobles chimères. » Il semble vouloir se faire pardonner sa liberté dans l'art par sa vénération exagérée pour les écrivains classiques. Mais, en homme tout à fait supérieur, il laisse dans tout ce qu'il fait quelque coin de génie. Il écrit par-ci, par-là, des lignes très-vivantes : sa description du *Champ de bataille d'Eylau* est empreinte d'une mâle énergie et sa tirade sur le malheureux ménage de Prudhon est un morceau de verve âpre et comique contre les artistes en famille, accablés par les soucis de la paternité. Il a non-seulement l'insigne honneur d'être un grand peintre, mais encore un des esprits les plus alertes, les plus aimables, les plus pénétrants. Il connaît son temps comme un politique raffiné, et, s'il écrivait ses Mémoires, je suis certain que cet ouvrage ferait plaisir aux esprits d'élite.

Delacroix n'a pas beaucoup voyagé : il n'avait guère fait, avant son départ pour le Maroc, qu'une tournée en Angleterre et une autre en Espagne. Il n'a jamais vu l'Italie. Gros, qui avait admiré ses débuts, le mit, pour ainsi dire, en fuite en lui proposant de lui faire obtenir le prix de Rome dans son école. Mais rebelle à toute servitude, il n'aurait pu vivre, ni sous l'influence d'un maître, ni au sein de cette noble ville, devenue à ses yeux l'asile officiel des artistes inférieurs qui n'ayant rien à tirer d'eux-mêmes s'accommodent facilement de la tâche qui leur est imposée d'imiter ou plutôt de mal copier les chefs-d'œuvre des morts. Les plus opiniâtres d'entre ceux-là peuvent tout au plus arriver à l'Institut après avoir pris l'Italie par doses médicinales ; mais s'élever au génie, jamais. Rembrandt n'a pas eu besoin de voir l'Italie pour montrer sa puissance dans la *Leçon d'anatomie du docteur Tulp* et dans la *Ronde de nuit*, deux merveilles de l'inspiration libre. Delacroix, heureusement pour lui, n'a pas non plus subi le joug des traditions : il n'a rien pris même dans sa première jeunesse du bagage académique de son maître Guérin ; pourtant il m'ennuie quelquefois par ses sujets mythologiques et ses allégories. Il eût mieux fait de remuer les drames de son siècle et de nous donner cent pages palpitantes comme la *Liberté* et le *Boissy-d'Anglas* ; on dirait qu'il n'a peint les sujets fastidieux de la Fable que pour lutter avec les vieux maîtres qui les ont mille fois traités. Il a, quoi qu'il en soit, tourné à son profit toutes les connaissances de ses devanciers, sans rien sacrifier de son individualité indomptable, et gardé, chose si rare en ce siècle d'imitation servile, son cachet, sa griffe à lui seul. Ses erreurs, ses faiblesses, ont même tourné à sa gloire : lorsqu'il a montré, lui aussi, le désir d'être de l'Institut, on lui a préféré les moindres pédagogues. Tant mieux ; pourquoi voulait-il donc descendre dans cette nécropole ? N'est-il pas déjà *Membre de l'Académie d'Amsterdam ?* Il n'a jamais pu faire d'élèves, malgré l'immense prestige qu'il a exercé, qu'il exerce encore et qu'il exercera toujours. Génie à la fois sauvage et bilieux, séduisant et rusé, il est resté fièrement solitaire au milieu d'une génération banale. Il ne laissera pas un pâle successeur, un seul petit Flinck comme l'a fait Rembrandt, et ceux qui essaieront de le suivre se jetteront dans les abîmes, n'ayant pas comme lui la force qui permet impunément les immenses écarts. A quoi servent d'ailleurs les imitateurs, la menue monnaie des grands hommes ? L'Avenir, qui se trouvera sans doute chargé comme le Présent l'est lui-même non-seulement de ses gloires véritables, mais encore de ses vanités intrigantes et de ses Illustres de journal, ne gardera que les plus grands noms. A l'oubli tous les autres ! Il recevra les originaux et non pas les copies dans son Musée universel.

Le caractère le plus frappant de l'œuvre de Delacroix, c'est la force de l'imagination. Ses drames les plus émouvants n'ont qu'une vérité poétique ; ce sont des évocations fixées sur la toile. Le peintre fait presque tous ses tableaux sans modèles. Lorsqu'il lui arrive de s'en servir, ce n'est guère que dans les rares moments où sa mémoire hésite, encore ne prend-il de leurs formes positives et de leurs expressions réelles que le côté le plus sympatique à son tempérament ou à ses idées préconçues ; il les plie à ses rêves, à ses inventions et les traite en esclaves. Hommes, animaux, arbres, rochers, mers et nuages, ne sont à ses yeux que les mots divers du grand langage de la Création dont il n'ouvre pas plus souvent le Dictionnaire qu'un poète sûr de lui-même ne consulterait l'Académie. Pour lui, toute composition est la combinaison d'éléments extérieurs qu'il a vus et dont il se souvient avec ses propres passions ; il éclaire ses tableaux des lueurs de son âme. Il n'ignore pas au reste que chaque artiste trouvera toujours dans son tempérament particulier à quel degré la présence de la nature lui est nécessaire : « Holbein, dit-il, n'est-il pas sublime précisément par son imitation exacte? Le Corrége, Michel-Ange, ne sont-ils pas sublimes aussi, bien que leurs figures manquent de réalité ? N'est-il pas vrai de dire que ce que l'on appelle l'idéal est tout ce qui va à notre idée, imité fidèlement ou purement inventé? Qu'est-ce donc que ce qui va à l'idée et frappe l'âme? C'est le je ne sais quoi, c'est l'inspiration. »

Delacroix aurait peut-être péri à la tâche, s'il n'avait fait la conquête des salons et entraîné les ministères plutôt par l'ascendant de son esprit que par le caractère de ses ouvrages. En lui, l'homme du monde a sauvé l'artiste. Pendant qu'il était loué à faux par ses meilleurs amis et grossièrement insulté par ses ennemis, il faisait ces réflexions mélancoliques : « il est malheureusement trop certain que la supériorité du talent ne suffit pas pour mettre la gloire elle-même à l'abri des variations de l'opinion et de la mode. Il est des talents privilégiés qui ont été entourés tout de suite d'une admiration à laquelle le temps n'a fait qu'ajouter. Les grands artistes qui ont brillé par la grâce, le charme et la noblesse de leurs inventions, ont peut-être conquis plus rapidement l'unanimité des suffrages. Raphaël, Léonard de Vinci, Paul Véronèse, Cimarosa, n'ont pas long-temps attendu cette justice de l'opinion. Au contraire, les génies austères, qui sondent les abîmes de l'âme et qui saisissent plus volontiers dans leurs peintures le côté terrible et pathétique des choses humaines, exercent un empire plus restreint et plus contesté. La violence ou la singularité de leurs inspirations les isole des sentiments ordinaires et fait que leurs qualités mêmes sont destinées à être l'objet d'une discussion éternelle. » Je me trouvais l'hiver dernier avec lui à l'exposition des tableaux de Madame la duchesse d'Orléans. Des bourgeois qui ne le connaissaient pas de vue disaient à ses oreilles mille sottises sur un de ses meilleurs ouvrages : « voilà déjà plus de trente ans que je suis livré aux bêtes, » me dit-il, le visage pâle et la voix tremblante. M. Vitet, de l'Académie française, comparait un jour de bonne foi ses tableaux au romans de M. d'Arlincourt; Lamartine qui s'était promené, plusieurs années, tous les jours, devant ses belles compositions de la Chambre des Députés, lui en faisait des éloges à perte de vue, les confondant innocemment avec les médiocres travaux d'un artiste inconnu placés dans le voisinage; un journaliste balbutiait dans son ivresse : « M. Delacroix peint avec un balai ivre. » Les académiciens, chefs d'écoles, l'appellent chef d'émeute. M. de Mercey a porté sur lui ce jugement en le comparant à Victor Hugo : « le peintre a plus d'esprit, de naturel et de souplesse que le poète; il est parfois sauvage, il n'est jamais faux; il est plus juste envers lui-même et il se connaît mieux. Aussi, à notre avis, M. Eugène Delacroix restera-t-il plus grand peintre que M. Victor Hugo grand poète. » Mais M. de Mercey ne me paraît peut-être pas aussi vrai lorsqu'il attribue à l'un et à l'autre un égal amour pour les accessoires au détriment de leur sujet. M. Hugo n'a jamais manqué, lui, de sacrifier la pensée à la forme; Delacroix, au contraire, altéré d'émotions, n'abandonne jamais la pensée qui en est la source. On voit encore plus de mouvement dans ses tableaux que de splendeur décorative; plus de concentration passionnée que d'expansion extérieure. Son âme rayonne comme une lentille et embrase le théâtre de l'action : jamais les bannières flottantes, le son des trompettes, les longues crinières et le hennissement des chevaux ne font oublier chez lui comme chez le poëte pompeux, la violence intime des combattants. C'est par les accessoires même que le peintre redouble parfois l'énergie de l'expression : la chaîne de fer du *Prisonnier de Chillon* est tellement tendue qu'on la dirait elle-même vivante et près de se rompre sous l'effort désespéré du captif; le grand panache noir qui se balance sur le front d'Hamlet comme une branche de cyprès se marie par un effet sublime aux nuages de ce ciel triste et brouillé comme son âme.

Ce qui fait de Delacroix le plus grand artiste du xixe siècle, et peut-être le dernier de la grande famille, c'est qu'il réunit toutes les facultés du peintre, du poëte et de l'historien par une puissance innée et un profond savoir. Il sème avec une abondance qui étonne le dramaturge, le psychologue et le chrétien, les passions humaines sur sa toile et dans l'âme du spectateur comme des graines funestes. Il rappelle Rembrandt par l'expression des physionomies et le prestige des effets de lumière, Véronèse par l'esprit, la finesse et le charme de la couleur, Rubens par la splendeur des décorations et la crânerie de la main, Raphaël lui-même par l'agencement harmonieux et profondément médité des personnages, Michel-Ange par le grandiose et Ribera par le terrible. Il séduit et emporte tour à tour les intelligences hautaines et les cœurs aventureux par la noblesse, l'audace, la fierté, l'amour du beau et de l'héroïque, par la ruse, la force et les infernales machinations. Mais il est surtout l'homme de notre temps plein de maladies morales, d'espérances trahies, de doutes, de tourments, de sarcasmes, de colères et de pleurs. L'aveuglement de l'ignorance, les intrigues et les clameurs de l'envie ne l'ont pas un instant arrêté dans sa vaillante et glorieuse carrière et ne prévaudront jamais contre lui devant la Postérité.

OUVRAGES DE M. DELACROIX

PEINTURES MONUMENTALES.

CHAMBRE DES DÉPUTÉS. SALON DIT AUTREFOIS LE SALON DU ROI (1837-1838).

Ce salon est carré. Le plafond est occupé par quatre caissons dont les sujets représentent la Justice, la Guerre, l'Industrie, l'Agriculture. Sur chacune des quatre faces du salon se déroule une espèce de frise entre les archivoltes des portes ou fenêtres; elle forme quatre suites de sujets répondant à l'allégorie principale peinte sur chacun des caissons du plafond. Ainsi :

1° Au-dessous du caisson où figure la Guerre, on voit tous les malheurs causés par ce fléau : d'un côté, des Femmes emmenées en esclavage, des Mères emportant leurs enfants, des Guerriers se préparant au combat; de l'autre, la Fabrication des armes, des Cyclopes à leurs fournaises, etc., etc.

2° Au-dessous du caisson occupé par l'Agriculture, sont : d'un côté, les Vendanges, toute la suite de Bacchus, etc., etc.; de l'autre, les Moissons.

3° Au-dessous du caisson de la Justice : d'un côté, la Sagesse et la Vigilance présidant à la formation des lois avec un Vieillard législateur; de l'autre, des Juges auxquels on amène des coupables, la Force avec son lion, etc., etc., et le Génie vengeur poursuivant les crimes, etc.

4° Au-dessous du caisson consacré à l'Industrie, apparaissent : d'un côté, les Dieux marins, l'Océan apportant le tribut des contrées lointaines; des Navigateurs, etc.; tous les attributs symboliques du Commerce; de l'autre, la Récolte et la fabrication de la soie.

Cet ensemble de sujets comprend à peu près une centaine de figures, la plupart plus grandes que nature. Les trumeaux ou intervalles qui se trouvent entre les fenêtres sont occupés par huit grisailles colossales représentant les Mers ou les Fleuves qui bornent ou fertilisent la France : l'Océan et la Méditerranée, la Seine, le Rhône, la Loire, la Garonne, la Saône et le Rhin.

OUVRAGES DE M. DELACROIX.

BIBLIOTHÈQUE DES DÉPUTÉS (1847).

Il y a une suite de cinq petites coupoles présentant chacune quatre pendentifs, et deux hémicycles. Dans le premier hémicycle est représenté le Berceau de la Civilisation et des Arts. — Orphée charme, pour la première fois, les hommes par les accents de sa lyre et de sa parole. Les hommes, encore sauvages, s'assemblent autour de lui avec curiosité : ce sont des chasseurs qui vivent nomades. Auprès d'eux se groupent aussi les centaures, les nymphes, les fleuves, les diverses personnifications mythologiques. Tous considèrent avec étonnement ce mortel inspiré aux accents ineffables. Des vieillards se tiennent à l'écart avec une certaine défiance. Cependant la première charrue est essayée dans un coin du tableau, et les deux Divinités mères des Arts et de l'Abondance, Minerve et Cérès, planent dans les airs.

L'autre hémicycle représente la chute de la Civilisation antique. Attila foule aux pieds de son cheval l'Italie conquise et ses monuments. Il est suivi par les hordes des Barbares qui descendent des Alpes comme un torrent. — Ce groupe, un des plus beaux de l'œuvre de Delacroix, ne peut être bien vu à cause d'un reflet ; il faut monter sur la petite galerie de la Bibliothèque, servant aux employés qui donnent les livres, pour l'examiner dans toute sa splendeur. — On aperçoit, du côté opposé de la même composition, des malades, des vieillards portés sur les épaules de leurs enfants, qui traînent aussi après eux tout ce qu'ils ont pu sauver et sont frappés de flèches en fuyant.

Les cinq coupoles sont décorées de sujets assortis à la division intellectuelle adoptée ordinairement dans les bibliothèques.

PREMIÈRE COUPOLE. — *Sciences.*

1*er pendentif.* Aristote décrit les animaux qu'Alexandre lui envoie des contrées conquises. — 2*e* Mort de Pline dans l'éruption du Vésuve. — 3*e* Hippocrate refuse les présents du roi de Perse. — 4*e* Archimède tué par un soldat au milieu de ses méditations.

DEUXIÈME COUPOLE. — *Philosophie, Histoire.*

1*er pendentif.* Hérodote consulte les Mages dépositaires des traditions antiques. — 2*e* Les bergers chaldéens inventeurs de l'astronomie. — 3*e* Mort de Sénèque. — 4*e* Socrate et son Génie familier.

TROISIÈME COUPOLE. — *Orateurs, Législateurs.*

1*er pendentif.* Numa et Égérie. — 2*e* Lycurgue consultant la Pythie. — 3*e* Cicéron accusant Verrès devant le peuple romain. — 4*e* Démosthène harangue la mer pour s'exercer à la parole.

QUATRIÈME COUPOLE. — *Théologie, Ancien et Nouveau Testament.*

1ᵉʳ *pendentif.* Saint Pierre trouve dans un poisson la drachme pour payer le tribut. — 2º Mort de saint Jean-Baptiste. — 3º Adam et Ève chassés du Paradis. — 4º Les Hébreux captifs à Babylone (*Super flumina Babylonis*).

CINQUIÈME COUPOLE. — *Poésie.*

1ᵉʳ *pendentif.* Alexandre renferme dans un coffre d'or les œuvres d'Homère. — 2º Ovide exilé en Thrace. — 3º Éducation d'Achille par le Centaure. — 4º La Muse inspirant Hésiode.

BIBLIOTHÈQUE DU PALAIS DU LUXEMBOURG (1845).

Dans la coupole on voit les limbes décrits par le Dante dans le quatrième chant de son *Enfer*. C'est une espèce d'Élysée où sont placés les grands hommes de l'antiquité qui n'ont pas reçu le baptême chrétien. « *Leur grande renommée leur a valu une distinction si précieuse.* » Ces mots tirés du poème sont écrits sur un cartouche porté par deux Génies ailés et indiquant le sujet. La légende portée par un aigle dans une autre partie du ciel complète cette explication. Elle dit : « *Je vis l'illustre compagnie du poète souverain qui plane comme l'aigle au-dessus de tous les poètes.* »

La composition est divisée en quatre parties ou groupes principaux :

— 1º Le premier, qui est au centre et le plus important, est celui qui fait face à la fenêtre donnant sur le jardin. Il représente Homère entouré des poètes Ovide, Horace et Lucain recevant le Dante qui leur est amené par Virgile. D'un côté, et en avant, Achille assis près de ses armes est rapproché du groupe de l'auteur de l'*Iliade*; de l'autre, Pyrrhus et Annibal tournent leurs regards du côté du tableau où l'on voit les Romains.

— 2º En suivant, à gauche, on trouve le second groupe, qui est celui des Grecs illustres : Alexandre appuyé sur l'épaule de son maître Aristote et se tournant vers Apelle assis devant lui, occupé à le peindre; Aspasie, vêtue d'une draperie blanche; Platon appuyé sur un cippe. Derrière Platon, est Alcibiade, couvert d'un casque. Quelques figures, à l'ombre d'un bosquet de lauriers et d'orangers, entourent Socrate, qui cause familièrement. Un Génie ailé lui présente une palme, allusion à l'oracle de Delphes qui l'a proclamé le plus sage des mortels. En avant, et dans l'ombre, Xénophon est tourné vers Démosthène qui tient un rouleau sur ses genoux.

— 3º Sur la troisième face ou division de la composition est Orphée, le poète des temps héroïques, auquel la Muse semble inspirer des chants divins. Hésiode, couché non loin, recueille les traditions mythologiques de la Grèce; Sapho lui présente des tablettes; une panthère se roule à ses pieds.

— 4º Le quatrième côté est celui des Romains : Porcia, assise auprès de Marc-

Aurèle, montre le vase qui contient les charbons ardents, instruments de sa mort stoïque. Caton d'Utique, s'adressant à sa fille et au sage empereur, tient à la main le *Traité* de Platon. Son épée porte à terre, la pointe tournée vers son corps. A la gauche de ce groupe, Trajan paraît dans l'ombre projetée par un grand laurier ; et, sur un tertre plus éloigné, César, tenant un globe et une épée, est entouré par Cicéron et quelques autres personnages romains. A droite, au premier plan, Cincinnatus, dans un équipage rustique, s'appuie sur sa bêche ; un Génie lui apporte son casque et semble l'inviter à reprendre les armes pour la défense de la Patrie. Deux nymphes, l'une couchée sur son urne, l'autre assise sous un laurier et jouant avec un jeune enfant, occupent le devant de la scène.

Autre sujet. — Après la bataille d'Arbelles, et sur le champ même de l'action, Alexandre, dépouillé de ses armes et couronné par la Victoire, est assis sur son tribunal. A ses pieds sont les captifs, les Satrapes vaincus et la famille de Darius. On apporte devant lui le célèbre coffre d'or trouvé parmi les dépouilles des Perses. L'Empereur y fait déposer les poèmes d'Homère. Au milieu du tableau est un trophée que les vainqueurs, suivant l'usage, ont élevé sur le champ de bataille.

PLAFOND DE LA GALERIE D'APOLLON AU LOUVRE (1849).

Apollon debout sur son char lumineux, traîné par un quadrige fougueux, lance du fond des cieux une flèche qui traverse le serpent Python. Le monstre expire en se tordant avec violence à la surface des flots agités. Les dieux et les déesses : Neptune, Mercure, Diane, Minerve, Junon, assistent au triomphe du Dieu de la lumière. L'action se passe au moment où les eaux du déluge se retirent de la terre pour regagner le lit des fleuves et des mers. Les montagnes reparaissent comme des géants fantastiques restés immobiles et insensibles dans le cataclysme universel. Des corps morts et des débris d'animaux jonchent la terre, enfin délivrée.

SALON DE LA PAIX A L'HÔTEL-DE-VILLE DE PARIS (1853).

Ces peintures occupent : — 1° Un grand plafond circulaire de 17 pieds de diamètre ; 2° Huit grands caissons ; 3° Onze dessus de portes et fenêtres.

Le sujet principal, celui du plafond, représente la Paix venant consoler les hommes. La Terre éplorée, entourée de ruines, lève les yeux au ciel et demande la fin de ses malheurs. Un soldat éteint de son pied une torche ; des amis se retrouvent, s'embrassent ; la Discorde s'enfuit ; Mars et les Furies sont chassés par Cérès ; l'Abondance, les Génies bienveillants, répandent les fleurs et les fruits du haut des airs ; Jupiter se tourne encore avec colère vers les monstres et les dieux malfaisants.

Sujets occupant les caissons : — 1. Vénus. — 2. Bacchus couché sous une treille. — 3. Mars enchaîné. — 4. Mercure, dieu du Commerce et des relations entre les peuples, se préparant à reprendre sa course. — 5. La Muse. — 6. Neptune apaisant les flots. — 7. Minerve, déesse des Arts. — 8. Cérès au milieu des moissons.

Sujets dessus-de-portes : — 1. Hercule enfant trouvé par Junon et Minerve. —

2. Hercule rapporte sur ses épaules le sanglier de Calydon vivant. — 3. Hercule entre la Vertu et la Volupté. — 4. Hercule écorche le lion de Némée. — 5. Il délivre Hésione. — 6. Il étouffe Antée. — 7. Il tue Hippolyte, reine des Amazones. — 8. Il enchaîne Nérée. — 9. Il dompte et tue le Centaure. — 10. Il ramène Alceste à Admète du fonds des Enfers. — 11. Hercule parvenu aux limites du monde, là où il a élevé ses fameuses colonnes et où le soleil se plonge dans la mer, se repose enfin de ses travaux.

TABLEAUX, ESQUISSES, GRISAILLES, AQUARELLES, EAUX-FORTES, LITHOGRAPHIES, DESSINS, ETC.

Le Tasse à l'hôpital des fous. — Dessin important du même sujet. — Le même sujet a été peint encore par l'artiste, avec variantes, vers 1838. — Six ou sept dessus-de-portes demi-circulaires chez M. Lottin-Saint-Germain, dans les environs de la Sainte-Chapelle. — Six ou sept dessus-de-portes pour la salle à manger de Talma, rue de la Tour-des-Dames. — Jeune fille dans un cimetière. — Brigand mourant au bord d'un marais. — Caverne de Nanterre. — Tête d'Actéon. — Turc assis auprès d'une selle à la turque. — Petit portrait en pied du frère de l'artiste. — Tête de vieille femme pour le Massacre de Scio. — Autre tête de vieille femme. — Tête de jeune fille pour le Massacre de Scio. — Ivanhoé et Rebecca. — Turc vêtu de rouge, assis sur un sofa. — Grec assis de même. — Don Quichotte lisant, la nuit. — Faust avec Méphistophélès dans son cabinet. — Faust et Méphistophélès dans les champs. — *Don Juan*, dernière scène. — Milton et ses filles. — Nature morte, poissons, grives, etc. (en Angleterre). — Homard, lièvre, etc. — Charles VI et Odette. — Le duc d'Orléans montrant le corps de sa maîtresse. — Henri III et la princesse de Rohan morte. — Ivanhoé et le coutelier. — Tête de mulâtresse. — Indienne avec turban. — Autre femme de couleur (deux ou trois Études). — Petite Léda au bain. — Deux portraits du neveu de l'artiste. — La Grèce sur les ruines de Missolonghi (musée de Bordeaux). — Justinien. — Deux esquisses ou répétitions du Christ au jardin des Oliviers. — Même sujet deux ou trois fois traité diversement. — Hamlet tenant le crâne d'Yorick (1833). — Deux chevaux en liberté (Angleterre). — Cheval avec un Indien (Angleterre). — Le corsaire dans sa prison (aquarelle). — Portrait en pied de M. Schwiter. — Louis XI et Q. Durward (aquarelle). — Deux tigres jouant (grandeur naturelle). — Officier turc tué. — Grec caressant son cheval. — Scène de la guerre des Grecs. — L'Ermite de Copmanhurst. — Christine mourante, d'après la pièce d'Alex. Dumas. — Esquisse faite avant le Sardanapale de 1827. Le tableau vendu par l'artiste à très-bas prix à cette époque, est resté au fond d'un château de de la Brie. — Répétition du même tableau faite en 1846. — Indien en embuscade, et deux répétitions du même, dont l'une avec variantes. — Confession du Giaour. — Portrait de George Sand (grisaille). — Portraits de MM. de Mornay et Démidoff. — Portrait de M. Desloges. — Portrait de Mme S...... — Une rue de Mékinez. — Raphaël dans son atelier. — Album de M. de Mornay (une vingtaine d'aquarelles). — Femme qui vient d'accoucher dans un désert (Châteaubriand, *Natchez*). —

Melmoth ou l'Amende honorable. — Boissy-d'Anglas (esquisse). — Mirabeau répondant à M. de Brézé (esquisse). — Bataille de Poitiers, tableau peint pour la duchesse de Berri. — Esquisse de ce tableau. — Collection de lithographies pour l'illustration de Faust (1826-1827).—Collection de lithographies d'après le Hamlet de Shakspeare (1844). — Collection de lithographies d'après des médailles et des pierres gravées antiques (de 1825 à 27).— Quelques eaux-fortes faites vers la même époque. — Tigre, et Lion tenant un lièvre (deux lithographies). — Sujets pour l'histoire de France. — Duguesclin (deux sujets). — Ivanhoé (plusieurs sujets). — Tigre et cheval (sujet devenu très-rare). — Choc d'Arabes (1833). — *Idem*, répétition. — Portrait à mi-corps de M. Félix G..... — Portrait de M. S..... — Charles-Quint au couvent de Saint-Just. — Roméo tire Juliette du tombeau. — Deux esquisses avancées du *Richelieu* exposé en 1831 et détruit en 1848 au Palais-Royal. — Répétition variée des Femmes d'Alger (1849), qui appartient à M. A. Bruyas, de Montpellier. — Calvaire (Vannes). — Juive de Tanger, robe rouge. — Arabe près d'un tombeau. — Marocain (Musée de Bordeaux). — Lion couché (*idem*). — Christ sur les genoux de la Vierge (esquisse avancée). — Christophe Colomb et son jeune fils reçus dans un couvent. — Christophe Colomb devant Ferdinand et Isabelle, ramenant des sauvages, etc. (à M. Démidoff). — Répétition de la Justice de Trajan. — Comédiens arabes en plein vent. — Même sujet (grande aquarelle). — Arabe dévoré par un lion (1848). — Même sujet, plus petit et différent du précédent. — *Idem* (vers 1851). — Deux répétitions variées de la Médée du musée de Lille. — Macbeth et les sorcières. — Esquisse pour la bataille de Taillebourg. — Saint-Sébastien, grand tableau, à Nantua (1836). — Même sujet en petit, fait trois ou quatre fois et composé différemment. — Arabes courant la poudre (1832). — Même sujet (1849). — Portrait de M. H^{ues}. — Trois ou quatre esquisses du Christ au tombeau qui est dans l'église Saint-Denis-du-Saint-Sacrement au Marais (Paris). — Même sujet très-différent (1848). — Répétition de celui-ci. — Un naufrage en petit. — Autre (passé en Pologne). — Christ dormant sur les eaux (en Pologne). — Répétitions variées du Christ qui fut exposé en 1841. — Répété deux fois. — Même sujet très-différent (1853). — *Idem* et différent (1853). — Le bon Samaritain secourant le blessé. — *Idem* le remettant sur son cheval. — Saint Georges et le Dragon. — Desdémona aux pieds de son père (1851). — Même sujet, différent (1853). — Desdémona chantant la romance (1853). — Hamlet tuant Polonius. — Berlichingen écrivant ses mémoires. — Weisslingen enlevé dans une embuscade. — Ophélia au moment où elle se noie (1853). — Même sujet, fait trois fois, dont une en grisaille. — Daniel dans la fosse aux lions (1850).— Le même, avec changements (1853). — Lion et sanglier (1853). — Quatre grands tableaux de même forme, de fleurs et fruits (1848). — Plusieurs petits tableaux, études de fleurs. — Arabe au galop. — Arabe traversant un gué, répété deux fois. — Le Christ à la colonne. — Le Christ un peu différent. — Chef marocain appelant ses compagnons (1852). — L'Incrédulité de saint Thomas. — Cheval syrien.— Esquisses pour les peintures de la chambre des Députés. — Le Christ portant la croix. — Trois petites fresques, à l'abbaye de Valmont en Normandie (1834). — La Sibylle de Cumes (1838). — Tête de Madeleine. — Cléopâtre et le Paysan figure à mi-corps (1838). — Même sujet en petit et différent. — Fiancée d'Abydos, traité trois fois et différemment. — Claudius en prières. — Lélia dans la caverne, traité deux fois, d'après Mme Sand. — Arabe chassant le lion. — Lion et serpent (grande aquarelle, vers 1846). — L'Éducation de la Vierge (1842). — Le même en plus petit (1853). — Arabe ferrant un cheval. — Le même, esquisse. — Chevaux sortant de l'eau (1853). — Répétition des Croisés à Constantinople, du musée de Versailles, avec différences (1852), (à M. Moreau). — Tableaux de fleurs, en Berri, chez Mme George Sand. — Château de Saint-Charlié, ruines en Berri. — Ariane abandonnée. — Femme au bain. — *Ecce Homo*, petit tableau (1853). — Esquisse pour le martyre de saint Étienne. — Michel-Ange dans son atelier (1853), appartenant à M. Alfred Bruyas, de Montpellier. — Andromède, répété deux fois (1853). — Tigre buvant. — Lion suivant sa proie. — Plusieurs sujets d'animaux. — Lion dévorant une chèvre. — Tigre couché (à Bordeaux) — Les trois esquisses pour la décoration commencée de la chapelle des Saints-Anges dans l'église Saint-Sulpice : *Héliodore, la Lutte de Jacob, saint Michel terrassant le démon.* — Odalisque couchée. — Même sujet, souvent répété. — Corps de garde, soldats marocains (répété deux fois). — Esquisse d'un Christ en croix. — Même sujet, très-différent du précédent (1853). — Même sujet, plus petit et différent aussi. — Autre, très-ancien. — Petite répétition avec différences de l'Abd-err-Rhaman, du musée de Toulouse. — Paysage d'Afrique, troupe dans un gué. — Madeleine au désert (petit tableau). — Deux Marocains assis, l'un tenant un fusil. — Corps de garde marocain (aquarelle à M. Démidoff). — *Mater dolorosa.* — Une juive et un marchand. — Deux Marocains, l'un debout. — Arabe à cheval, attaqué par un lion. — Tête d'un Christ au roseau, faite deux fois. — Cheval terrassé par un lion. — Lion dévorant un cheval. — Femme d'Alger, très-petit tableau. — *Mater dolorosa*, appartenant à M. Férol (1851). — Bataille de Taillebourg; composition en hauteur; grande grisaille pour la chapelle de Dreux (1842). — Deux aquarelles du même sujet. — Saint Jean. — Sainte Victoire. — Chevaux morts sur un champ de bataille (1826). — Médée, grande grisaille, composition différente du tableau de Lille. — Portrait de Talma, rôle d'Auguste. — Ovide chez les Barbares. — Dalila et Samson. — Hercule et Diomède. — Portement de croix. — Esquisse de l'Apollon vainqueur du serpent Python, du plafond du Louvre. — Scènes d'Arabes, vue de Tanger. — Aquarelle du même sujet, avec différences. — Le combat du Giaour et du Pacha (1826). — Même sujet, différemment composé (vente Collot). — Le Sabbat, grande esquisse destinée à un diorama (1833). — Sujets africains, en autographie. — Le Giaour et le Pacha vaincu, lithographie (1828). — Charles-Quint au couvent, petite lithographie. — Deux chevaux en liberté. — Grands paysages de montagnes; mort d'un moine. — Portrait de Mme R^r (1835). — Marguerite à l'église (vente Collot). — Albanais dans une forêt (1853). — Giaour et Pacha (petit tableau). — Hamlet faisant des reproches à Ophélia (1850). — Lion dévorant un cheval, lithographie (1844). — L'Église des Carmes (esquisse). — Un grand nombre d'Études de chevaux et d'animaux. — Deux lions se disputant une source.

Tam ô Shanter et les Sorcières, d'après la ballade de Burns. — Même sujet, plus petit, fait en 1825.

COPIES D'APRÈS LES MAITRES

Entre autres : Les miracles de saint Benoît, de Rubens ; — le Christ au tombeau, du même ; — la Fuite de Loth, du même ; — Henri IV et Marie de Médicis ; id. — Le Miracle de saint Just portant sa tête ; id. — Têtes d'après le même ; — le Christ au tombeau, du Titien ; — Têtes d'après Paul Véronèse ; — Grand portrait de Charles II, de Vélasquez ; — le jeune Homme à la toque, de Raphaël ; — Balthazar de Castiglione, du même ; — l'Enfant de la *Belle Jardinière*, id. — Sainte avec une épée, par Alonzo Cano (galerie du maréchal Soult) ; — Descente de Croix, d'après Bourdon. — Bon nombre d'esquisses d'après Raphaël, le Titien, Rubens, etc., faites quelquefois d'après des gravures, et coloriées de mémoire.

SUJETS EXPOSÉS AUX DIVERS SALONS

1822. Le Dante et Virgile aux enfers.

1824. Massacre de Scio.

1827. Portrait de M. le comte de P..... en costume souliote. — Le Christ au jardin des Oliviers (église Saint-Paul, Paris). — Le doge Marino Faliero. — Deux chevaux de ferme anglais. — Jeune Turc caressant son cheval. — Un pâtre de la campagne de Rome. — Tête d'étude d'une Indienne. — Scène de la guerre entre les Turcs et les Grecs. — Nature morte.

1831. La Liberté. — Le cardinal de Richelieu dans sa chapelle du Palais-Royal (tableau détruit en février 1848). — Indien armé du Gourka-Krée. — Cromwell dans le château de Windsor. — Raphaël dans son atelier. — Étude de deux tigres.

1833. Intérieur d'appartement avec deux portraits. — Portrait de M. D..... — Portrait de M. de B....... — Intérieur d'un corps de garde de soldats maures (aquarelle). — Costumes de l'empire de Maroc (aquarelle).

1834. Bataille de Nancy. — Intérieur d'un couvent de dominicains à Madrid. — Une rue à Mekinez. — Femmes d'Alger. — Portrait en pied de Rabelais.

1835. Le Christ en croix. — Le prisonnier de Chillon. — Les Natchez. — Arabes d'Oran. — Portrait de M. G.....

1836. Saint Sébastien.

1837. Bataille de Taillebourg (musée de Versailles).

1838. Médée furieuse. — Les convulsionnaires de Tanger. — Le kaïd marocain (musée de Nantes). — Intérieur d'une cour ; soldats et chevaux marocains. — Dernière scène de *Don Juan*.

1839. Cléopâtre. — Hamlet et les fossoyeurs.

1840. La justice de Trajan.

1841. Prise de Constantinople par les croisés. — Un naufrage. — Noce Juive dans le Maroc.

1845. La Madeleine au désert. — Dernières paroles de Marc-Aurèle. — La Sibylle. — Muley Abd-err-Rahman entouré de sa garde (musée de Toulouse).

1846. Rebecca enlevée par les ordres du templier Boisguilbert (sujet tiré de Walter Scott). — Les adieux de Roméo et Juliette. — Marguerite à l'église.

1847. Le Christ en croix. — Exercices militaires des Marocains. — Corps de garde à Mékinez. — Musiciens juifs de Mogador. — Naufragés abandonnés dans un canot. — Une odalisque.

1848. Le Christ au tombeau. — Mort de Valentin. — Mort de Lara. — Comédiens ou bouffons arabes. — Lion dans son antre. — Lion dévorant une chèvre.

1849. Fleurs. — Fleurs et fruits. — Femmes d'Alger, répétition. — Othello et Desdemona. — Arabe syrien avec son cheval.

1850. Résurrection de Lazare. — Le lever. — Le Giaour. — Lady Macbeth. — Le bon Samaritain.

1853. Martyre de saint Étienne. — Les Pèlerins d'Emmaüs. — Pirates enlevant une femme.

EXPOSITION UNIVERSELLE DE 1855.

La Liberté (appartenant à l'État). — Le Christ en croix (à M. Bonnet). — Le Christ au jardin des Oliviers (appartient à l'église Saint-Paul, à Paris). — Le Christ au tombeau (à M. le comte de Geloës). — La Sibylle. — La Madeleine dans le désert. — Médée furieuse (appartient au Musée de Lille). — Dante et Virgile (Musée du Luxembourg). — Justice de Trajan (Musée de Rouen). — Marc-Aurèle mourant. — L'Empereur Justinien (appartient au Conseil d'État). — Prise de Constantinople par les croisés (Musée de Versailles). — Le roi Jean à la bataille de Poitiers (à M. le vicomte d'Osembray). — Bataille de Nancy (Musée de Nancy). — Marino Faliero. — Les deux Foscari. — L'Évêque de Liége (à M. Villot). — Massacre de Scio (Musée du Luxembourg). — Boissy-d'Anglas. — Combat du Giaour et du Pacha (à Mme Davin). — Le prisonnier de Chillon (à M. Ad. Moreau). — Le Tasse en prison (à M. Alexandre Dumas). — Mort de Valentin. — Femmes d'Alger (Musée du Luxembourg). — Noce juive dans le Maroc (Musée du Luxembourg). — Les Convulsionnaires de Tanger (à M. Mala). — Les Adieux de Roméo et Juliette (à M. Benjamin Delessert). — Roméo et Juliette auprès des tombeaux des Capulets (à Mme G. Delessert). — Hamlet (à M. Cottier). — Le Naufrage de Don Juan (à M. Ad. Moreau). — La Famille arabe. — Chasse aux Lions (appartient à l'État). — Tête de vieille femme. — Fleurs et Fruits.

COROT

La première fois qu'il me reçut dans son atelier avec sa cordialité joyeuse, la face enluminée, le bonnet de coton rayé à mèche tricolore et la blouse bleue, il me fit l'effet d'un roi d'Yvetot : je ne pouvais retrouver du premier coup dans l'homme le caractère de ses ouvrages ; je venais de voir quelques tableaux où il s'est le plus préoccupé des maîtres, au lieu de s'abandonner franchement à son originalité. Sous cette impression, je le cherchais en dehors de lui-même, à travers les réminiscences du Guaspre et de Claude Lorrain ; puis les journaux avaient tellement défiguré Corot en lui mettant dans les mains Théocrite et Virgile que j'étais tout surpris de le trouver, sans grec ni latin, si avenant et si simple. Je voudrais avoir une plume assez fine pour le rendre comme je le comprends et le faire aimer comme il est avec son grand bon sens naturel et son habileté naïve.

Corot, Jean-Baptiste-Camille, est né à Paris, le 29 juillet 1796. Son père était un employé, sa mère une marchande de modes. Après avoir passé quelques années au collége de Rouen il fut placé chez M. Delalain, marchand de draps de la rue Saint-Honoré ; mais au lieu de bien manier le chaland il allait à la dérobée étudier le modèle dans l'atelier Suisse, sans oser dire un traître mot de sa vocation à son père. Le prud'homme n'y aurait vu sans doute qu'une prédestination à l'hôpital, et comment en effet donner sa confiance à un artiste qui n'avait pas encore l'espoir de faire le portrait du roi et des tableaux pour les banquiers ? Le marchand de draps parvint à fléchir le bureaucrate positif; Corot entra dans l'atelier de Michallon : « J'ai fait, dit-il, mon premier dessin d'après nature à Arcueil sous l'œil de ce peintre qui me donna pour unique conseil de rendre avec le plus grand scrupule tout ce que je verrais devant moi. La leçon m'a servi ; elle est restée le fond invariable de mon caractère porté à l'exactitude. » Ce n'est pourtant pas par une fidélité rigoureuse que Michallon se recommande ; il a fait dans ses paysages *historiques* des choses qu'il ne voyait pas dans la nature et supprimé le naturel. Ces professeurs paraissent vrais dans leurs préceptes ; il faut en voir l'exécution ; ils prêchent tous le même respect pour la vérité, sauf à la mutiler par un détour constitutionnel qu'ils appellent le *grand style*. Ainsi les paysagistes académiques émondent les grands arbres, arrachent les belles mousses des rochers de Fontainebleau, trouvant dans la virginité de la nature une chose vulgaire et contraire au *grand style*. Du style! je ne sais pas ce qu'ils entendent par le style; il y en a partout, dans la nature et dans l'homme. Ruysdaël l'a trouvé dans un buisson.

Pendant que Corot fréquentait l'atelier de M. Bertin, un peintre qui ébauchait bien ses toiles et qui en tirait de mauvais tableaux, commençaient à briller MM. Aligny, Lapito et Delaberge hélas! bien oubliés. Le premier, comme on l'a dit avec emphase, cherche les campagnes héroïques; l'autre prétend à embellir la terre, le ciel et l'eau. Pour Delaberge, c'était autre chose : il n'avait pas la maladie du *style*, mais celle du *fini*. Partant de ce principe que rien, absolument rien, n'est indifférent dans la création, depuis le gramen jusqu'au cèdre, depuis le moucheron jusqu'à l'homme, et que tous les êtres sont solidaires et même équivalents dans leur diversité, Delaberge en était venu à poursuivre les plus petits détails au microscope, oubliant par cette application particulière les rapports incessants de forme et de couleur des détails avec l'ensemble, c'est-à-dire l'harmonie. J'examinais dernièrement un de ses tableaux dans la galerie aujourd'hui dispersée de Madame la duchesse d'Orléans, *le*

Médecin de campagne : on y voit une maison à toiture inclinée et faite de petits carrés de bois superposés comme des ardoises. Évidemment lorsque le peintre était si minutieusement arrêté à chacun de ces carrés, tous les autres, il y en a des milliers, cessaient, ne fût-ce qu'un moment, d'exister pour lui, et il perdait de vue la réciprocité de leurs valeurs de ton, réciprocité qui n'est encore autre chose que l'harmonie elle-même. Que pouvait au reste la clairvoyance du peintre et la sûreté de sa main en présence d'objets nombreux et mobiles, les feuilles des arbres par exemple ? "

Delaberge cherchait le difficile, l'impossible : il ne savait jamais assez la chimie des couleurs et il se perdait en tâtillonnages de toute sorte : pour éprouver ses panneaux, dans la crainte des accidents futurs, il les jetait des fenêtres sur le pavé de la rue ; la fracture lui indiquait l'endroit faible par lequel un bel ouvrage n'aurait pas manqué de périr avant cinquante ans. Et il faisait ferrer le panneau à outrance. Avec sa manie de compter les feuilles des arbres et les herbes imperceptibles, il allait peindre des crépuscules en Savoie, pays où les soirées sont froides, inégales, et, dans un grand tableau entrepris suivant un effet de lumière qui ne lui permettait pas plus d'un quart d'heure de travail par jour d'après nature, il nichait des chardonnerets, sans souci du spectateur qui ne pouvait ni les y soupçonner, ni les y voir à cette heure avancée. Malgré toutes ses erreurs, Delaberge n'en était pas moins alors un artiste fort remarquable : il avait de l'audace, de la vigueur, de la ténacité ; le ton de ses peintures est d'une franchise qui va jusqu'à la violence ; il est sombre, mais transparent. Avec un tel amour du détail, cet homme ne pouvait arriver à se résumer ; il avait pris la Nature aux cheveux au lieu de l'embrasser par le milieu du corps. Paul Huet, Corot et le peintre anglais Constable ont commencé sérieusement dans l'étude du paysage cette révolution que devaient poursuivre Théodore Rousseau, Diaz, Troyon, etc. Je n'ai pas besoin de parler des peintres qu'on a l'habitude d'appeler peintres d'histoire et qui ont aussi régénéré le paysage : Géricault, Delacroix, Jeanron, Decamps et Courbet.

Cependant M. Corot père donnait fort peu d'argent à son fils, dans l'espoir de le ramener par les privations et le découragement dans le chemin du comptoir. Ici commence cette vie d'artiste laborieuse et sage, cette lutte soutenue trente ans contre l'obscurité, sans faiblesse ni murmure. « Quelle merveille pour moi, me disait le bon Corot, de me trouver aujourd'hui un homme intéressant ! Quel dommage que l'on n'ait pas dit cela plus tôt à mon père qui en voulait tant à ma peinture et qui n'y trouvait rien de bon parce que je ne la vendais pas ! »

En 1826, le peintre alla demeurer à Rome, non pas pour y suivre l'éducation officielle, mais pour y jouir du beau temps et travailler presque toute l'année en plein air, chose impossible sous le ciel si variable de Paris. « J'avais passé, dit-il, deux hivers chez M. Bertin, apprenant si peu de chose qu'à peine arrivé à Rome je ne pouvais me tirer du moindre croquis. Deux hommes s'arrêtaient à causer ensemble : je les crayonnais en détail, par la tête par exemple ; ils se séparaient, et je n'avais que des morceaux sur mon papier ; des enfants étaient assis sur les marches d'une église : je commençais, la mère les appelait ; mon livre se serait ainsi rempli de bouts de nez, de mèches de cheveux ; je pris la résolution de ne plus rentrer chez moi sans un ensemble, et j'essayai pour la première fois du dessin par masses, dessin rapide, le seul possible, et qui, du reste, est aujourd'hui une des facultés dominantes de nos modernes. Je me mis donc à circonscrire en un clin d'œil le premier groupe venu : s'il restait peu de temps en place, j'en avais au moins pris le caractère général, la désinvolture ; s'il stationnait, je pouvais arriver aux détails. J'ai fait beaucoup de ces exercices, et il m'arrive même d'arrêter en quelques traits les ballets et les décors de l'Opéra dans le fond de mon chapeau. »

Corot aime beaucoup les figures dans les paysages, il veut être en compagnie dans les bois, dans les vallées, au bord des rivières, voir bêtes et gens courir la campagne où il ne pourrait vivre absolument seul. Claude Lorrain qui ne brille pas par ses figures disait aux amateurs : « Je vous les donne par dessus le marché ; » Berghem en a peint de criardes dans l'*Entrée de forêt* de Ruysdaël que l'on voit au Louvre : Corot ne les fait bien que dans une certaine dimension et quand il est servi par de fréquentes études du modèle vivant ; les plus petites ont quelque chose de la raideur naïve des bonshommes de pain d'épice et des joujoux allemands en bois gris. Dans l'*Effet du matin* (vente de la galerie de Madame la duchesse d'Orléans), qui serait un chef-d'œuvre s'il ne rappelait pas trop directement Claude Lorrain, les vaches qui vont boire ont les lignes de l'encolure et du dos droites et sèches, par une imitation forcée de l'antique. Le peintre prête à ses figurines, avec une étonnante faculté d'illusion, tout ce qui lui passe par l'esprit. « Voyez-vous, me disait-il, la bergère adossée au tronc de l'arbre ? elle se retourne vivement, elle entend un mulot remuer dans l'herbe. » Et je n'apercevais pas trace de cela dans le tableau. Dans la *Vue de La Rochelle*, une dame de Lilliput se promène le long de l'avenue, et les marins gros comme des mouches grimpent aux cordages des navires. Les pies se disputent sur les branches dans ses crépuscules, et l'on en voit voler une d'une importance démesurée dans un de ses plus jolis dessins à la plume. Il ne faudrait pas pour cela voir dans Corot un talent oiseux et mesquin ; mais il a ses petites fantaisies joviales et comiques ; la Nature poursuit ce grand enfant de ses moindres images et de ses plus légers caprices. « Après mes excursions, dit-il, j'invite la Nature à venir passer quelques jours chez moi ; c'est alors que commence ma folie : le pinceau à la main, je cherche des noisettes dans les bois de mon atelier ; j'y entends chanter les oiseaux, les arbres frissonner sous le vent, j'y vois couler les ruisseaux et les rivières chargés des mille reflets du ciel et de tout ce qui vit sur les rives ; le soleil se couche et se lève chez moi. »

Les *études* peintes par Corot, avant son séjour en Italie, n'ont pas grand caractère, puisqu'il ne savait faire alors que des arbres à feuilles de persil, des moulins, des châlets et des torrents suivant l'école et le goût des Watelet, des Bidault, des Rémond et des Jolivard ; mais l'Italie le frappa beaucoup par son climat éclatant, par ses vigoureux contrastes de lumière et d'ombre, par la manière grandiose dont les masses se dessinent sous son beau ciel. La longue observation d'un pays si franchement éclairé devait lui rendre, pour l'avenir, le travail facile même dans les contrées d'un aspect voilé. Si peu accentuée que puisse en effet se montrer la nature en quelques lieux, il est toujours certain que l'harmonie de ses formes et de ses couleurs n'en est pas, bien qu'affaiblie, moins déterminée, et il est d'autant plus facile de la saisir que l'on a d'abord connu les mêmes accords dans un pays plus vibrant.

Après avoir cessé de détailler dans ses dessins les ramuscules et les feuilles des arbres, ce qui ne manque jamais de leur donner une espèce d'immobilité métallique, tandis qu'ils vivent, ne fût-ce que par l'action de la sève et de l'atmosphère, dans un mouvement à la vérité plus ou moins sensible mais continuel ; l'artiste devait arriver au même progrès dans la couleur. En transportant par ordre sur la toile les masses colorées telles qu'il les avait observées, il arrivait à établir avec justesse l'ensemble d'un paysage, absolument comme s'il eût eu à juxtaposer les diverses pièces d'une mosaïque ; c'est ainsi qu'il a peint tous ses sites d'Italie. *Volterre, Les terrains volcaniques des environs de Marino, Florence vue du jardin du Grand-Duc, Rome prise du Campo-Vaccino, le Colisée* sont ses plus belles *études*. La violence du climat italien était un alliage indispensable au talent de Corot qui serait peut-être tombé dans la mollesse à force de douceur ; d'un autre côté, sa nature fine, liante, toute française, l'a préservé de la sécheresse que provoquait en lui un soleil implacable. De l'Italie il est passé par des régions intermédiaires, le Limousin, l'Auvergne, le Dauphiné, le Morvan, la Bretagne, avant que de se fixer définitivement à la nature du Nord ou plutôt des vallées de la Seine, nature triste et pâle, propice aux rêves de l'homme paisible, aux méditations de l'égoïste et du sage.

Vingt ans passés loin de l'Italie, dans un pays sans éclat, ont changé l'accent du peintre à l'avantage de son originalité native. Je préfère ses peupliers fins et légers comme des plumes, ses ciels gris et doux de Ville-d'Avray, ses vertes prairies de la Normandie, ses rivages et ses eaux tranquilles de Villeneuve-Saint-Georges aux rochers de Subiaco, aux ravins de Volterre, aux déchirements de Marino, accidents d'un caractère opposé à son tempérament. Il arrivait à les bien rendre parce qu'il était doué de cette faculté d'assimilation rapide que l'homme intelligent et attentif emporte en tout pays. « Je ne cherche, dit-il, que la nature; je me suis laissé *encotonner* par le ciel cotonneux de Paris. » J'oubliais de dire qu'il voit les choses comme naturellement émoussées, et que les paysages de l'Italie eux-mêmes ont été atténués par son pinceau. Dans l'étude du *Colysée*, qui certes ne manque ni de force ni de lumière, les premiers plans me semblent un peu effacés.

Il n'y a guère plus de dix ans que Corot est bien connu en France; sa renommée semble destinée à vivre et à grandir, mais sans exciter de vives passions. Depuis vingt années son mérite est supérieur à sa réputation actuelle. Il faut chez nous sonner la trompette, avoir des rentes ou mourir de faim. Ce n'est pas certainement de sa peinture que l'artiste a vécu. « Par bonheur, dit-il, j'avais de ma famille de la soupe et des souliers-bottes. »

Corot a été si longtemps méconnu qu'il n'est pas blasé sur les éloges; il vous dit lui-même, si vous lui en donnez, comme l'enfant qui demanderait à boire : « *Encore, encore*, j'en ai été assez longtemps privé. » Il est soucieux, non pas en faisant ses tableaux, mais quand ils sont à peu près terminés ; il consultera même le premier venu, sauf à dire ensuite, si l'homme n'y entend rien : « De nous deux, il y a un insensé ; je crois que c'est lui. » Parfois, l'ardeur de la conviction dissipant toutes ses craintes : « Décidément, dit-il, mon tableau est *très-fameux*. »

Il doit sans doute à sa première éducation commerciale quelques idées fausses qui lui font ajouter trop d'importance à l'opinion des marchands de tableaux, qui, la plupart, ne voient dans la peinture que l'objet d'un trafic et dans les artistes que des clients plus ou moins capricieux et difficiles. Corot accepte trop souvent leurs offres, rien que pour le plaisir de se dire : « J'ai vendu mes tableaux ; ils sont goûtés. » Ils ne le sont pas autant qu'ils devraient l'être : le public est trop généralement ignorant et les hommes d'intelligence trouvent déjà le pain trop cher.

Corot n'a été jusqu'ici l'enfant gâté ni du public, ni des ministres, ni de l'Institut. Pendant quinze années ses tableaux ont été exposés au Louvre dans de si mauvais coins que l'on pouvait à peine les y découvrir. « Hélas ! disait-il, je suis encore cette année dans les catacombes. » Et il se remettait à l'œuvre courageusement. Parfois il rentrait chez lui, et, les larmes aux yeux devant les toiles accrochées aux murailles de son atelier, il disait : « Ils ne pourront pas au moins m'enlever le talent par leurs intrigues. »

Corot reçut la croix d'honneur en 1847 ; alors seulement, sa famille crut le comprendre, après vingt-cinq ans d'indifférence pour ses efforts. Son père commençait à dire : « Je crois qu'il faudra donner un peu plus d'argent à Camille. » Et Camille avait déjà les cheveux gris. Avec sa merveilleuse aptitude à l'enseignement le peintre déteste la pédanterie. Il recommande à ses élèves de ne choisir que des sujets qui répondent à leurs impressions particulières, jugeant avec raison que l'âme de chaque homme est un miroir dans lequel vient se réfléchir la nature d'une façon particulière. Il leur dit souvent : « N'imitez, ne suivez pas les autres, vous resteriez derrière eux. » A un élève qui l'avait servilement imité : « Apportez-moi encore une *étude* pareille à celle-ci, et je vous fermerai pour toujours la porte de mon atelier. » Il n'a jamais voulu prendre une obole aux nombreux artistes qui ont reçu ses leçons. Il avait il y a quelque temps pour élève un sourd-muet ; dès la première leçon, il lui écrivit ce précepte laconique : CONSCIENCE, dix fois souligné. Le sourd-muet se mit à copier un dessin avec un tel scrupule, qu'il n'oublia même pas une tache de colle-forte, et Corot lui dit en riant : « Si vous êtes aussi attentif à regarder la Nature, vous la trouverez sans tache. » On peut lui passer quelques innocents jeux de mots.

Sa préoccupation constante c'est le discernement des valeurs de ton. « Il ne dépend pas de l'artiste, dit-il, de naître homme de génie, ni même de devenir exécutant fort habile ; mais le premier venu peut arriver, à peine d'infirmité, à se rendre compte de la proportion des formes et de la relation des couleurs entre elles. Les marchandes de modes ne se trompent guère dans leurs assortiments. Il y a chez ma sœur à Ville-d'Avray une jardinière qui fait très-bien les bouquets ; elle enseignerait les lois de l'harmonie à plusieurs de nos peintres célèbres. »

Il n'est pas dans un paysage deux valeurs colorées pareilles, pas plus qu'il n'existe deux figures, deux arbres, deux lumières, deux gouttes d'eau absolument semblables.

Si Corot voit deux nuages qui lui paraissent de prime-abord également sombres, il s'appliquera à discerner positivement la différence qu'il sait d'avance exister entre eux avant que de commencer sur le plus ou le moins sombre la série de ses tons de couleur. Les deux extrêmes du ton général établis, les valeurs colorées intermédiaires prennent leur place relative et se subdivisent elles-mêmes naturellement à l'infini. Ces valeurs s'appellent et se répondent de la plus perçante à la plus étouffée dans l'harmonie universelle, comme la voix et l'écho. Si l'artiste observe dans un paysage ou dans une figure une coloration divisée en quatre valeurs principales : il représentera pour mémoire la plus claire par 4, la plus sombre par 1, les deux intermédiaires par 2 et 3. Par cette pratique positive, il lui serait facile de fixer en voyage avec un crayon et un bout de papier les effets les plus rapides, au moins sous le rapport du métier, car il n'est pas homme à chiffrer ses sentiments. Le peintre fait d'abord son ciel, puis les premières masses qui se détachent au milieu, à droite ou à gauche ; il cherche ensuite la combinaison des objets reflétés dans les eaux, s'il y a des eaux, pour arriver enfin à l'établissement de ses premiers plans; de telle sorte que les objets paraissent s'animer et venir un à un du fond de la toile et se ranger par ordre aux yeux du spectateur. Quelquefois il procède avec moins de régularité, car il va sans dire que ces pratiques sont des habitudes libres et non des recettes invariables et pédantesques. Il poursuit en même temps avec persévérance la forme, la couleur et le mouvement des objets, et parcourt d'un œil inquiet tous les points du tableau avant que de poser une touche pour s'assurer qu'elle correspond avec toutes les autres et éviter toute fausse note. S'il se hâte, il peut devenir brusque et maladroit, laisser par-ci, par-là, des inégalités de pâte qu'il enlève ensuite avec un rasoir, comme s'il faisait la barbe à ses paysages, se réservant toutefois de faire profit de quelques accidents heureux provoqués sur la toile par ces expédients.

Il a une immense mémoire des formes, des couleurs, de leurs relations et des effets observés à toutes les heures du jour. « Cette mémoire m'a, dit-il, mieux servi en certaines occasions que ne l'eût fait la présence même du modèle. J'avais trouvé, en ébauchant mon tableau d'*Agar au désert*, une mère véritablement désespérée; je pris ensuite pour modèle une fille qui, en posant, ne pensait qu'à ses amants. Ma belle figure croquée d'imagination tourna mal et devint un *poncif* d'opéra. »

La moindre *étude* lui suffit pour un tableau. J'en connais une très-belle, faite en un quart d'heure à Fontainebleau : le soleil se couche derrière une haute-futaie, un fleuve de lumière s'étend du pied des arbres à l'horizon et contraste fortement avec la masse du feuillage. « Je ferai, me disait Corot, un tableau avec cette *étude*; mais, à toute rigueur, je pourrais me passer à présent de l'avoir devant moi. Lorsqu'un amateur désire la répétition d'un de mes paysages, il m'est facile de la lui donner sans revoir l'original; je garde dans le cœur et dans les yeux la copie de tous mes ouvrages. » Il a peut-être abusé de cette mémoire en ajoutant parfois à des sites naturels ses réminiscences classiques; il lui est même arrivé de mêler en un même tableau des pays différents, Rome, Naples, Paris, la Normandie et le Limousin; mais ce ne sont là que de rares caprices d'imagination; il appelle cela « s'amuser. » Au fond, il a pour la Nature beaucoup de respect et d'obéissance; il la trouve belle en tout lieu, ce qui lui faisait dire, il y a quelques années : « Un paysagiste pourrait faire des chefs-d'œuvre sans quitter les buttes Montmartre. » Michel, mort pauvre et inconnu, a, peut-être à l'insu de Corot, fait précisément ces chefs-d'œuvre.

La peinture de Corot est douce, sans chocs ni contrastes éclatants, le mariage des tons y est poussé si loin, que le ton pur s'y affaiblit en nuances infinies dans une harmonie parfaite, mais presque monochrome et légèrement voilée. Ces tableaux ne sautent pas vivement aux yeux : une espèce de fumée grise, vapeurs ou poussière, rampe sur les terrains, passe lentement au-dessus des eaux, enveloppe les arbres, émousse les rayons lumineux. Déchirons ce léger voile : d'immenses profondeurs où tout se baigne dans les ombres transparentes et les tièdes clartés s'ouvrent à nos yeux ravis, ce qui fait dire à l'artiste : « Pour bien entrer dans ma peinture, il faut avoir au moins la patience de laisser fuir le brouillard; on n'y pénètre que lentement, et quand on y est on doit s'y plaire puisque mes amis ne me font pas d'infidélités. »

Corot est un homme de beaucoup d'ordre, mais il néglige certaines petites précautions de goût et de raffinement. Bien qu'il ait, par exemple, conservé ses dessins du premier au dernier, on en voit un grand nombre endommagés dans ses portefeuilles. Delacroix et Th. Rousseau se montrent, à cet égard, pleins de sollicitude. Rousseau conserve ses dessins comme des bijoux; il ne vous les abandonne pas par faisceaux, mais tenant lui-même la collection dans ses mains, il les découvre lentement l'un après l'autre, comme s'il servait à ses amis des vins fins à petits coups.

On a voulu faire à tout prix un classique saturé d'antiquité de Corot qui ne lit presque jamais rien. Ce qu'il connaît le mieux, je crois, de notre littérature, ce sont les deux ou trois cents premiers vers de Polyeucte; il les reprend depuis vingt ans sans pouvoir jamais arriver à la fin de la tragédie, et il s'excuse ainsi : « cette année pourtant il faut que j'achève Polyeucte. » Il a un faible pour Gessner; mais cela ne fait de mal à personne. Comme homme littéraire, le peintre me rappelle mon bon père, qui n'avait pour tous livres que les *Fables* de La Fontaine, un almanach et les six Codes. Tous les soirs, alors même qu'il était brisé par la fatigue de ses voyages à cheval et par le mauvais temps, il prenait le livre et relisait pour la centième fois les mêmes fables; puis il s'endormait profondément sur une chaise de paille jusqu'au lendemain au jour levant sous le grand manteau de notre cheminée de campagne. Corot achète ses livres sur les quais rien que pour leur forme et leur couleur pour les mettre entre les mains de ses modèles. La Madeleine lisait chez lui, l'autre jour, un gros tome latin de Cujas pour expier ses fautes. Cet homme se met si peu en souci des événements publics et des nouvelles littéraires qu'il est obligé d'attendre que la réputation d'un écrivain se soit bien étendue pour en dire son mot, encore ne le dit-il qu'avec cette réserve : « Il paraît que M. Hugo est un homme assez fameux en littérature. » Il répondait à une personne qui, le 23 février 1848, lui parlait du roi Louis-Philippe et de M. Guizot : « Il paraît décidément que l'on n'en est pas tout à fait content. » Une telle indifférence pour tout ce qui n'est pas son art, un tel détachement du monde et de ses affaires n'aura pas peu contribué à prolonger l'obscurité dans laquelle a vécu notre peintre. Quel exemple pour ces jeunes intrigants qui courent les salons, les bureaux de journal et les ministères, gueusant commandes et réclames avant que d'avoir rien appris!

Corot fait libéralité de ses ouvrages : ses centaines d'*études* peintes ont passé par les mains de tous les artistes qui ont voulu s'en servir et exercé la plus grande influence. La plupart des jeunes paysagistes modernes l'ont admiré et copié en médisant de lui. Corot rachetait dernièrement d'un bric-à-brac une de ses toiles sans dire un mot désobligeant contre l'emprunteur qui l'avait vendue. Pourtant il aime ses tableaux avec ardeur. Un bourgeois lui disait un jour : « Avez-vous assuré votre atelier contre l'incendie? Si le feu prenait ici, vous perdriez au moins quarante mille francs de *peinture*. — Je me moque de quarante mille francs, répondit le peintre, la figure déjà bouleversée par cette idée d'incendie qui ne lui était pas venue. — Il faut faire assurer votre atelier, reprit le bourgeois; j'avais un ami dont la galerie brûla, et il ne perdit pas le prix des tableaux. — Ce n'était pas lui qui les avait faits, dit avec violence Corot; si un tel malheur m'arrivait, je n'y survivrais pas. »

Voilà de la passion, et non de la vanité.

Les célébrités de notre temps sont devenues stupides, à force de croire en leur génie. « Tout homme se juge le centre du monde, selon Chenavard. « Depuis 1830, on est toujours exposé, en ouvrant sa fenêtre, à cracher sur un apôtre, » a dit un homme d'esprit. Peu de nos grands hommes — et comment appeler des grands hommes la plupart de nos intelligences flottantes et quelques praticiens plus ou moins habiles? — ont conservé assez d'esprit pour ne pas se montrer, à tout moment, graves comme des pédants ou insolents comme des laquais. Ils ont presque tous, en un jour de succès, même équivoque, oublié l'humilité et les humiliations d'une jeunesse laborieuse et misérable. D'autres ne paraissent se louer de ce qu'ils ont souffert que pour justifier leur sèche intolérance. S'ils n'étaient que méchants, mais ils sont niais! Leurs amis, devenus faute de mieux leurs parasites, encensent continuellement ces sots illustres, en réalité plus pitoyables que ne le sont les paysans restés au moins fidèles à l'instinct au fond de leurs chaumières. Les femmes, qui courent après les parvenus et dont les flatteries sont mortelles, achèvent l'homme de talent en développant sa vanité.

Corot, lui, n'a ni vanité, ni sécheresse. Il s'est préservé des chemins souillés. Sans doute il jouit vivement de la considération, même muette, qui lui est témoignée par tout homme libre étudiant sincèrement l'art et la vie; mais à part quelques petits travers de vieux garçon et quelques ruses innocentes, il est simple, bon, et tout à fait exempt des vices incurables attachés à la race des poëtes, des artistes et des courtisans : la jalousie, le mensonge et l'impertinence. Il n'est ni âpre, ni envieux, même à l'égard de ses rivaux les plus directs. « Théodore Rousseau, dit-il, est plus révolutionnaire que moi. » Il ajoutait en présence des tableaux d'un grand maître : « C'est un aigle et je ne suis qu'une alouette, je pousse de petites chansons dans mes nuages gris. » Il est complaisant au point de se laisser ennuyer régulièrement à poste fixe deux heures par jour; tellement doux et humain qu'il hésite à secouer son *modèle* endormi. Il est d'une galanterie très-vive avec les femmes, d'une bonhomie extrême avec les enfants; mais il les surveille avec épouvante s'ils menacent de changer son atelier en jeu de paume. Le jour de l'an, les poches pleines de bonbons, il commence de bonne heure sa tournée joyeuse; d'autres fois, il porte sa gaieté dans la banlieue et prend tout à fait la clef des champs. Son accueil est très-ouvert, très-libre, très-amusant : il vous parle, vous écoute en sautillant sur un pied ou sur deux; il chante d'une voix très-juste des morceaux d'opéra, travaille, fume la pipe, mange sa soupe de vigneron sur son poêle, et vous invite même à la partager, oubliant un moment qu'il n'a devant lui qu'une soupière et une cuiller.

Cette familiarité naïve s'arrête juste là où commencerait celle du commis-voyageur jovial. Je crois néanmoins, et à son avantage, que Corot s'exagère parfois à lui-même la gaieté de son caractère, lorsque je vois la mélancolie si souvent présente dans ses ouvrages et l'accent de tristesse que par intervalles prennent ses traits : les joues et le front sont sillonnés de rides profondes; l'œil soucieux cherche toujours; la bouche reste douloureusement entr'ouverte. Ah! c'est qu'il faut combattre non-seulement la vie, mais les difficultés de l'art! Le plus grand paysagiste ne trouve pas, comme M. de Maistre, facile de refaire le soleil avec *une chandelle et un papier huilé*, pendant que les beautés éternellement fugitives de ce splendide univers semblent railler son impuissance. Corot m'a dit souvent : « Quand je me trouve dans un site naturel, je me mets en colère contre mes tableaux. » Peut-être aussi les peines de la jeunesse, les soucis contenus de son beau talent trop longtemps contesté, auront-ils laissé quelque amertume mystérieuse dans son âme. Il a eu du moins l'immense avantage de ne pas être déchiré par cette affreuse misère matérielle qui s'attache comme la robe de Déjanire aux artistes les plus intelligents, aux hommes les plus volontaires; mais nous avons souffert et nous souffrons tous par quelque côté; seuls, peut-être, les idiots ne souffrent pas.

Corot est de haute taille, de structure herculéenne; sa poitrine, ses épaules ont la carrure, la solidité d'un coffre-fort; ses mains larges et puissantes jetteraient par les fenêtres les Hercules vulgaires. Assailli par une troupe de paysans du Midi dans une de ses excursions avec Marilhat, il assomma d'un coup de poing un des plus furieux, et dit ensuite avec douceur et tristesse : « C'est étonnant; je ne connaissais pas ma force. » La richesse du sang qui enlumine son visage, la coupe bourgeoise de ses vêtements, la tournure philosophique de ses chaussures lui donnent à première vue un certain air vulgaire qui disparaît dans sa conversation presque toujours pleine de saillies naturelles, de sagesse et d'abondance. Il expose ses principes avec une extrême facilité, explique ses moyens pratiques par l'analyse du premier objet qui se trouve sous ses yeux, sa pipe, au besoin. Il aime tant à montrer les lois de son art qu'un de ses élèves me disait un jour : « Il me parle quelquefois deux heures en chemise et les pieds nus, sans être distrait de ses idées par le froid. »

Il fut un jour question des académiciens : — « Que voulez-vous, me dit-il, ils ont décidé qu'ils ne m'aimeraient jamais, je suis trop sincère. »

Cet artiste aimable et sérieux dont la vie si pure n'est qu'un long amour, qui travaille encore du matin au soir, rêve comme à vingt ans la gloire sans intrigues et ne voudrait pas mourir « sans avoir fait un chef-d'œuvre, » devient à mes yeux un homme tout à fait intéressant par le côté spirituel et mordant soigneusement caché dans sa bonhomie.

OUVRAGES DE M. COROT

ÉTUDES PEINTES.

Vue du Colisée de Rome : Au premier plan, mauves, angéliques, pariétaires enveloppant des bancs de ruines; au second plan, un peu en avant du Colisée, éclairés par la pleine lumière d'un beau jour, s'élèvent l'arc de Titus et le couvent des Quatre-Saints dont le flanc est ombragé par un chêne vert étalé; une allée de cyprès longe le jardin du couvent Saint-Jean et Saint-Paul ; à l'horizon se dessine la silhouette violette des montagnes de Palestrina. L'artiste n'a voulu se séparer à aucun prix de cette belle peinture, qui aurait, un jour, sa place d'honneur au Louvre, à côté des paysages de Claude Lorrain, si le temps ne la détruisait, car malheureusement elle est peinte sur papier, par une imprévoyance extrême.

Vue des ruines du temple de la Paix, à Rome. — Rome prise du Campo-Vaccino. Rochers et carrières de Marino. — Vue du lac de Diane dans la campagne romaine.

- Vue de Rome prise des bords du Tibre.

Deux vues de Volterre en Toscane, étonnantes par la fermeté des plans, la variété des terrains, la justesse et la rigueur de l'exécution générale.

Les Vues d'Avignon, du village et des rochers de Papigno, au pied des montagnes de la Sabine; celles de Venise, qui sont d'une grande limpidité d'aspect, mais incomplètes et prises rapidement comme des notes de voyage.

Vue de Florence prise du jardin Boboli : Le régisseur du Grand-Duc ouvrait à l'artiste l'entrée de ce beau jardin, d'où l'on découvre les principaux monuments de Florence, le Dôme, la tour du Vieux-Palais, le Campanile, Saint-Laurent et les collines boisées, couronnées de blanches villas qui s'échelonnent jusqu'au pied des Apennins dont la silhouette bleuâtre se confond avec la ligne de l'horizon. Sur le plateau élevé du jardin, deux capucins causent ensemble; un troisième descend les escaliers de marbre; de grands cyprès s'élèvent dans le ciel clair. Dans cette *étude*, les valeurs colorées sont écrites avec finesse et précision; des flocons de nuages blancs et violacés semblent se poursuivre; les monuments de la ville, les mamelons qui l'avoisinent, les montagnes qui sont dans le lointain, tout est à son plan et rendu dans un beau caractère. « Cette étude est *très-fameuse* », dit Corot.

Les *études* peintes en Normandie, dans le Limousin, en Bretagne, à Fontainebleau, se rattachent plus particulièrement au tempérament, à l'originalité de l'artiste. Une petite toile pleine de naïveté et de charme, c'est la *Vue d'un village breton*, il y a un homme et une femme qui gardent un cochon autour des clos.

Les *études* du Morvan et du Dauphiné sont peut-être supérieures à toutes les autres prises en France, elles ont plus d'accent et de vibration.

TABLEAUX.

Agar et son fils au désert. Ce tableau rappelle, mais avec supériorité, le grand paysage de M. Aligny que l'on voit à l'entrée du musée du Luxembourg, avec cette différence qu'il n'y a jamais de faux tons dans les tableaux de Corot. Dans celui d'Agar, les rochers, les terrains, les plantes, sont exécutés avec une fermeté qui devient de la sécheresse; mais le ciel est transparent et chaud.

Silène : Au premier plan, Silène abruti par l'ivresse est assis et presque renversé entre deux nymphes, dont l'une écrase des grappes au-dessus de la tête du vieillard, pour l'arroser, pendant qu'une autre nymphe semble le railler en le montrant du doigt. Au second plan, deux bacchantes arrivent en dansant; au troisième plan, à droite du spectateur et à l'entrée d'une avenue de grands arbres, on voit tournoyer une folle ronde. Ce tableau, plein de réminiscences académiques, rappelle ceux de Nicolas Poussin par les figures, et les paysages du Guaspre par l'agencement conventionnel des arbres. Ici, l'horizon devrait être abaissé pour permettre aux figures de se bien détacher du fond. Il faudrait couper un pied de cette toile, au premier plan afin de redresser une composition si mal ordonnée. La grâce des autres figures n'est pas sans afféterie.

Le Verger est un bon tableau, malgré l'indécision du second plan par rapport au premier et la médiocrité des figures. Le grand arbre à fruits qui est à gauche, est assez lourdement peint.

Le Concert dans la campagne est un tableau à compartiments, arrangé comme un décor d'opéra. Au premier plan une jeune femme drapée à la manière antique, une espèce de Polymnie, est couchée sur le gazon. Ses deux compagnes chantent et jouent du violoncelle, tandis qu'un jeune garçon les écoute, appuyé au tronc d'un châtaignier. Ce jocrisse semble s'échapper de l'école de natation, car il n'est vêtu que d'un simple caleçon, précaution innocente qui sauve la pudeur de ces demoiselles; au second plan s'étend une prairie inondée de lumière; trois jeunes filles à demi vêtues à l'antique, je veux dire trois modèles qui ont posé avec leur jupon chiffonné et le torse nu, cueillent des fruits aux branches des arbres qui penchent. Plus loin, une rangée de pommiers nains borde la prairie; le fond du tableau est enfin borné par un mamelon boisé.

La Vue du Tyrol prise au soleil couchant est, sans contredit, un ouvrage excellent. Un homme qui s'y connaît et qu'il n'est pas facile d'émouvoir, au moins en pareille matière, disait un jour : « ce beau tableau m'a remué le cœur. »

Le petit berger. (Musée de Metz.)

Le Christ au jardin des Oliviers. (Musée de Langres.)

Saint Jérôme. Grand tableau donné par l'artiste à l'église de Ville-d'Avray. Le peintre se plaît beaucoup à Ville-d'Avray; il y possède une propriété charmante.

La Destruction de Sodome. Ce grand tableau fut très-amèrement critiqué par les journalistes qui, par hasard, avaient cette fois raison. L'incendie de Sodome en plein jour manqua son effet. L'exécution générale de cette scène est énergique, mais maladroite ; les figures sont insignifiantes ou plutôt désagréables ; la femme de Loth, changée en statue de sel, est presque comique. Corot, qui ne l'aime plus, a la franchise de dire : « je pleure sur elle pour la faire fondre. »

Diaz a chez lui un excellent tableau de Corot : une petite barque qui descend une rivière au crépuscule.

Le gouvernement a fait naguère l'acquisition du tableau *la Danse* pour le musée du Luxembourg ; M. Français en a fait une jolie lithographie.

DESSINS

Arbres et rochers à Olevano. — Couvent de San Benedetto, près Subiaco. — Jardin Farnèse. — Serpentara, près Olevano. — Civita Castellana, rochers et buissons. — Arc de Titus, à Rome. — La villa d'Este. — Narni, étude de nymphes au bord de l'eau. — Le Campo Vaccino. — Rocca di papa. — Femme qui porte un vase sur la tête. — Ruines du temple de Mars. — Profil général de Rome prise de Villa Madama. — San Pietro in Montorio. — Papigno, Fiesole, Viterbe, Frascati, Gottozo, Genzano, et beaucoup d'autres dessins faits à Civita Castellana. Ces derniers sont des études d'arbres, de buissons, de ronces, de mousses, d'anfractuosités de rochers que l'artiste a faites *con amore*. Corot a écrit au verso d'une feuille avec une satisfaction naïve : « C'est comme ça qu'il faut travailler. »

Marino. — Vue du Forum. — Torre di Quinto. — Romiglione. — Castello S. Elia vu au sommet de rochers déchirés à pic. — Vue de l'église Saint-Marc, à Venise. — Villa Albani. — Saint Jean et saint Paul de Rome. — Ronciglione. — Le Vatican. — Tombeau de Néron (campagne de Rome). — Capri. — Temple de la Concorde, l'Arc de Septime, Temple de Jupiter Stator, belles études d'architecture très-nettement dessinées. — Entrée de la Villa Albani. — Civita Lavinia. — Les bords du Tibre. — Vue de la fabrique, dite du Poussin. — Ischia.

Étude de chêne-vert. — Arbres et rochers. — Civitella, arbres, rochers et figures. — Laricia, étude d'arbres à la mine de plomb et au crayon blanc. — Une Porte étrusque à Volterre. — Entrée d'une église et vue d'un couvent. — Charretier romain assis, figure. — Étude de costumes d'après les peintures de l'Annunziata, à Florence. — Figure d'Ange et de Madone prises au couvent de San Minato, près Florence. — Étude de figures à Venise. — Ange, Christ et Démon, d'après les fresques de Giotto au Campo Santo de Pise. — Autre dessin d'après André del Sarto dans l'église de l'Annunziata. — Volterre. — Le lac Côme. — Porto San Maurizio. — Riva (Tyrol). — Gênes, prise des hauteurs de San Tomaso. — Carrière de Fiesole.

Il y a, en somme, dans les cartons de l'artiste, sept à huit cents dessins à la plume, au crayon noir, à la mine de plomb, une espèce d'encyclopédie de notes prises sur les lieux les plus intéressants de l'Italie.

On y en trouve encore cinq ou six cents d'après les sites du Tyrol, de la Suisse, de la Provence, du Limousin, du Dauphiné, du Morvan et des diverses contrées du nord et de l'ouest de la France, sans compter les griffonnages faits dans les environs de Paris : Ville-d'Avray, Villeneuve-Saint-Georges, Ablons, Fontainebleau, etc.

SUJETS EXPOSÉS AUX DIVERS SALONS

1827 : Vue prise à Narni. — Campagne de Rome.

1831 : Vue de Furia (île d'Ischia). — Couvent sur les bords de l'Adriatique. — La Cervara, campagne de Rome. — Vue prise dans la forêt de Fontainebleau.

1833 : Vue de la forêt de Fontainebleau.

1834 : Une forêt. — Marine. — Site d'Italie.

1835 : Agar dans le désert. — Vue prise à Riva (Tyrol italien).

1836 : Diane surprise au bain. — Campagne de Rome en hiver.

1837 : Saint Jérôme, paysage. — Vue prise dans l'île d'Ischia. — Paysage, soleil couchant.

1838 : Silène. — Vue prise à Volterra (Toscane).

1839 : Site d'Italie. — Un soir, paysage.

1840 : La Fuite en Égypte, paysage. — Soleil couchant. — Un moine.

1841 : Démocrite et les Abdéridains, paysage tiré des *Fables de La Fontaine*. — Site des environs de Naples.

1842 : Site d'Italie. — Paysage, effet du matin.

1843 : Un soir. — Jeunes filles au bain.

1844 : Destruction de Sodome. — Paysage avec figures. — Vue de la campagne de Rome.

1846 : Homère et les bergers. — Daphnis et Chloé. — Paysage. — Vue prise dans la forêt de Fontainebleau.

1847 : Paysage. — Berger jouant avec une chèvre, paysage.

1848 : Site d'Italie. — Intérieur de bois. — Vue de Ville-d'Avray. — Une matinée. — Crépuscule. — Un soir. — Effet du matin. — Un matin. — Un soir.

1849 : Le Christ au jardin des Oliviers. — Vue prise à Volterre (Toscane). — Site du Limousin. — Vue prise à Ville-d'Avray. — Étude du Colisée de Rome.

1850 : Lever du soleil. — Une matinée. — Soleil couchant (site du Tyrol italien). — Étude à Ville-d'Avray.

1852 : Soleil couchant, paysage. — Le repos, paysage. — Vue du port de La Rochelle.

1853 : Saint Sébastien. — Paysage, effet du matin. — Paysage, effet du soir.

Les ouvrages de Corot ont si peu cours dans les ventes publiques, que nous ne pourrions inscrire ici sans pudeur les chiffres divers qu'ils ont atteints. A une vente qui eut lieu ces derniers temps, on ne pouvait réaliser la somme de *cent francs* avec un bon tableau de Corot, tandis que des toiles dignes de pitié étaient enlevées pour 400 et 500 francs. Mais le droit à l'ineptie appartient au public et même à l'amateur en fait d'art, de littérature, de philosophie, en toute matière en un mot.

Cependant la *Vue d'Italie, effet du matin*, tableau qui faisait partie de la collection de Madame la duchesse d'Orléans, a été vendue 2,200 francs.

Et l'*Ile de Capri* 700 francs.

EXPOSITION UNIVERSELLE DE 1855.

Effet de matin. — Souvenir de Marcoussy, près Montlhéry. — Printemps. — Soir. — Souvenir d'Italie. — Une soirée.

CHENAVARD

Celui-ci n'est à la lettre ni un peintre, ni un poëte, ni un savant, mais une espèce de gymnosophiste qui passe sa vie à discuter sans fin et sans repos. Ce docteur ès toutes choses avale les systèmes d'une bouchée, bâtit d'ingénieuses théories qu'il renverse comme des châteaux de cartes pour en construire de nouvelles qu'il détruit encore, et enfin son âme jonchée de ses propres ruines devient un désert. L'occasion de discuter reparaît, le console et lui rend l'esprit et la gaieté perdus. Il se délecte alors dans une sorte d'impiété universelle et, comme le bon Méphistophélès, il rit de faire rire l'Enfer. Ses efforts pour jeter le doute dans les âmes, les railleries qui percent et éclatent dans tous ses jugements sur les vivants et les morts rappellent, à l'agilité près, les farces de Desbarreaux et les paradoxes à la mode dans les dîners du baron d'Holbach. Parfois, au contraire, sa pudeur s'effarouche de rien, et s'irrite tellement de la moindre inconvenance, qu'on le dirait plus aigri, plus dégoûté que ne l'était Jean-Jacques de la futilité, des vices, des misères du monde, et, comme l'auteur infortuné de l'*Émile*, prêt à laisser croître poil et griffes pour s'en aller au fond des forêts vierges oublier le genre humain dans la contemplation de la Nature.

Heureusement ses rigueurs de misanthrope ne durent pas longtemps, et l'*omnibus* nous rapporte toutes les semaines de Bougival ce père du désert bourré de raisons plus subtiles et de nouvelles plaisanteries. Il recherche de plus belle dans l'exagération ses moyens d'effet, et l'habitude qu'il a d'aborder avec une égale incrédulité les idées les plus contradictoires lui donne tous les airs d'un cynique innocent. « Aucune idée, dit-il, ne m'épouvante ; je ne crains que l'absurdité. »

Il est toujours long dans ses moindres exposés, mais rarement embarrassé. Pourtant il se troubla beaucoup le jour où l'Empereur, l'ayant admis aux honneurs de sa table, daigna l'interroger sur ses doctrines : il remuait le café dans sa tasse vide pour se donner une contenance après avoir perdu le fil d'Ariane ; mais il ne tarda pas à se tirer d'affaire en homme distingué.

Chenavard apporte en conversation beaucoup plus de livres et de réminiscences que d'impressions directes et d'aperçus nouveaux, bien qu'il ait beaucoup d'abondance naturelle, d'esprit et même de diplomatie. Il excelle à glaner les *ana* dans toutes les époques, fait réserve de bons mots et se rafraîchit souvent le souvenir dans Brantôme, Tallemant des Réaux, Bayle, la *Biographie universelle* et le *Mémorial de Sainte-Hélène*, pour le plaisir des réunions dont il est devenu le conteur ordinaire et le monologue juré. Tel que le prêtre et l'inventeur, il ne souffre pas d'être interrompu ou contredit : c'est par un emportement de discussion contre ses amis, dans une promenade sur le lac d'Enghien, qu'il a pour toujours enroué et brisé sa voix qui semble à présent une trompette forcée par les poumons d'un soldat trop robuste. Il n'est pas non plus très-éloigné de garder un peu de rancune et de défiance contre quiconque l'a interrompu en public ; mais, à part les questions religieuses, sur lesquelles il est sans quartier, il se montre l'ami du possible, de l'accommodement et du succès comme le bourgeois constitutionnel et le républicain doctrinaire. C'est l'Odilon Barrot des artistes. Il diffère des lourds érudits et des parleurs accablants en ceci qu'il connaît le monde, qu'il a émoussé ses angles au contact des hommes célèbres et qu'il est rempli d'ironie. Curieux et dédaigneux de tout en même temps, rien ne lui semble utile, nuisible ou sérieux autour de lui, ni en lui-même, et, s'il était fidèle en pratique à son indifférence raisonnée, il ne toucherait jamais un crayon et ne ferait plus un mouvement ; mais s'il vous arrivait de lui dire : Pourquoi irions-nous dîner, puisque tout est inutile? le bonhomme rirait.

C'est à l'apathie du tempérament, au dégoût précoce de la peinture qu'il doit cette passion des livres et des discours qui l'a détourné de toute production, et jeté, dès l'âge de vingt ans, au fond des bibliothèques et des cloîtres de l'Italie. Contrairement au plus grand nombre de nos artistes qui ont peur, en s'instruisant, de devenir des pédants, et qui se figurent tout suppléer par l'orgueil de l'intuition, celui-ci a jugé en lui qu'il fallait tout apprendre, et il a cru plus tard avoir inventé les choses dont il ne fait que se souvenir. Il sait très-bien aussi quelquefois d'où viennent ses lumières; mais il cache ses sources comme le Nil. Il a de très-bonne heure aimé la gloire, mais la mélancolie des déceptions n'a pas tardé à s'emparer de lui. Comme il venait de faire son intéressant dessin de la *Convention nationale*, sa mère, à peine entrée dans son atelier, lui demanda : « Tu as fait là de petits moutons? » (La bonne dame avait gardé en tête, comme le type des tableaux, quelque devant de cheminée, paysage en papier peint avec animaux.) « Oui, répondit l'artiste, Danton, Saint-Just, Couthon, Marat et Robespierre étaient de bons petits moutons. »

Et il se dit à part soi : si ma mère me comprend ainsi, que dira le monde?

Chenavard a dès longtemps tout pesé avec une compatissance ironique qui lui a valu de la part des artistes le surnom de Grand Désolateur. Il est certain qu'il se ravale soi-même avec une singulière impartialité ; ce qui me met ici tout à fait à mon aise : il ne m'en voudra pas si je dis de lui plus de bien qu'il n'en pense lui-même. Si au contraire je me permettais quelque badinage, il en serait vengé d'avance par la patiente fidélité que je mets à exposer ses doctrines.

Chenavard est un grand bel homme dans la force de l'âge,

d'une mâle et puissante structure, un peu lourde, mais sans obésité. Ce n'est pas en vérité ce coquet plein de manières que M. Ricard nous a peint cette année, élégant, poétique, presque langoureux et bellâtre, c'est au contraire un fort bon homme de tournure négligée et pesante, qui tient du bœuf tranquille et de l'ourson apprivoisé; il s'en va, comme certains professeurs de mathématiques qui perdent le ruban de leur chapeau et traînent en rêvassant dans les ruisseaux des rues manteau et jarretières. De ses yeux légèrement tordus par le strabisme il paraît, comme dit le peuple, regarder en Champagne si la Picardie brûle. Son front est vaste, proéminent, à peine dénudé. Des plis nébuleux sont brouillés au-dessus de ses sourcils mobiles par le souci et la confusion des pensées. Sa grande bouche est douce et fine dans le sourire, souvent hésitante entre la bonté et la moquerie. Ses allures gauches et distraites, accélérées de temps en temps par l'excitation de la verve intérieure, lui vont à merveille et augmentent ses airs de bonhomie. Tous les plans de son visage ont une ampleur magnifique, et ses mains d'un style mâle et grandiose sont absolument celles des prêtres sacrificateurs sculptés dans la pierre grise des monuments assyriens. Son teint un peu blafard révèle la paresse du sang; ses grands pieds carlovingiens se traînent dans des souliers énormes, carrés comme les bateaux à charbon, et que l'on appelle dans l'argot de Paris des *paffs* ou des *philosophes*.

A part quelques écarts de langue inévitables dans les commérages de la vie, Chenavard est un excellent homme, d'un égoïsme honnête et sans férocité, très-agréable à fréquenter quand il lui plaît de n'être ni méticuleux, ni maussade. Il dit beaucoup de mal des femmes du monde qui cependant, je crois, ne le maltraitent pas, et je l'ai souvent accusé à contre-cœur de partialité en faveur des vierges folles; mais il doit avoir en cela ses raisons, puisqu'il ne fait rien sans réfléchir.

Voici deux maximes de notre moraliste :

* *

Il est permis de n'avoir pas de religion, mais non pas de manquer de goût.

* *

La haine est la vertu des brutes.

Paul-Joseph Chenavard est né à Lyon, le 9 décembre 1808, de parents qui faisaient un commerce de cardes pour la fabrication de la soie. Il fut d'abord confié à des paysans du Dauphiné et mis ensuite à l'école communale de Saint-Genis-Laval, où son père et sa mère s'étaient retirés après avoir fait fortune. C'est sur la place publique de ce village qu'il vit tomber les têtes de son jeune ami Dumont et du capitaine Oudin, exécutés en 1817 comme factieux bonapartistes. Cette terrible scène imprima dans son âme une aversion précoce pour le gouvernement des Bourbons, et cette haine d'enfant fut cultivée en lui, dès l'année suivante, comme une vertu patriotique par son directeur au collége de Mornand, M. Dantal, ami et coreligionnaire en franc-maçonnerie de M. Chenavard père, qui n'avait au monde rien de plus sacré que son tablier mystique. M. Dantal, qui tenait le jeune élève en affection particulière et lui inspirait ses idées politiques, mourut en 1823. Notre philosophe de quatorze ans imbu des rancunes du libéralisme ne tarda pas à prendre la fuite du collége tombé au pouvoir des prêtres.

Il avait montré beaucoup d'application aux mathématiques et au dessin : ses parents le destinaient à l'industrie ; mais emporté déjà bien loin des préoccupations positives, il se jeta dans le courant des impressions et des études libres. Enthousiasmé d'abord par la vie des Saints et des Pères du Désert, il s'imposait en secret les plus rigoureuses mortifications: il jeûnait, passait les nuits couché sur le froid carreau de sa chambre, et gagnait ainsi de pieux rhumatismes dont il se plaint encore pour rire. Les héros des romans dansèrent ensuite une folle ronde dans la tête du jeune saint qui daigna reprendre enfin sa nourriture et regagner son lit. Survint l'ambition : « Je ne cessais, dit-il, de parcourir en tous sens l'histoire des voyages, dans l'idée qu'il y avait encore quelque découverte à faire sur le globe ; je suivais attentivement sur les cartes de géographie les chemins des navigateurs, cherchant à me frayer des routes inconnues. » Le nouveau Colomb se mit après à écrire des comédies et des tragédies en vers qui furent heureusement brûlées par son père.

Le jeune Chenavard vint à Paris en 1825 vers l'époque du sacre du roi Charles X, passa par l'atelier incolore de M. Hersent, tomba dans celui de M. Ingres, oscilla vers M. Delacroix, pour se jeter enfin dans les musées et les bibliothèques où il dévorait d'une bouchée des ouvrages en cent volumes, et croquait en quatre heures cinquante estampes. Son amour pour la conversation ne tarda pas à se révéler avec une intensité qui n'a fait que croître et embellir, et M. Ingres qui n'aime pas les raisonneurs lui conseilla le voyage d'Italie, l'assurant « que les fleurs y naîtraient sous ses pas, surtout s'il avait le bonheur de se tenir en garde contre les maîtres exagérés : Michel-Ange, le Corrége, et même André del Sarto. » Aux enragés coloristes, il n'y fallait pas songer, sous peine de crime. « Je voulais fuir surtout, dit Chenavard, les disputes malsaines du romantisme afin de chercher par moi-même la vérité sans trouble. »

C'était vers la fin de 1827. La première visite de l'artiste arrivé à Milan fut pour la *Cène* de Léonard de Vinci dont il copia les têtes conservées avec une exactitude qui fait ressortir à merveille les fautes des plus célèbres gravures faites d'après l'original, sans excepter celle de Morghen qui donne de beaux cheveux à tel apôtre chauve et rase à tel autre sa barbe vénérable. Un poëte milanais avait mis au courant de je ne sais plus quelle conspiration notre artiste qui reçut l'ordre de quitter Milan sous vingt-quatre heures.

Il aborda Florence, comme le berceau de l'art italien, avec un respect religieux. Arrivé de nuit dans la ville, il en parcourut à tout hasard les rues et les ruelles, croyant voir dans le premier passant un descendant du Dante ou de Michel-Ange; il s'adonna tout de suite à l'étude de la langue toscane pour mieux entrer en communion avec les hommes de génie, objets de son culte; apprit très-vite l'histoire intime des rues et des maisons comme un antiquaire; croqua les plus fameux objets d'art des galeries Pitti, des Offices, de l'Académie de Saint-Marc et des églises, mêlant tous les jours à son travail la lecture de quelque chronique florentine serrée dans son portefeuille ou dans sa boîte à couleurs.

A Rome, le besoin d'étudier les ouvrages des maîtres le prit comme une monomanie : il y copia presque tous les tableaux des galeries Fesch, Borghèse, Corsini, Schiana, Barberini, Colonna; les *Chambres* et les *Loges* du Vatican, les fresques de la *Sixtine*, les toiles célèbres des églises : la *Descente de croix* de Daniel de Volterre à la Trinité du Mont, la *Flagellation*, de Sébastien del Piombo à *San Pietro in Montorio*, les Dominiquin à Saint-Grégoire, à Saint-André *della Valle;* les Masaccio de Saint-Clément, les Sibylles *della Pace*, les Caravage de la Porte du Peuple. Sculptures, ornements, architectures, tout, jusqu'aux fresques d'Owerbeck à la villa Massini, passa par ses crayons et ses pinceaux fanatiques. « Je me souviens, dit-il, qu'ayant à rester une journée dans une auberge des environs de Rome, je ne trouvai pas de meilleur passe-temps que celui de dessiner sur une muraille grise le Moïse de Michel-Ange dans ses proportions originales et dont j'avais par hasard un petit croquis sur moi : je n'ai jamais travaillé avec tant de feu; mes crayons étaient bien coulants; je fis un chef-d'œuvre de trompe-l'œil. Quand je revins après plusieurs années revoir Moïse à l'auberge, il n'y était plus. »

Notre artiste demeura trois mois à Venise, absorbé par les Bellin, Carpaccio, le Giorgion, le Titien, et Véronèse. Une courte maladie le mit en rapport avec le médecin de lord Byron, le docteur Aglietti qui, appelé à Parme par le comte de Neipurg, second époux de la grande duchesse Marie-Louise, veuve de l'empereur Napoléon, voulut emmener avec lui son convalescent studieux dans la ville natale du Corrége. Le bon Chenavard en repassant à Rome pour rentrer en France, après dix-huit mois d'absence, laissait l'énorme cargaison de ses croquis dessins, esquisses, copies et gravures en dépôt à un ami qui devait la lui faire arriver sous le couvert affranchi de l'Académie; mais il n'en a jamais plus rien reçu. Il se serait retrouvé à Paris les mains vides s'il n'eût eu la précaution de s'arrêter de nouveau à Florence pour y faire encore bon nombre de dessins qui se sont aussi dispersés dans les mains de ses amis à la faveur de son incurie. « Peu d'artistes, dit-il, en ont fait de plus beaux, je vous l'assure avec une innocente vanité, s'il est possible d'en mettre à si peu de chose. Je cherchais, du reste, à faire ordinairement plutôt vite que bien pour gagner du temps et emporter le plus grand nombre possible de souvenirs; je calquais les ouvrages primitifs qui me frappaient particulièrement par leur caractère, et je les coloriais au pastel, à l'aquarelle ou à l'huile par plaques exactes, mais négligées. Lorsqu'il me prenait envie d'étudier à fond quelques parties d'un tableau, je donnais dans l'excès de l'application, je m'attachais aux moindres détails; mais cela ne m'arrivait guère que pour Léonard de Vinci, Raphaël, Fra Bartholomeo et André del Sarto. Je trouverais encore le bonheur à faire commodément dans la retraite la copie des chefs-d'œuvre que j'aime; aussi me suis-je donné à cœur joie et à plusieurs reprises en Italie la reproduction de ce que j'ai vu de plus beau en tout genre; souvent par provision j'ai croqué de fort vilaines choses, ne pouvant entièrement me dégager de ce double préjugé : je suis en Italie et le morceau est ancien. »

Chenavard s'était, on le pense bien, familiarisé avec la tradition de l'art; mais à peine de retour à Paris, il essaya son *Luther devant la diète de Worms* dans le goût des romantiques, tant il est difficile d'échapper aux influences de son temps. Le voilà donc essayant de transporter son sujet sur une toile de vingt pieds : les difficultés de la composition lui devinrent insurmontables. Très-instruit en détail, mais dépourvu de toute méthode, de toute pratique originale, il prétendait pour ainsi dire à composer un poëme épique après des lectures infinies sans avoir fait seulement l'exercice d'un sonnet. Les méthodes de l'Académie lui paraissaient stériles; mais l'échec qu'il venait de subir vis-à-vis de lui-même lui faisait sentir le besoin de s'en créer une, sous peine de ne pouvoir jamais mener à bien aucun ouvrage d'importance.

Cependant la querelle des artistes et des littérateurs modernes contre l'Académie avait cessé d'absorber exclusivement l'attention publique. Le mouvement politique accéléré par le journalisme touchait la révolution de Juillet. Artistes, hommes de lettres, militaires et hommes d'État en herbe mêlés aux notoriétés, formaient dans des réunions ordinairement présidées par Charlet une sorte d'avant-garde de l'esprit nouveau. On y voyait Béranger, Armand Carrel, l'amiral de Rigny, Abel et Victor Hugo, Sainte-Beuve, Achille Roche, Devéria, le sculpteur Barye, les écrivains qui fabriquaient pour les libraires Barba et Ladvocat les Mémoires contemporains mis à la mode par Bourrienne, enfin tous les jeunes gens qui avaient, suivant le mot d'alors, la noble ambition de mener le siècle. Chenavard flottait à tous les vents du cénacle. Il s'était mis au courant des idées et des théories; mais sans savoir à qui entendre, et, de contradiction en contradiction, il tomba dans l'impuissance et l'incrédulité.

Quelque temps après, le gouvernement de juillet ayant mis au concours le tableau de *Mirabeau apostrophant le marquis de*

Dreux-Brézé, l'artiste n'obtint pas le prix espéré, et le grand dessin qui représente le vote nocturne de la mort de Louis XVI, sortit de son esprit blessé, comme la *Convention* avait elle-même jailli de la *Constituante*, sous le feu des colères et des événements. L'artiste entretenait de fréquentes relations avec les vieux débris de cette grande époque, notamment avec Merlin et Barère, prenait dans leurs récits des indications vivantes, et retrouvait dans leurs mains les croquis authentiques paraphés par David d'après ses collègues dans les séances les plus orageuses de la terrible assemblée. La composition admise au Salon de 1833, et que l'on a vu à l'*Exposition Universelle* de 1855, fut retirée des galeries du Louvre par ordre du roi Louis-Philippe qui trouvait injurieuse pour sa maison la conversation familière créée par l'artiste entre Philippe-Égalité et le tribun Marat. La *Convention* passa dans le salon de M. Thiers, en dépit du bon roi citoyen; on la voyait en 1848, chez M. Ledru-Rollin, et l'artiste vient de la céder, m'a-t-il dit, au prince Napoléon.

Chenavard avait perdu une bonne partie de son temps à suivre à la Sorbonne, les cours de MM. Cousin, Guizot et Villemain, pris la maladie de la propagande, la manie de développer dans toute idée une théorie, et s'était jeté dans les conciliabules nocturnes des disciples de Saint-Simon et de Fourier. Son esprit se prodiguait en conversations stériles, interminables, et les arguments coulaient à flots de sa tête frappée par la Philosophie, comme le sang jaillit d'une blessure. Il venait de concevoir aussi cette idée bien triste pour un artiste : que la Peinture a fini d'exprimer des idées élevées et s'est énervée dans des mièvreries de pratique au point de ne plus pouvoir rendre désormais le type de tout art humain, l'image de l'homme, et que, la pensée sociale ne l'animant plus, elle épuise de nos jours sa dernière et insignifiante manifestation, le paysage.

« La plupart des jeunes peintres, dit-il, suivaient sans réflexion le torrent romantique ; les autres non moins ignorants d'un but à atteindre restaient rivés aux routines de l'Académie; tous s'étiolaient dans l'impuissance de l'imitation. Évidemment la peinture était morte. N'avons-nous pas vu, en effet, en moins d'un demi-siècle, reparaître, dans les ouvrages des imitateurs — à commencer par David qui remontait aux sources de l'antique jusqu'à Courbet qui tend à faire revivre le naturalisme flamand — toutes les physionomies que l'Art avait successivement montrées au monde en deux mille ans? L'Art moderne est-il autre chose qu'un jeu de la mémoire? Entrez dans une maison de Paris habitée par vingt artistes, vous trouverez dans le nombre des élèves de Fiesole, de Raphaël, de Rubens, de Rembrandt, de Véronèse, de Vélasquez ou d'Holbein. Où veulent-ils en venir? Faire de la peinture pour gagner de l'argent n'est pas un but avouable pour l'artiste; peindre pour peindre selon le principe de *l'art pour l'art*, c'est chose insignifiante et même antipathique à la société; il vaudrait mieux s'adonner au plaisir de la danse. Et la peinture fut pourtant un si puissant moyen de civilisation! Au moins, la science moderne a-t-elle un but d'utilité : en étudiant l'application des lois de l'électricité et de la vapeur elle rapproche les distances et modifie les rapports entre les peuples. » L'artiste alimentait encore son découragement en comparant tous les jours les ouvrages de l'école française aux chefs-d'œuvre de l'Italie, de la Flandre, de l'Espagne, et à ceux d'Albert Durer remplis d'inventions étonnantes.

Revenu en Italie sous le coup de ces réflexions, il se plongeait avec délices dans les impressions de calme et d'ascétisme que le séjour de Rome fait éprouver à tout voyageur échappé aux agitations fiévreuses de Paris. La contemplation des vieux maîtres, la fréquentation des modernes allemands Cornélius et Owerbeck qui y vivaient alors dans l'abstraction pure, le portèrent définitivement à penser que le seul but du Peintre est l'expression des idées philosophiques. Owerbeck composait précisément à cette heure l'Histoire allégorique de l'Art; Chenavard résolut d'animer à son tour l'esprit de l'Humanité à toutes les époques, et il conçut le plan de vastes cartons dont la mise en œuvre exigeait de lui autant de recherches dans les livres que dans les monuments. Afin de reproduire successivement la véritable physionomie des siècles, il recommença ses croquis expéditifs d'un bout à l'autre de l'Italie, revint en France chargé de butin et continua ses fouilles dans tous les livres imprimés et manuscrits sur l'Inde, l'Égypte, la Perse, la Chine, l'Europe et le Nouveau-Monde, épuisant les musées, les collections particulières, les bibliothèques, les étalages forains, pêchant avec avidité, même dans les conversations, tout ce qui pouvait entrer dans les casiers de sa vaste mémoire, persuadé qu'il est nécessaire de se pénétrer avant tout de la tradition, quelque liberté que l'on veuille prendre ensuite pour exprimer des idées originales : — « Je suis fait, dit-il, de telle manière, qu'il me faut absolument puiser aux sources et entrer dans les secrets d'une époque pour pouvoir en exprimer sur la toile une idée ou un événement; de là vient mon aptitude actuelle à reproduire sans effort et fidèlement, ce me semble, la physionomie de tous les temps et de tous les pays. »

Il s'appliqua longtemps à mettre ces études en ordre dans son cerveau encombré et fuligineux; tenta combinaison sur combinaison pour dégager l'idée générale qui lui paraît avoir été l'étoile de la civilisation, et pour échelonner le long des siècles les personnalités dominantes qui ont marqué leur temps d'un cachet souverain. — « Si peu de valeur que puissent avoir mes compositions, dit-il, j'affirme que je leur dois tout ce que je sais du monde, de l'histoire, de la politique, de la religion. On ne peut se figurer, à moins de l'avoir éprouvé personnellement, combien l'on retire d'instruction et de force de la constante préoccupation d'une idée élevée, et il ne saurait y en avoir de plus haute dans les temps actuels que celle que j'ai poursuivie. Elle est le thème où l'Art de l'avenir viendra puiser ses inspirations; mon sujet sera comme celui du *Jugement dernier* l'a été pour le passé, le plus noble exercice de la puissance de l'artiste jusqu'à l'avènement d'un nouveau Michel-Ange. »

Préoccupé de la nécessité exclusive d'imposer à l'Art une mission religieuse et philosophique et naturellement porté à rejeter tous les détails d'exécution faits pour compliquer ou ralentir l'expression de ses idées, Chenavard professe la négation de la couleur et réduit la peinture aux parties indispensables au dessin proprement dit : le contour linéaire, le modelé par les ombres et la composition ou mise en scène des personnages. Il s'imagine que ces trois moyens sont, comme l'écriture des hiéroglyphes, le langage le plus simple, le plus austère et le plus expressif, tandis que la couleur jette dans les yeux et dans l'esprit du spectateur la vague sensualité de son charme matériel. Les figures simplement dessinées et modelées sont, à l'en croire, une parole courante, intelligible surtout aux illettrés, comme la poésie de la Bible du Dante et de Shakspeare dont la grandeur primitive et éternelle s'adresse au peuple naïf. Il soutient que l'art véritable a toujours agi dans le sens de cette idée depuis le moment où il bégayait sur les murailles des temples, le fût des colonnes, les faces des obélisques de l'Égypte, jusqu'à l'heure suprême où il a chanté avec Michel-Ange son dernier chant héroïque aux voûtes sublimes de la *Sixtine*. Je ne me sens pas très-franchement porté vers ces tendances rétrospectives d'un art hiératique fait pour changer les passions et la physionomie de l'homme en rébus religieux et pour traduire les beautés de la nature en signes d'algèbre. Quant à cette intelligence infuse de l'Art et de la Poésie reconnue au peuple par l'artiste-hiérophante, je n'y crois pas davantage. Si les hébraïsants, les arabisants, les hellénistes, les latinistes, les scholiastes, cartophages et pédants de toute nature qui s'écornent nuit et jour sur des virgules, n'ont fait qu'embrouiller le sens de la Bible ou du Dante, il n'est pas à dire pour cela que l'ignorant lise à livre ouvert dans les grandes choses. Michel-Ange ne faisait pas sans doute son *Jugement dernier* surtout en vue des laboureurs de la campagne de Rome ; le Dante adressait très-probablement l'*Enfer* à d'autres admirateurs que les bateliers de l'Arno ; Shakspeare n'a pas ostensiblement dédié *Hamlet* aux forgerons d'Elseneur ou aux chevriers du pays de Galles, et Chenavard lui-même n'a pas conçu tant de subtilités pour *messieurs les militaires français qui ne savent pas lire.*

Si la Peinture était simplement une écriture, j'aimerais bien mieux celle des livres, et tout lecteur aussi, surtout s'il n'est pas habile à déchiffrer les signes des obélisques.

— « Voyez, ajoute Chenavard, où conduit l'importance donnée à la couleur, à l'exécution extérieure de la peinture : on a traîné l'Art dans les salons en le rendant à la fois vulgaire et raffiné. Qu'ont gagné à cela les artistes de nos jours? Quelques-uns de l'argent, des croix d'honneur; la plupart la misère; tous le profond sentiment de leur nullité. »

Malgré ses dispositions éclectiques et encyclopédiques, Chenavard n'a jamais pu étouffer sa passion contre les coloristes. Lui qui a tant copié n'a presque rien reproduit des Flamands, des Hollandais, des Espagnols et des Vénitiens, si ce n'est la *Ronde de nuit* et la *Leçon d'anatomie* de Rembrandt, quelques sujets de Rubens, de Van Dyck, du Titien, de Véronèse, exercices du caprice, et quelques morceaux de Géricault et de Delacroix, pris par curiosité. — « Quand je cherche, dit-il, à me rendre compte de l'effet que les coloristes produisent sur moi, il me semble que ma répugnance pour eux vient surtout de ce qu'ils ont brisé la tradition de l'Art pour ne s'attacher qu'à la vérité de la Nature et aux raffinements de la palette.

Chenavard est un rêveur à la fois subtil et confus. Des nuages gris et lourds se traînent dans son esprit mélancolique comme les brouillards des matins pluvieux. Il ajoute d'ailleurs bien plus d'importance à ses idées qu'à l'exercice spécial de son art, et passe ses jours à envier les anciens maîtres du Portique qui consacraient toute leur existence à causer avec leurs disciples des destinées humaines, insouciants de tout hormis de leurs conceptions ; mais le temps des sectaires est passé. Notre philosophe a fondu ses lectures, ses impressions, ses souvenirs, ses contradictions en une espèce de système dont le point de départ est la négation du progrès humain :

Toute ascension est suivie dans le monde d'une décadence fatale, la destruction emporte la fécondité, de même que la mort suit la vie et l'ombre la lumière. Les nations, l'Humanité, naissent, grandissent, déclinent et meurent de la même manière que l'individu isolé qui se développe, par périodes, de l'enfance à l'adolescence, de l'adolescence à l'âge mûr, pour décliner de l'âge mûr à la vieillesse, retomber de la vieillesse dans une autre enfance, et retrouver pour ainsi dire sa tombe à la place où fut son berceau. De même que l'astronome, après avoir pris quelques points de repère dans l'étendue du firmament, déterminerait la courbe et la révolution d'un astre, Chenavard, partant des faits positifs de la vie de l'homme arrive par induction à préciser la durée de chaque nation et la fin de l'Humanité.

Il représente par deux cercles allégoriques enfermés l'un par l'autre, les carrières fournies par l'Individu isolé et par l'Individu collectif qui est l'Humanité. Le premier et le plus petit des cercles, divisé en quatre parties égales, contient les quatre âges de la vie de l'homme : enfance, jeunesse, âge moyen, vieillesse.

Le second cercle comprend, par une analogie étendue du particulier au général, les quatre âges de l'Humanité.

L'artiste remarque dans les diverses périodes de l'existence de l'individu les transformations de caractère subies par l'Humanité elle-même dans le cours de l'histoire :

L'enfant qui vit ses premiers sept ans, plongé pour ainsi dire dans les ténèbres, bégayant ses besoins, vagissant ses douleurs, effrayé par la terre, les animaux, les éléments, c'est la personnification de l'Humanité tout entière depuis Adam jusqu'aux Patriarches.

De sept à quatorze ans, l'enfant chancelle encore de faiblesse en faiblesse, mais prend tous les jours plus de force et d'audace, sans arriver à secouer sa frayeur et son adoration de l'inconnu, c'est l'Humanité patriarchale suivant sa voie jusqu'au Déluge.

De quatorze à vingt et un ans, l'adolescent échappe plus sensiblement par l'éducation à la terreur divine pour entrer dans l'action et dans la liberté, et comme lui l'Humanité se fortifie en dispersant ses races sur le globe depuis l'époque du Déluge jusqu'au moment où s'élève Babel.

L'Humanité dans le cours de son premier âge qui embrasse les trois périodes signalées dans l'enfance de l'homme, appartient complétement à la Religion : le Monothéisme, le Panthéisme, le polithéisme jaillissent successivement de son cœur comme des sources vives. Inerte, contemplative ou errante, elle prend pour divinités tous les fantômes de son imagination, toutes les forces de la Nature qui tourmentent son corps fragile et son esprit agité comme un brin d'herbe dans l'infini.

Le jeune homme est aiguillonné, de vingt et un à vingt-huit ans par l'amour de l'instruction et des découvertes, et il doit être assimilé à cet âge à l'Humanité arrivée à créer le rudiment des arts, les signes de l'Écriture et l'architecture des temples de Thèbes et de Persépolis.

De vingt-huit à trente-cinq ans, le jeune homme est rempli d'impressions, d'idées et de créations poétiques : voilà l'Humanité depuis Moïse jusqu'aux Sages de la Grèce. Tous ses grands hommes sont des poètes : Orphée, Linus, Hésiode, Homère et même Moïse et Pithagore ; le prêtre, le philosophe, le législateur, le guerrier, ont tous reçu le cachet de la Poésie.

Le culte de l'Amour et de la Beauté remplace définitivement, dans l'âme de l'homme de trente-cinq à quarante-deux ans, la religion de la Terreur. L'homme fera lui-même sa propre apothéose et remplira l'univers de soi-même. La sculpture, chargée de représenter son image, sera l'art supérieur à tous les arts; Phidias, en son genre aussi grand que le poëte Homère, taille la statue colossale de Jupiter dans un temple de dimensions infimes. Poëtes, philosophes, législateurs, seront, comme le statuaire, tous animés d'un idéal plastique.

L'homme de quarante-deux ans, c'est l'Humanité âgée de quarante-deux siècles, à l'avénement de Jésus-Christ. Chaque année de la vie de l'individu répond à un siècle de l'existence de l'Humanité.

De quarante-deux à quarante-neuf ans, l'homme, dans son âge moyen, tout à ses idées d'ambition et de puissance, nous rappelle le monde romain jusqu'à Mahomet. César, Auguste, Trajan, Attila, Clovis, Mahomet sont les plus hautes expressions de l'énergie morale et physique, l'image de l'ambition réalisée. L'Humanité est entièrement vouée à la guerre et à la politique durant cette époque moyenne de la vie que les peuples ont si bien nommé dans l'Histoire : le Moyen Age.

De quarante-neuf à cinquante-six ans, l'homme se sent encore des velléités de jeunesse. Ainsi l'Humanité, de Mahomet à Luther en passant par le règne de Charlemagne et par les croisades, a traversé la saison de la vie que le peuple appelle l'*été de la Saint-Martin*. Malgré ses apparences d'enthousiasme, la foi religieuse en ce temps-là n'est dans le cœur de l'homme rien autre chose que la crainte de la mort.

L'Humanité arrivée avec César et Jésus-Christ à l'apogée de l'intelligence et de la gloire, n'aspire dès ce moment qu'à descendre du zénith où elle est montée. Le monde plongé par le christianisme dans une tristesse sans espoir revient insensiblement en enfance. L'art qui répond à cette phase de l'Humanité, c'est la Peinture qui par excellence exprime la douleur. A sa venue, les mœurs, le costume, la politique, la religion lui empruntent son génie : Charlemagne, le Dante, Grégoire VII sont des caractères pittoresques. Charlemagne lui-même, malgré sa beauté physique et sa grandeur morale reconnues, ne peut s'empêcher de ressentir douloureusement au fond de l'âme la dégradation et la barbarie de son temps. Les personnages de cette époque affectent, comme leurs plus illustres prédécesseurs, quelles que soient d'ailleurs leurs fonctions sociales, la physionomie fatale de l'art dominant l'âge de l'Humanité qui les a vus naître. L'architecture chrétienne venue dans l'ère de la Peinture fait tableau et ressemble par la fragilité de sa statique et ses conditions de lumière à une aquarelle sur le papier. Un pape, un empereur éprouvent le besoin d'environner de splendides oripeaux leur majesté et leur beauté déchues. La figure d'un pape, ridicule en statuaire, prête à la peinture de grands moyens d'effet par l'éclat des étoffes et des pierreries.

C'est ainsi qu'à chacun des âges de l'Humanité un art spécial et jaloux s'épuise à donner à l'homme son irrévocable empreinte. En Égypte, par exemple, le roi, le prêtre, le guerrier ont un aspect de solidité, d'austérité et de raideur qui contraint l'artiste qui les représente à emprunter des traits à l'architecture : la colonne, l'obélisque ou la pyramide.

A l'époque où la sculpture a régné, tous les hommes ont nécessairement quelque chose de la plastique au fond de leurs pensées. Les grands hommes de ce temps apparaissent à notre imagination sous la forme de statues grandioses et calmes. Alexandre n'a plus rien en lui de la colonne comme Sésostris; son image est une statue parfaite de la beauté humaine. Les poëtes Orphée et Homère, venus avec la Poésie entre les deux apparitions de l'architecture et de la sculpture, nous semblent revivre dans les statues d'Égine.

De cinquante-six à soixante-trois ans, l'homme nous représente, par son affaiblissement physique et moral, le siècle dans lequel nous vivons. Enfin l'Humanité, pour ainsi dire semblable à un Samson aveugle qui tournerait la meule à reculons, s'avance vers sa fin. Elle mourra sans retour après avoir poussé à bout les découvertes de la Science et de l'Industrie et chanté l'hymne de la fraternité dans une langue universelle.

L'art qui domine cette dernière période de l'univers, c'est la musique, « art matérialiste, vague, dissolvant, qui semble fait exprès pour consoler la vieille espèce humaine de ses longues douleurs et l'endormir dans le tombeau. »

En récapitulant les siècles écoulés, sans trop forcer les chiffres, on voit que le monde a déjà vécu sept mille années; Chenavard lui donne donc encore trois mille ans de grâce avec toute la générosité que lui permettent son caractère et ses ingénieuses combinaisons. La plupart des nationalités célèbres ont épuisé chacune sa part de dix siècles. La Grèce, d'Homère à Plutarque; Rome, de son fondateur à Julien; l'Italie, de l'invasion d'Attila à la décadence du dernier siècle; la France, de Charlemagne à Waterloo; l'Espagne, de Pélage au roi Joseph; l'Angleterre n'a vécu guère plus de huit cents ans de Guillaume le Conquérant à la reine Victoria. De la Russie et de l'Amérique, il n'en veut rien dire.

Bien qu'il semble accepter le principe de l'unité indivisible de l'esprit humain, il le décompose, on l'a vu, en facultés distinctes, exclusives, qui, après avoir illuminé telle ou telle période de civilisation, s'éteignent successivement et ne reparaissent jamais dans les générations suivantes. A chaque civilisation un art périssable : l'architecture a fini son temps avec les religions primitives; plus de sculpture après la Grèce; plus de peinture après le XVIIe siècle. Tout essai d'art fait de nos jours en dehors de la musique est un acte ridicule d'impuissant archaïsme.

La Peinture a déposé son bilan, et l'Humanité n'a plus rien à attendre d'elle dès le moment où elle a donné les sept maîtres qui ont épuisé ses splendeurs et sont pour ainsi dire restés aux yeux du monde comme les sept couleurs du prisme et les sept cordes de la lyre : Léonard de Vinci, Michel-Ange, Raphaël, le Titien, le Corrége, Rubens et Rembrandt. Chacun d'eux a particulièrement exprimé dans son œuvre un des côtés dominants du tempérament humain et affecté un des caractères de la lumière. Léonard de Vinci, qui doit être spécialement placé au centre du spectre solaire, réunit l'harmonie des couleurs; Michel-Ange, Rubens et Rembrandt ont pris les trois couleurs fières, les trois tons entiers de la gamme chromatique : Michel-Ange, le bleu; Rubens, le rouge; Rembrandt, le jaune. Raphaël, le Titien et le Corrége, natures plus tendres, s'attachent de préférence aux tons mixtes : Raphaël au vert, le Titien à l'orangé, le Corrége au violet. Remarquez aussi que les couleurs lumineuses, le rouge et l'orangé, nous frappent la première chez Rubens, la seconde dans le Titien; que les deux couleurs claires-obscures répondent, le jaune, couleur du couchant, à Rembrandt; le violet, couleur de l'aurore, au Corrége; et que les deux tons de l'obscur, le bleu et le vert conviennent mieux aux deux peintres dessinateurs Michel-Ange et Raphaël préoccupés, avant tout, du modelé par les ombres.

Mais passons sur ces subtilités (c'est aux peintres à purger ces hypothèques inscrites par Chenavard sur l'arc-en-ciel), et arrivons à sa manière de mettre en scène la Philosophie de l'Histoire.

La vie de l'Humanité se résume à ses yeux en une suite de symboles, étendards tour à tour arborés par les religions dominantes. Les emblèmes primitifs de l'Inde, de la Perse et de la Chaldée : l'Éléphant, le Bœuf, le Sphinx et la Licorne, sont suivis de la dernière image du progrès religieux des Égyptiens, la Barque, allégorie à l'Esprit flottant sur les eaux. La Barque devient l'Arche des Juifs, et l'Arche est dominée par le calice de la communion des chrétiens. Après avoir superposé par ordre ces hiéroglyphes parlants, le Panpalingénésiarque a groupé les races humaines autour du trophée symbolique comme un chef qui range les troupes autour de son drapeau.

Sa principale composition, dont toutes les autres découleront en épisodes, s'appelle la *Palingénésie sociale;* elle est de forme circulaire, pour rendre plus sensible aux yeux et à l'esprit le mouvement cyclique suivi par la famille humaine, et divisée en trois parties : dans la région supérieure voltige l'Allégorie aux religions successives dominées par le christianisme, la dernière de toutes; dans la région intermédiaire qui s'étend sur la terre, se dédouble la procession solennelle des principaux acteurs de l'histoire, hommes d'action qui depuis Adam ont gouverné le monde par la politique ou par l'épée; penseurs qui depuis Ève écoutant le serpent ont le plus influé sur son âme par l'idée et le sentiment. La région inférieure c'est le chaos où tout viendra s'abîmer et se régénérer par le feu double principe de vie et de destruction. L'apothéose du christianisme domine, disais-je, la composition : le Christ debout, les bras étendus dans une croix d'étoiles, s'élève vers la lumière increée; les vieillards de l'Apocalypse lui présentent les sceptres, les couronnes temporelles des rois, et l'encens qui figure les puissances expansives de l'âme. A sa droite volent la Foi, la Charité, et l'Espérance qui, sous l'image d'un squelette, jette par la bouche des bouffées de fumée, pour nous montrer ainsi que toute attente est vaine. Pensée amère d'un cœur desséché! Elles ramènent vers le Christ les divinités du Nord : Odin, appuyé sur sa branche de frêne, l'oiseau noir et l'oiseau blanc perchés sur ses épaules et lui disant le passé et l'avenir ; Thor, le dieu de la guerre, qu'abandonne sa louve Fria, hérissée par la fureur de voir son maître infidèle s'agenouiller devant le Christ triomphant.

De l'autre côté de l'horizon, la Prudence couronnée de serpents, la Justice la balance à la main, la Tempérance tenant sa règle et la Force revêtue de ses armes d'or, poussent devant elles les divinités plus récalcitrantes du Midi, Jupiter et les dieux inconnus. Sept anges sonnent de la trompette : Brahma, Siva et Vichnou, Osiris, Typhon et Orus, Ormuzd Arihman et

Mithra arrivent du fond des solitudes de l'Orient et viennent assister d'un œil hébété à l'ascension glorieuse du Christ.

L'histoire se déroule sur la terre : Zoroastre enseigne à Cyrus et à ses guerriers la théorie des deux principes du Bien et du Mal, représentés par les deux globes qu'il tient dans ses mains, l'un constellé, l'autre rempli de feu; les Égyptiens instruisent les Grecs parmi lesquels on remarque Pythagore, Platon, Hippocrate, Homère entouré des Poëtes, et plus loin les Sibylles.

Du côté opposé, Melchisédech et Abraham transforment le Sacrifice; Noé, insulté dans son ivresse, est vengé par l'esclavage des enfants de Cham; Moïse arrive suivi des Rois et des Prophètes.

Alexandre et Ptolémée remettent à César le plan d'Alexandrie, siége de l'empire du monde; Auguste apparaît accompagné de Virgile; Tacite contemple les luttes du Sénat et du Peuple romain; Néron et Domitien excitent leurs bourreaux contre les martyrs du christianisme.

Mais, à l'opposé, la Vierge guide la famille chrétienne; saint Jean s'arrête troublé par les visions; saint Pierre, chef de la nouvelle tradition, remet les clefs à saint Lin, le premier pape, son successeur; saint Jacques annonce la bonne nouvelle à la Madeleine qui lui tend les bras — (elle fait pendant à Cléopâtre), — saint Étienne donne du pain et des vêtements à des enfants nus et affamés; saint Paul, le chef de la doctrine, l'explique aux docteurs de l'Église; l'empereur Constantin porte l'étendard de la croix.

Voici l'invasion des Barbares, le schisme de Mahomet, l'incendie de la bibliothèque d'Alexandrie, la résistance de Pélage et de Charles Martel;

Les moines copiant les manuscrits échappés à la torche d'Omar;

Le pape et l'empereur qui reçoit la couronne à genoux consacrent la double autorité du trône et de l'autel;

Pierre l'Ermite prêche les croisades à Godefroy, Richard et saint Louis;

L'empereur Frédéric d'Allemagne reçoit la Poésie et l'Architecture des peuples de l'Orient sous la protection d'Haroun el-Raschid.

Les modernes occupent le premier plan de la composition : d'un côté Swartz, l'inventeur de la poudre, la présente à Charles-Quint; Gutenberg a trouvé la combinaison de ses caractères; Luther déchire les bulles de la cour de Rome; un sénateur de Gênes remet la boussole à Christophe Colomb et à Vasco de Gama; Ignace de Loyola et Bossuet se concertent pour arrêter les progrès de la Réforme; Richelieu, Cromwel, Pierre le Grand, forment un groupe politique; Louis XIV et Médicis comparent leurs siècles; Voltaire, Lavoisier et James Watt se pressent autour de Napoléon Ier qui, d'un pli traînant de son manteau impérial, cache au spectateur la tête de Louis XVI et le couteau de la guillotine gisant à ses pieds.

De l'autre côté sont les penseurs et les artistes : l'architecte de l'église de Cologne, le Dante, Shakspeare, Galilée, Mozart, Descartes, Leibnitz, Bacon, Cuvier, et Jean-Jacques Rousseau qui donne le *Contrat social* à Washington.

Quelques jours après la révolution de février 1848, Chenavard déroulait aux yeux de M. Ledru-Rollin le croquis des épisodes qui se rattachent à la composition principale, et le ministre lui ordonnait d'en faire une suite de cartons de grandeur naturelle pour la décoration intérieure du Panthéon. Toutes les traditions y devaient être exprimées par ordre de succession dans leur intégrité et leur équivalence.

Le travail fini, le gouvernement républicain aurait fait une nouvelle inauguration de ce monument, voué par la reconnaissance publique à la mémoire des grands hommes, et tant de fois détourné par les événements de sa destination révolutionnaire; il fallait enfin assurer l'inviolabilité de la tombe des morts illustres en plaçant leur mémoire sous la sauvegarde du peuple et de l'honneur national. Afin d'éviter les conflits de l'opinion toutes les fois qu'il se fût agi de conférer à un homme de génie les honneurs du Panthéon, le pouvoir eût prescrit l'intervalle d'un siècle écoulé entre le jour de sa mort et celui de son apothéose. Le monument devenait, dans l'idée de l'artiste, le sanctuaire de toutes les intelligences, comme le Panthéon de Rome fut le temple de tous les dieux.

Suivons au *Palais de l'Exposition universelle des beaux-arts*[1] les cartons de Chenavard dans l'ordre qui leur était réservé au Panthéon; les séparer du temple, ce serait leur faire perdre quelque chose de leur caractère préconçu. On verra plus loin par quelles circonstances ils sont restés sans emploi.

Le plan du Panthéon est une croix grecque : des colonnes engagées dans les parois intérieures de l'édifice les divisent en quarante-trois grandes surfaces que les tableaux devaient occuper en faisant le tour du monument, à commencer par la gauche du spectateur entré par la porte principale.

Les voici par ordre rapide :

I

Les eaux montantes du déluge couvrent la face de la terre. Quelques hommes réfugiés sur des bancs de rochers qu'envahissent les flots luttent avec des géants primitifs et les animaux féroces : les uns tentent d'entraîner leurs familles et leurs amis vers les plus hautes cimes; d'autres seront détruits sur les arbres par d'énormes serpents qui les attendent. La silhouette désespérante de l'arche de Noé illuminée par les éclairs et les carreaux de la foudre disparaît dans l'immensité.

---

1. Dix-neuf seulement y ont été placés; je connais les autres, mais inachevés.

II

Babel escalade les nues : les imperceptibles ouvriers qui fourmillent au sommet de la tour semblent gagnés par le vertige de l'abîme en regardant en bas l'architecte et le sculpteur réunis auprès d'une échelle. Le désert déroule sa stérile étendue.

III

Moïse, retiré sur le mont Oreb, écrit les Tables de la Loi; Aaron l'attend à l'entrée de la grotte, tandis que les Hébreux dansent dans la plaine autour du veau d'or, imprévoyants de la colère du législateur et des trésors de la vengeance de Jéhovah, le dieu jaloux et vengeur.

IV

Les prêtres de l'Égypte, rangés autour d'un roi mort et déposé à la porte du sépulcre, lisent au peuple assemblé le jugement suprême. Les barques dorment amarrées sur le Nil. A l'horizon, les pyramides.

V

Zoroastre et tous les prêtres du temple de Persépolis sont égorgés par des soldats au pied de l'autel igné. D'autres guerriers accourent à travers les colonnades du lieu sacré à la voix de leur chef. La puissance sacerdotale de l'Orient est tombée sous le glaive.

VI — VII

La caste militaire triomphe dans ces deux sujets consacrés à la guerre de Troie : le *Siége* et l'*Incendie;* Homère, ajoutant une corde à sa lyre, chante au premier plan du tableau ce grand événement à un berger, à un soldat et à un législateur qui, réunis autour du poëte, représentent la société tout entière. Orphée, tournant le dos au spectateur pour regarder le passé, chante les traditions primitives sur la harpe égyptienne.

VIII

Les sept sages de la Grèce autour d'une table frugalement servie échangent leurs pensées sur les destinées du genre humain et reçoivent d'un architecte le plan d'un temple qui s'élève.

IX

Hérodote vient lire son *Histoire* aux Athéniens célébrant la fête des Panathénées et donne des signes de faveur au jeune Thucydide qui lui est présenté.

X

Socrate après avoir bu la ciguë expire lentement sur son lit; la coupe funeste est renversée aux pieds de ses disciples consternés; quelques amis du sage descendent l'escalier de la prison; le geôlier tranquillement assis attend pour se retirer que le philosophe ait rendu le dernier soupir.

XI

Démosthène tient la multitude esclave de son éloquence dans l'Agora dominé par l'acropole d'Athènes.

XII

Ici le peintre confiait au sculpteur la statue d'Alexandre, le représentant souverain de l'unité du monde antique.

XIII

Sac d'Athènes : les temples sont dépouillés de leurs statues et de leurs trésors.

XIV

La civilisation jette ses dernières lueurs dans la bibliothèque d'Alexandrie; les sophistes argumentent du haut de leurs chaires.

XV

Le monde romain sort avec Romulus et Rémus trouvés parmi les roseaux du Tibre et renouvelle la face du monde. Les bergers du Latium enlèvent les jumeaux à la louve qui les allaite sur les rives du fleuve. Le repas sur l'herbe que les pasteurs ont quitté fait contraster leurs mœurs douces et primitives avec l'humeur belliqueuse et farouche de la race qui va surgir et enchaîner l'univers.

XVI

Junius Brutus a condamné ses fils : la tête du premier est tombée; le second, penché sur le billot, tourne en vain ses regards suppliants vers le père implacable qui fixe ses yeux sur les victimes sans tourner la paupière, et repousse d'un geste dédaigneux un ami attendri qui voudrait, en étendant un pli de sa toge, lui voiler l'atrocité du spectacle. La mère, soutenue par ses suivantes et les bras tordus de désespoir, implore son époux qui demeure muet, sourd, immobile comme un héros de bronze.

XVII

Rome assiége Carthage : ses soldats tendent la catapulte et ouvrent la brèche par le bélier; les échelles sont fracassées par le poids des assaillants ou renversées par les mains désespérées de leurs ennemis; la légion forme la tortue et s'avance dans sa carapace de boucliers jusqu'au pied des murailles meurtrières. Les Carthaginois sont écrasés dans leurs sorties; Rome fait son entrée victorieuse.

XVIII

Scipion, entouré de ses lieutenants, pardonne aux vaincus et donne à l'armée l'exemple si célèbre de sa continence en respectant les captives qui sont à ses genoux.

XIX

La guerre civile déchire les entrailles de la république romaine. César passe le Rubicon : c'est le matin ; les soldats se réveillent dans leurs tentes disséminées comme des ruches dans la campagne ; une sentinelle perdue sur un monticule contemple avec anxiété son chef à cheval, arrêté au milieu du ruisseau, la tête soucieuse et couverte par un coin de son manteau, les yeux fixés sur la borne milliaire redoutable..... et franchie.

XX

Les guerres civiles finissent. Il est nuit ; Caton mourant dans sa tente refuse les soins de ses compagnons qui veulent refermer la blessure qu'il vient de s'ouvrir au flanc et lit une dernière fois le traité de Platon sur l'*Immortalité de l'âme ;* son neveu Brutus s'écrie : *Vertu, tu n'es qu'un mot!* en se jetant, dans son sublime désespoir sur son épée qui le traverse de part en part. La déroute de Philippes tourbillonne encore dans le crépuscule ; les ténèbres s'épaississent et étouffent par degrés le choc retentissant des armes et les cris du carnage.

XXI

Auguste, entouré de généraux, de ministres, de prêtres qui égorgent les victimes et d'augures qui lisent dans leurs entrailles palpitantes, ferme les portes du temple de Janus.

XXII

Virgile lit ses vers prophétiques et montre du doigt l'ère nouvelle aux poëtes romains. Des moissonneurs coupent les blés jaunis dans les campagnes fécondes; les bergers viennent offrir au poëte des couronnes de fleurs et une jeune brebis, allégories naïves à la douceur de ses chants qui annoncent la paix du monde.

XXIII

Jésus vient de naître sur la paille de l'étable éclairée par un pâle falot entre le bœuf et l'âne; la Vierge assise par terre veille sur son enfant; saint Joseph debout garde la porte de l'humble réduit.

XXIV

Jésus parle au peuple sur la montagne : pauvres, aveugles, boiteux, paralytiques, femmes et enfants, toute l'humanité gémissante, se pressent autour du Christ consolateur : « Celui d'entre vous qui sera semblable à cet enfant, leur dit-il en élevant dans ses mains le plus jeune, entrera dans le royaume de mon père. » Les troupeaux errants se désaltèrent dans les ruisseaux et ruminent sous les ombrages; les pèlerins gagnent les bourgades et les caravanes s'allongent dans les chemins poudreux.

XXV

Jésus va mourir pour la liberté du monde : attaché à la colonne, les verges sanglantes dispersées à ses pieds sur les dalles rougies, les cordes nouées dans le vif de ses chairs, il tourne des regards douloureux vers sa mère immobile auprès de lui, le cœur noyé dans l'angoisse. Pilate se lave les mains du sang du Juste sur l'escalier de pierre qui mène à la prison.

XXVI

Mais la parole du Juste a refleuri sur son tombeau; les chrétiens fidèles communient sous les deux espèces au fond des catacombes. Au-dessus de la voûte qui les abrite passe en ce moment un triomphe romain : l'empereur s'avance sur son char, précédé d'éléphants caparaçonnés, de prisonniers, de dépouilles opimes et va rendre grâce aux dieux de sa dernière victoire, loin de songer que le sol est miné sous ses pas par une secte obscure dont les doctrines vont à leur tour conquérir le monde.

XXVII

La vieille société se défend par les supplices de la hardiesse des novateurs. Pierre est crucifié la tête en bas, léguant la mémoire de ses actions vaillantes; Paul va passer aussi par la main du bourreau, mais il a semé la parole de rivage en rivage comme le laboureur répand le blé dans les sillons; il peut mourir, sa mission est remplie. Les chrétiens allongent leurs têtes affligées à travers les barreaux de la prison.

XXVIII

La religion du Christ est montée sur le trône temporel avec Constantin : l'empereur, incliné devant l'évêque, reçoit l'eau du baptême; les prêtres et les officiers militaires entourent les deux représentants de la souveraineté; les fidèles se pressent autour de la cérémonie.

XXIX

Attila se précipite à la tête de ses hordes barbares, traînant avec lui le meurtre, le pillage et l'incendie; mais le pape, porté dans sa riche litière à la tête de son clergé, descend la galerie de pierre de sa métropole et s'avance à la rencontre du *fléau de Dieu* qui, frappé de la pompe du christianisme, s'arrête comme foudroyé sur son cheval effaré. Au fond du tableau, le môle d'Adrien se noie dans des tourbillons de flamme, et la colonne de Trajan prolonge dans le ciel obscurci sa spirale d'airain [1].

XXX

Les pères du désert, dégoûtés du monde désolé par les invasions, élèvent leur âme à Dieu du fond des solitudes et ensevelissent à l'ombre d'une épaisse forêt un de leurs frères qui vient de mourir. Le lion est accroupi comme un dogue tranquille aux pieds de saint Jérôme.

XXXI

Le pape Grégoire VII, assis sur son trône pontifical et couronné par les évêques, représente l'apogée du christianisme.

Mais une religion nouvelle surgit à l'Orient.

XXXII

Mahomet menaçant, debout dans une grotte, armé de son épée à double pointe symbole de ses deux pouvoirs spirituel et temporel, est retenu par son jeune disciple Ali, tandis que le vieil Abou-Becker couché, l'oreille tendue contre la terre, écoute le galop égaré des cavaliers lancés à leur poursuite.

XXXIII

Haroun-el-Raschid, assis dans son jardin au milieu de sa cour, reçoit avec bonté le livre qui lui est offert par un poëte agenouillé.

Ici la statue de Charlemagne, représentant l'unité du moyen âge, eût fait pendant à celle d'Alexandre.

XXXIV

Godefroy de Bouillon et Pierre l'Ermite à cheval sont précédés

---

[1]. L'artiste se conformant ici, comme par complaisance, à la tradition de l'Église fait passer Attila à Rome.

et suivis des croisés qui défilent, la lance au poing, sous une des portes de la ville montueuse de Jérusalem.

XXXV

Les poëtes sont réunis dans un paysage arrosé par un fleuve qui va se perdre derrière les montagnes : le Dante pleurant Béatrix est consolé par Laure et Pétrarque; le Tasse, seul, assis par terre, exprime les égarements de la folie par le désordre de ses vêtements et la fixité de ses regards; l'Arioste, au milieu d'un groupe de belles femmes, fléchit le genou devant la princesse d'Este pour lui offrir le poëme de Roland; Fiammetta raconte à un nombreux auditoire les contes de Boccace assis auprès d'elle.

XXXVI

La voix des révolutions modernes a poussé son cri d'aigle du haut des rochers de Rutli : la lune éclaire les montagnes et les lacs de la Suisse couverts de barques tumultueuses qui viennent au rendez-vous de Guillaume Tell. Les trois chefs debout sur une cime, les mains enlacées et le plus jeune déployant un drapeau, jurent d'affranchir leur pays des tyrans.

XXXVII

Le christianisme défend en Europe son pouvoir par l'Inquition. Les moines du saint office interrogent un captif; les valets des bourreaux traversent la scène emportant un malheureux qui vient de subir la *question;* une troisième victime étirée sur le chevalet oppose au supplice toute l'énergie de sa conscience, et reste sourd à la voix de ses interrogateurs. Des rideaux entr'ouverts laissent voir au fond du tableau le noir tribunal et ses instruments de torture.

XXXVIII

Christophe Colomb et ses compagnons ont débarqué dans le

Nouveau Monde. Les timides indigènes prennent la fuite devant les aventuriers qui dégaînent l'épée et couchent le mousquet; les moines tirent leurs crucifix.

XXXIX

Gutenberg, appuyé sur la barre de la presse, collationne avec son associé le premier psautier imprimé.

XL

Luther déchire les bulles du Pape du haut de sa chaire entourée de ses ardents sectateurs qui brûlent les débris des parchemins fulminés. Des fanatiques dévalisent une église et renversent les prêtres qui résistent; Mélanchton remet une bible à Ulric de Hutten; le peintre Lucas Cranach écoute la voix de Luther avec enthousiasme.

XLI

Louis XIV, assis au milieu de sa cour dans les jardins de Versailles, observe sur la carte de Hollande déroulée devant lui les principaux points des opérations de l'armée française indiqués par Louvois; Colbert semble regretter l'argent que la gloire coûte à la France; Condé attend avec une impatience mêlée de fierté les ordres du roi qui paraît interroger Mme de Maintenon suivie des ducs du Maine et de Bourgogne ses disciples, tandis que du haut d'une terrasse fleurie Mme de Montespan, en compagnie de MM^{mes} de Fontanges et de Sévigné, laisse tomber, comme par mégarde, une rose aux pieds de son royal amant. Corneille, Racine, Molière, Boileau et La Fontaine attendent dans l'ombre le moment favorable pour s'approcher de l'audience du monarque. Bossuet veut travailler à part à la conversion de M. de Turenne; le Puget propose sans succès à Le Nôtre des groupes de sculpture et des projets d'embellissement pour ces jardins aux verts bosquets, aux fontaines jaillissantes.

XLII

La Révolution comme la Justice arrive à pas lents, mais elle arrive : le cabinet de Voltaire est son laboratoire, les encyclopédistes sont ses ouvriers. Voltaire reconduit Dalembert qui tient un manuscrit roulé; Diderot est déjà descendu de quelques marches de l'escalier tournant; Buffon, l'abbé de Bernis, Turgot, le duc de Richelieu et Condorcet montent à leur tour pour rendre visite. On ne voit pas la Constituante, mais l'esprit la devine; la Convention la suit.

XLIII

L'orage de la révolution a promené vingt ans à travers l'Europe ses idées et ses bataillons. La vieille Humanité vient de faire le tour du Panthéon laissant de colonne en colonne un de ses grands récits sur les murailles de pierre. Voici le dernier tableau qui revient faire face au berceau de l'histoire, au *Déluge* qui a ouvert la série ; c'est pour ainsi dire le dernier chapitre, l'épilogue d'un livre.

XLIV

Dans une barque à flot sur le fleuve allégorique du Temps, sont entrés et vont partir pour l'immortalité les hommes supérieurs qui ont eu le rare privilége d'imprimer leur cachet souverain à une des périodes générales de l'histoire : Alexandre, César, Charlemagne, Napoléon Ier. Des génies de moindre taille, Charles-Quint, Grégoire VII, ne peuvent prendre place dans la *Barque des quatre Empereurs;* d'autres se noient dans le fleuve aux flots profonds qui entraînent et engloutissent les monarques et les insignes de leur puissance tombée : glaives, sceptres et couronnes. Les héros de la Révolution française, Constituante et Convention ; tribuns, publicistes, généraux et soldats de la République, débris de la grande armée de l'Empire, répondent par des acclamations aux adieux du plus grand homme des temps modernes qui, après avoir passé la dernière revue des hommes de son siècle attachés au rivage, semble se retirer en reculant dans les profondeurs de l'éternité. Le ciel du tableau est traversé par la *Mort* qui fauche tous les êtres vivants; l'*Amour* vole à sa suite, semant les germes régénérateurs de tout ce qu'elle détruit.

Une frise à peu près conçue selon la disposition des fresques du Campo Santo de Pise, et dont les croquis dorment sans emploi dans les portefeuilles de l'artiste, devait faire le tour de l'édifice immédiatement au-dessus des quarante-quatre grands sujets placés dans les entre-colonnements et que nous venons de faire connaître. C'est une sorte de *Biographie universelle* formant le complément de l'histoire générale : les premières divinités mythiques tiennent la tête du cortége; les intelligences modernes en ferment la marche, chaque individualité portant le cachet général de la civilisation de son temps. Sur les faces supérieures des piliers triangulaires qui soutiennent le dôme du Panthéon, à la place même des pendentifs peints par Gérard, l'artiste résumait ainsi les quatre âges de l'histoire : la *Religion*, l'*Art*, la *Philosophie* et la *Science*, et adossait aux piliers mêmes les quatre statues de Moïse, Homère, Aristote et Galilée.

Il devait faire traduire en mosaïques sur le pavé du temple, immédiatement au-dessous des cinq coupoles, ses cinq allégories de forme circulaire : la *Palingénésie sociale*, le crucifiement de Jésus-Christ, allusion au lien éternel qui unit la vie à la mort, le *Paradis*, le *Purgatoire* et l'*Enfer*, trois sujets où se trouvent mêlées les hérésies de l'auteur aux idées du Dante, et destinées à représenter les fins dernières de l'homme.

Dans l'emplacement actuellement occupé par le maître-autel en planches peintes de Sainte-Geneviève, l'artiste élevait son trophée emblématique. L'Éléphant de l'Inde, le Bœuf de l'Égypte, la Licorne de la Perse, le Sphinx de la Chaldée, sculptés en granit rose et accroupis sur les trois marches circulaires d'un monument ramené à la configuration d'un autel chrétien, supportaient ensemble la Barque des derniers Égyptiens, l'Arche des Juifs et le Calice des Chrétiens superposés en pyramide. Une coupole ronde à ciel d'azur constellé et dont l'étroite frise extérieure était décorée des signes du zodiaque s'élevait sur douze colonnettes au-dessus de ces symboles mystérieux.

M. Ledru-Rollin avait si bien accueilli tous ces projets, qu'il vint à l'idée de Chenavard de lui proposer aussi la décoration de l'Hôtel des Invalides.

Sur les quatre murailles d'environ quarante-cinq mètres chacune formant l'enceinte de la cour d'honneur et entourées de soixante arcades, il voulait tracer comme en quatre chants l'épopée française, de l'invasion des Francs à celle des Barbares, de la prédication des croisades au supplice de Jeanne d'Arc, de Louis XI aux États généraux, de la nuit du 4 août 1789 à la Révolution du 24 février 1848. Sur chaque pilier des arcades se dressait le portrait en pied d'un guerrier illustre, et au-dessus de sa tête revivait son fait d'armes le plus éclatant. A la statue de Napoléon, qui est déjà aux Invalides, devaient se joindre celles de Charlemagne, de saint Louis et de Louis XIV.

Le ministre avait encore souscrit à ce projet; mais des avis officieux ne tardèrent pas à le faire revenir de sa libéralité. On objectait les proportions exceptionnelles de la double entreprise des Invalides et du Panthéon, et la chose peut-être la plus nuisible à l'artiste, fut sa tentative de créer en quelque sorte un précédent de désintéressement en soutenant dans ses devis que l'État devait faire à peu de frais de grandes choses. Les cupidités s'irritèrent de voir un artiste de quelque valeur se borner comme un simple ouvrier à ne demander de son travail que 10 francs par jour pour lui-même et pareille somme pour les quatre ou cinq auxiliaires qu'il prenait sous sa direction.

L'entière décoration du Panthéon ne devait pas dépasser le prix de 50,000 francs. Le ministre, tourmenté de tous côtés, abandonna le projet préparé pour les Invalides, et confirma par un décret spécial sa commande des travaux du Panthéon, sans se laisser arrêter ni par les cris, ni par les pétitions criblées de signatures ennemies.

Chenavard achevait, après les deux années 1848 et 1849, ses sujets les plus importants; il fut visité par les journalistes, qui en parlèrent et donnèrent par leurs interprétations l'éveil à l'opposition du clergé.

Une commission, présidée, je crois, par M. de Montalembert, publia dans quelques journaux ultramontains sa protestation contre ces images outrageantes pour l'Église et ruineuses pour l'État. Chenavard répliqua avec assez de finesse et de dignité; mais il avait reçu la flèche en plein cœur. Il était sans doute dans le droit de ses convictions politiques et religieuses; mais ses adversaires n'en suivaient pas moins, de leur côté, la logique de leurs principes et l'inflexible loi de l'orthodoxie. Qui pourrait les blâmer? Ils ne faisaient que profiter avec la plus parfaite conséquence d'une occasion qui leur était offerte d'effacer avec âpreté la dernière trace du ministère de la Révolution. Comment Chenavard a-t-il pu paraître un instant surpris de la guerre dirigée contre lui? Pas une de ses idées n'est acceptable en effet pour un catholique. Le plus tolérant des chrétiens ne pourra jamais reconnaître l'équivalence des traditions religieuses, lui qui vénère dans la sienne une vérité précisément établie sur l'erreur absolue des cultes antérieurs.

On ne sait pas jusqu'où seraient allées les fureurs et les fulminations si le clergé eût vraiment pénétré alors la pensée intime de l'artiste qui était de fonder une nouvelle religion sur les débris accumulés de toutes les croyances. Écoutez-le plutôt lui-même : — « A partir du moment où je vis, dit-il, s'agiter l'opposition de la sacristie, je conçus la plus vive inquiétude sur l'avenir de mon œuvre. J'y attachais un si grand prix ! Peut-être aussi n'arrive-t-on jamais à réaliser des travaux de cette importance qu'en s'en exagérant à soi-même la portée : je me considérais déjà au milieu de mes cartons comme un philosophe, ou plutôt comme un prêtre fondant une nouvelle religion. L'art n'est autre chose pour moi que l'instrument, le moyen qui me sert à rendre aux yeux du peuple toutes les traditions sensibles et équivalentes, à ériger enfin la raison en dogme et l'homme en divinité. Toute religion n'est autre chose, à mon sens, que la plastique des idées. J'entrevoyais déjà dans mes auxiliaires le premier noyau d'une confrérie d'artistes qui devenaient pour ainsi dire les diacres du nouveau culte inauguré dans le Panthéon. Ah! combien je regrette aussi ces doux refuges offerts par le moyen âge aux natures contemplatives! L'art pourrait encore renouer aujourd'hui le lien si puissant, mais brisé de la vie monastique. Une corporation d'artistes fournirait à l'État les architectes, les peintres, les sculpteurs nécessaires à l'exécution des plus vastes travaux sur tous les points de la France. Le désintéressement, première loi de cette communauté fraternelle, aurait permis au gouvernement d'acquérir à modique prix toutes les richesses de l'art. » Hors de la confrérie pas de salut pour les artistes.

Chenavard ne se bornait pas à faire du Panthéon le temple du génie français; il y appelait les morts illustres de toutes les nations fidèles à l'initiative de la France. Il voulait aussi établir au centre de chacune des douze grandes circonscriptions françaises une nécropole provinciale destinée à recevoir dans son sein les notoriétés des environs, cinquante ans après leur mort, et à les présenter, le siècle révolu, à la consécration du Panthéon de Paris. La province, pense-t-il, eût tenu à honneur d'encourager dans son propre sein ses hommes intelligents (elle les déteste), et à opposer son émulation comme un contre-poids nécessaire aux excès de la centralisation. Elle eût naturellement confié l'exécution de sa nécropole à ses artistes départementaux, selon le thème d'architecture le plus conforme au caractère spécial de ses traditions : il fallait, par exemple, le style grec à la Provence, le moresque au Languedoc, le romain au Lyonnais, le gothique aux contrées du Nord. Ce fédéralisme aurait tué la France.

A chaque nécropole était annexée une université dont les locaux spacieux pouvaient recevoir la jeunesse la plus nombreuse et comporter dans le plus grand ordre le développement futur des bibliothèques et des collections scientifiques. Il y avait encore de grands amphithéâtres, des salles de bains, des gymnases, des manéges, des salles d'armes, tous les moyens de santé, d'action et d'énergie physiques. La jeunesse, espoir du pays, gardienne née de la nécropole, entretenait comme un feu sacré dans son âme le culte des ancêtres et de la Patrie. Ces mobiles puissants de fierté et de moralité civiques, auraient fait surgir l'inspiration de l'âme des artistes, et provoqué les chefs-d'œuvre, s'il faut en croire Chenavard. Je n'en crois rien.

« Je voyais déjà, dit ce législateur, loin des villes corrompues, au milieu du site le plus agreste de la province, s'élever ces monuments vénérés par les populations naïves. Quel avenir s'ouvrait à mes yeux ; mais je comptais sans les habitudes d'un siècle à la fois brutal, frivole, hostile aux grands sentiments et aux nobles idées. Je n'ai fait qu'un rêve, mais quel rêve ! »

Comme il ne sortait encore des sollicitations hostiles du clergé aucune décision officielle contre l'artiste, il continuait ses cartons dans les ateliers qui lui avaient été accordés au Louvre, non sans quelques transes et sans de noirs accès de mélancolie, lorsque, à sa grande douleur, le Panthéon fut rendu à Sainte-Geneviève.

Quelque temps après, le bon Chenavard fit une respectueuse visite à Monseigneur l'archevêque de Paris, qui voulut bien, à son tour, se rendre dans les ateliers du Louvre, suivi de ses grands vicaires et de M. Romieu, alors directeur des Beaux-Arts.

« Je brûlais de savoir, dit l'artiste, ce que Monseigneur pourrait dire de mon résumé *impartial* de toutes les traditions religieuses qui lui avait été présenté comme si profondément injurieux au christianisme et à toute morale. Il avait été évidemment bien averti par quelques docteurs zélés, qui étaient déjà venus me voir et m'avaient pour ainsi dire fait subir à mon chevalet une espèce d'examen en théologie, qui naturellement ne me montra pas très-orthodoxe. L'archevêque fut exempt de toute pédanterie et plein d'une bienveillante indulgence. Ses manières fines, polies et même affectueuses ne s'altéraient dans cette entrevue que dans les moments où je faisais ressortir par la libre explication de mes tableaux les hérésies les plus notables. M. Romieu, l'auteur du *Spectre rouge*, se montra le plus rigoureux des théologiens. Tandis qu'il opposait des arguments ingénus à ce qu'il appelait mon Panthéisme, Monseigneur sans l'écouter examinait simplement les tableaux, et ses vicaires atténuaient avec courtoisie les points de dissidence tant accusés par l'ancien et jovial préfet de la Dordogne. »

Enfin, le clergé rentra bannière haute dans le Panthéon, aux éclats du rire funèbre de Voltaire, et environna de planches les tombeaux les plus illustres pour que la main de Rousseau ne montrât plus au voyageur le flambeau de la Révolution française par la porte entr'ouverte de son cercueil de bronze; la croix d'or fut plantée au sommet du fronton révolutionnaire taillé par le ciseau de David, au-dessus de la devise : *Aux grands hommes la Patrie reconnaissante!* Dès lors, Chenavard, congédiant ses collaborateurs, a continué ses travaux à l'écart avec une sorte de vague espérance en l'avenir. Il proposait, en 1853, la décoration complémentaire de l'Arc de l'Étoile; l'érection, à la barrière du Trône, d'un nouvel arc de triomphe consacré à la gloire industrielle et civile. Il a enfin remué l'Art, la Religion, la Politique, écrit de longs mémoires inédits contre les modernes théories du Progrès et en faveur des idées païennes, proposé la réforme de l'Institut, rêvé une chaire d'esthétique, combiné l'amélioration du vote universel, renouvelé le vieux projet d'amener la mer à Paris et de lui faire ensuite traverser la France en croix par deux gigantesques canaux creusés de l'Océan à la Méditerranée, espérant ainsi changer en mœurs pacifiques et commerciales les habitudes militaires et révolutionnaires de notre puissance continentale, et oubliant toujours ce proverbe : « Qui trop embrasse mal étreint. » A force de raisonner, douter, affirmer et nier, il semble avoir perdu la fraîcheur des émotions et l'amour des plus légitimes jouissances. La tristesse qui le prend par moments, c'est la maladie du vide. Un moine spirituel et profond du couvent de la *Minerve*, qui le voyait dévorer les in-folios de la bibliothèque, lui dit un jour : « Vous étudiez beaucoup dans ces gros volumes, Monsieur, mais plus on s'instruit, plus on s'embrouille. »

OUVRAGES DE M. P. CHENAVARD

M. Chenavard a peint très-peu, presque pas. Mentionnons toutefois un tableau composé de quatre ou cinq figures à mi-corps à la manière du Caravage : Christophe Colomb faisant la première expérience devenue si populaire, et qui consiste à faire tenir un œuf en le cassant sur une surface plane.

Mirabeau apostrophant M. de Dreux-Brézé dans la salle du Jeu de Paume, esquisse fort négligée. — Bon dessin, mais détérioré du même sujet. — Le Martyre de saint Laurent, imitation du Titien (tableau perdu).

Quelques copies ou fragments de copies d'après Rembrandt, le Titien, Véronèse, Delacroix, Géricault. Tout cela est fait sur des loques de toile ou sur des morceaux de carton écornés et traînant dans les coins de l'atelier de l'artiste.

Les portefeuilles de M. Chenavard sont remplis de dessins, de pastels et de calques qui forment l'encyclopédie figurée de l'art, et sont mêlés à des piles de bouquins et à des liasses d'élucubrations écrites en prose et en vers par l'artiste.

M. Chenavard s'est tenu ordinairement à l'écart des Expositions publiques ; on a pourtant vu de lui aux Salons de

1841 : Le Martyre de saint Polycarpe.
1846 : L'Enfer.
1853 : Quelques-uns des cartons destinés à la décoration du Panthéon.

EXPOSITION UNIVERSELLE DE 1855.

Palingénésie sociale. — L'Enfer. — Le Purgatoire. — Le Paradis. — Commencement de Rome. — Junius Brutus. — Siége de Carthage. — Le Rubicon. — Mort de Caton et de Brutus ; fin de la République romaine. — Temps d'Auguste. — Naissance de N. S. Jésus-Christ. — Prédication de N. S. Jésus-Christ. — Passion de N. S. Jésus-Christ. — Les chrétiens dans les catacombes. — Temps d'Attila. — Les croisés. — Luther à Wittemberg. — Temps de Louis XIV. — La Convention nationale.

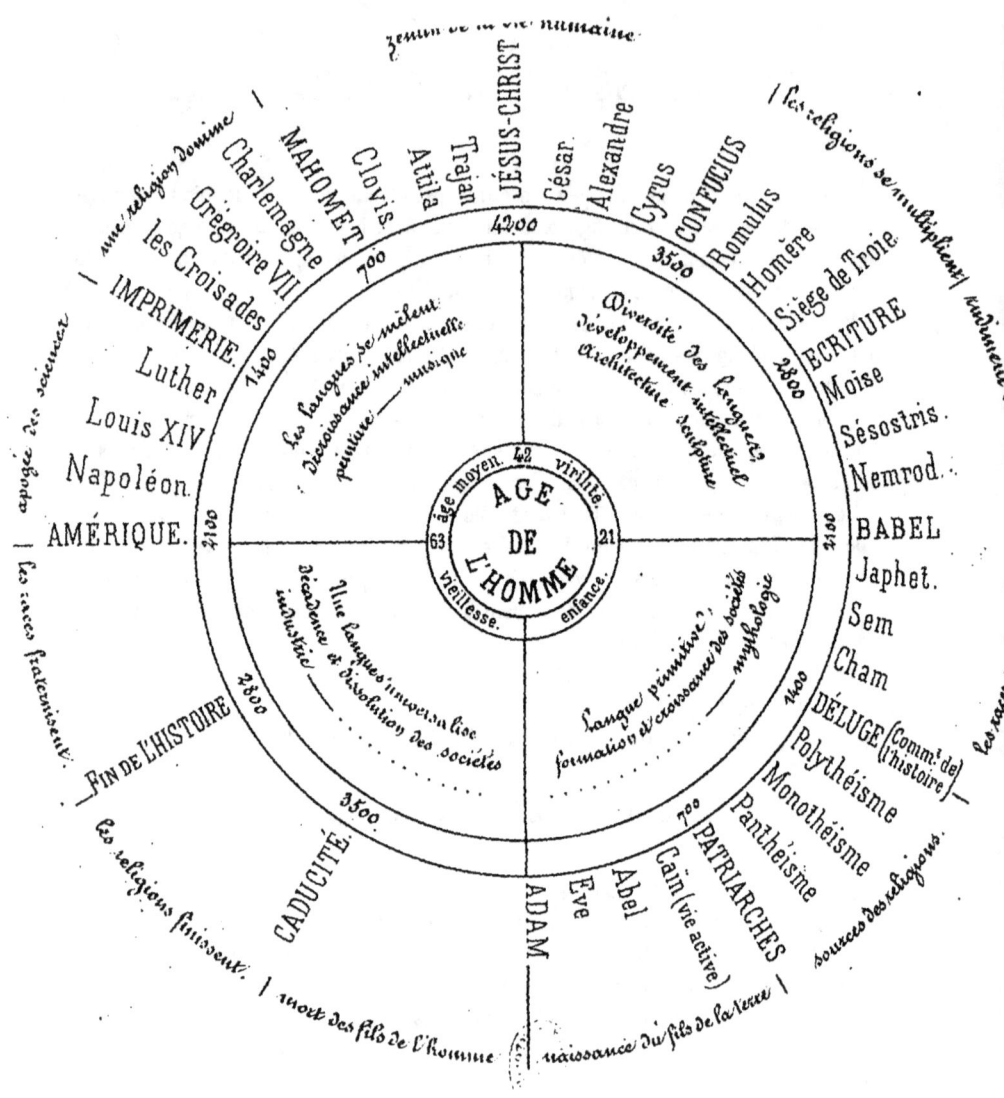

P. CHENAVARD : Calendrier d'une philosophie de l'Histoire.

DECAMPS

A M. ALEXANDRE RHODES.

Je ne suis ni le parasite ni l'ennemi de la gloire, ni l'esclave du lecteur. Aussi respectueux envers la loi sociale qu'envers mes propres pensées, je ne fais ni pamphlets, ni panégyriques; j'écris dans toute la sincérité de mon âme l'histoire des artistes vivants comme s'ils étaient morts. Mes jugements ne flatteront ni ne blesseront sans doute ces hommes célèbres, leurs propres sentiments ayant à leurs yeux, par une vanité bien naturelle, plus de prix que n'en auront les miens, et, d'ailleurs, comme je n'ai été élevé ni à l'école des diplomates ni à celle des charlatans, je dis toujours ce que je pense, et je pense ce que je dis.

J'ai la plus profonde vénération pour les maîtres de l'art, quand je songe surtout aux misères fatales mêlées aux grandeurs de leur vie et que je vois les favoris de la mode mesurer aujourd'hui leurs mièvreries prétentieuses à la puissante et immuable beauté de leurs chefs-d'œuvre. Lorsque je contemple, accrochées au chevet de mon lit, des estampes de quatre sous, les *évangélistes* d'Albert Durer par exemple, mon imagination exaltée par ces figures expressives les poursuit jusqu'aux derniers confins de leurs rêves mystiques, et ensuite, hélas! les Apôtres frisés de M. Ingres me semblent de pauvres idiots moulés en cire pour représenter la Passion de Jésus-Christ au carré Marigny et à la foire de Saint-Cloud.

Je n'échangerais pas contre tous les tableaux si chèrement

payés de M. Ary Scheffer le plus petit morceau gravé de la *Mélancolie*, qui contemple de ses yeux profonds et tristes le spectre du dégoût secouant ses ailes de chauve-souris sur la ligne de l'horizon où le ciel et la mer se confondent dans l'Infini, aux derniers rayons du soleil couchant. Les plâtres des géants de Michel-Ange, vus à travers les lueurs de mon foyer qui s'éteint, me semblent projeter l'escalade du ciel, et la *Nuit* endormie au milieu de mes livres, couvre à mes yeux de honte les Phrynés, les Bacchantes de Pradier, par ses formes grandioses, et me dégoûte à jamais de nos amours étiques et violentes par le calme souverain de sa beauté. Dans un ordre bien différent, les ascètes qui méditent et prient sous les porches gothiques ou dans les cadres primitifs m'émeuvent également par leurs expressions radieuses; mais les ouvrages de nos jours, remplis d'artifices pratiques au détriment de la pensée et des élans du cœur, me laissent insensible et glacé. N'allez donc pas craindre que je compare, comme tant de critiques aimables l'ont fait si souvent avant moi, la *Patrouille turque* de M. Decamps, à la *Ronde des bourgeois armés d'Amsterdam* qui s'avance tumultueusement, au bruit du tambour, à travers les ténèbres magiques de Rembrandt. Un tel rapprochement serait injurieux pour les deux maîtres à la fois, et comme j'ai confiance en la modestie de l'artiste français, j'espère qu'il me permettra même de placer sa *Défaite des Cimbres* au-dessous de la bataille de Salvator Rosa, qui épuise sa dernière mêlée dans la longue galerie du Louvre. Il y a des degrés en tout[1].

M. Decamps a écrit sa propre histoire dans une lettre à M. Véron qui l'a publiée dans le sixième volume de ses *Mémoires*. Voilà deux hommes qui certes ne trouveront pas mauvais que je me permette de toucher aux vivants. Il est de ma loyauté de

---

1. *Cour d'assises de Rouen*, 1845. — « M. le président à M. Alexandre Dumas, témoin : Votre profession ? — Réponse : Je dirais poëte dramatique, si je n'étais dans la patrie de Pierre Corneille. — Le président : Monsieur, *il y a des degrés en tout.* »

déposer pour un instant la plume pour laisser à M Decamps le privilége qui lui est dû de parler le premier au lecteur :

« Au Veyrier, le 20 octobre 1854.

« En vérité, Monsieur, ce n'est pas sans quelque embarras que j'entreprends de satisfaire le désir, tant de fois manifesté, d'obtenir de moi, et sur mon intéressante personne, quelques renseignements biographiques. — Une heure ou deux d'entretien, en me procurant l'honneur et l'avantage de votre connaissance, m'eussent de beaucoup paru préférables. — Je vais tâcher de suppléer en quelques lignes à cet avantage qui m'est refusé.

« Malgré la répugnance que j'éprouve à parler de moi, je ne crois pas devoir hésiter plus longtemps à suivre l'exemple que m'ont donné tant de grands hommes mes contemporains, qui n'ont pas craint d'écorner largement l'œuvre de l'avenir, qui ne prendra certes pas, j'en suis certain, et pour beaucoup d'entre eux, le procédé en bonne part. — Quant à la partie critique qui, je n'en doute pas, doit accompagner la biographique, je m'en remets à votre discrétion, certain, Monsieur, que vous avez de moi une aussi bonne opinion que moi-même ; ce dont, au reste, vous avez donné des preuves argent comptant, preuves qui ne se récusent pas de nos jours. — Après ce préambule, sans doute inutile, j'entre en matière.

« Decamps (Alexandre-Gabriel) naquit le troisième jour du troisième mois de la troisième année de ce siècle, c'est-à-dire le 3 mars 1803, et, j'ai honte de le dire, aucun autre prodige ne signala sa naissance. — Présenté à la municipalité le jour même, le petit Decamps fut accusé tout d'une voix (vu le volume exorbitant de sa personne) d'avoir enfreint je ne sais quelle loi ou ordonnance, qui enjoint aux parents d'avoir à faire inscrire les nouveau-nés dans un délai prescrit.

« Je paraissais déjà vieux vraisemblablement (je puis bien, ce me semble, employer par ci par là la première personne). Tant il y a que j'étais excessivement volumineux pour mon âge ; ce qui ne m'a pas empêché d'être depuis assez chétif et souffreteux. — Faites, après cela, des conjectures sur les dispositions précoces.

« Ce qui eut cours en mes premières années sont choses communes à tous. L'enfant montra d'abord d'assez mauvaises dispositions : il était violent et brutal, bousculant ses frères ; l'on n'en augurait rien de bon. Il atteignit ainsi l'âge où son père (homme de sens pourtant) jugea à propos d'envoyer ses enfants au fond d'une vallée presque déserte de la Picardie, pour leur faire connaître de bonne heure, disait-il, la dure vie des champs.

« Je ne sais ce que mes frères y apprirent. Quant à moi, j'oubliai bientôt et mes parents et Paris, et ce que notre bonne mère avait pris tant de soin de nous montrer de lecture et d'écriture. Je devins, en revanche, habile à dénicher les nids, ardent à dérober les pommes. Je mis la persistance la plus opiniâtre à faire l'école buissonnière, — car il y avait une école en ce pays-là, — et si le magister a rarement vu ma figure, il n'en saurait dire autant de mes talons. J'errais alors à l'aventure, parcourant les bois, barbotant dans les mares. C'est là, sans doute, que j'aurai contracté ce grain de sauvagerie qu'on m'a tant reproché depuis, et dont le frottement civilisateur auquel les hommes aujourd'hui bon gré mal gré sont soumis n'a pu me dépouiller totalement. — Je ne prendrais pas la peine de coucher sur le papier de pareilles puérilités, si je ne savais de reste combien les moindres particularités intéressent dans la vie des hommes *célèbres*. — Je reviens à mon sujet. — Ayant vu faire à de petits paysans d'informes figures en craie, j'en taillais moi-même volontiers; mais, dans ces ouvrages, le croirait-on? je me soumis aux règles reçues. Le génie ne se révéla pas : l'esprit d'innovation ne m'avait pas encore apparemment soufflé son venin.

« Après trois années environ de cet apprentissage rustique, roussi par le soleil, suffisamment aguerri à aller nu-tête et parlant un patois inintelligible, je fus ramené à Paris dont je n'avais plus nulle idée. J'y fis longtemps la figure que fait un petit renard attaché par le col au pied d'un meuble.

« Ma pauvre mère, à qui ce mode d'éducation déplaisait horriblement, parvint enfin à m'apprivoiser et décrasser un peu, et je fus livré à l'inexorable latin. — Durant des années, les bois, les *larrils*, les *courtils* [1], me revinrent en mémoire avec un charme inexprimable; parfois, les larmes m'en venaient aux yeux.

« Peu à peu le goût du barbouillage s'empara de moi et ne m'a plus quitté depuis.

« A la pension, je me liai d'amitié avec un camarade gentil d'esprit et doué d'heureuses dispositions (Philibert Bouchot, mort tout jeune); et, dès que je le pus faire, j'entrai comme élève chez son père qui était peintre. M. Bouchot me donna quelques bons avis; je lui dois des observations utiles; j'appris chez lui un peu de géométrie, d'architecture et de perspective. Je le quittai néanmoins, et fus reçu dans l'atelier de M. Abel de Pujol, que son bon tableau du *Martyre de saint Étienne* venait de placer au rang de nos meilleurs peintres. — Je travaillai volontiers dans les commencements. Malheureusement, le maître, bon et indulgent, absorbé d'ailleurs par ses travaux, était peu propre à me faire comprendre l'utilité, l'importance même des études dont je n'apercevais guère que la monotonie. Le dégoût me vint, et je quittai l'atelier. — J'essayai chez moi quelques petits tableaux : on me les acheta, et dès lors mon éducation de peintre fut manquée. Toutefois, je dus beaucoup à un amateur né avec une imagination et une ardeur d'artiste : M. le baron d'Yvry, par ses bons avis et sa verve chaleureuse, me

---

1. *Larrils, courtils*, mots patois : *friches, herbages.*

tira plus d'une fois de l'apathie et du dégoût, ou plutôt du découragement où je tombais de temps en temps ; depuis mon début jusqu'à sa mort, cet homme aimable et distingué m'honora de sa bienveillante amitié.

« J'ai fait successivement plusieurs voyages, en Suisse d'abord, puis dans le midi de la France, plus tard dans le Levant, et, en dernier lieu, en Italie ; mais le midi de la France conserva toujours sa bonne part dans ma prédilection. — Je tâtai divers genres, marchant à tâtons, chancelant, trébuchant aux ornières et aspérités du chemin, et m'accrochant aux ronces et buissons qui le bordent : sans direction, sans théorie, semblable enfin à un navigateur sans boussole, et m'épuisant quelquefois à poursuivre l'impossible. — Sorti par ricochet de l'école de David, je me trouvai nu et désarmé ; car, malgré les puissantes et incontestables facultés de ce peintre, l'absence de toute observation sérieuse, le mépris et l'oubli de toute tradition, fermaient l'avenir à ses errements : — « Voyez la nature! voyez l'antique! » Formule de l'enseignement d'alors, que le moindre examen réduit presque aux proportions d'une niaiserie. S'il ne s'agit que d'ouvrir les yeux, le premier rustre le peut faire ; les chiens aussi voient. L'œil, sans doute, est l'alambic dont le cerveau est le récipient ; mais il faut savoir s'en servir : nul n'est chimiste pour posséder des cornues, il faut apprendre à voir ! Là est la théorie, là est aussi le titre glorieux de M. Ingres à l'admiration et à la reconnaissance des vrais artistes : il a bien vu et montré ce qu'il est important de voir. Son enseignement est tellement et si rigoureusement vrai, que les organisations les plus disparates y doivent trouver leur compte. Son principe est si radicalement fondamental et générateur, qu'on l'a vu poindre successivement dans les œuvres de ses plus violents détracteurs. Tant il est certain que toute vérité surnage! — J'ai toujours amèrement regretté de n'avoir pu, en temps convenable, profiter de ses précieuses leçons. Je compris et devinai presque la puissance de son moyen ;

mais il était trop tard déjà, et mes yeux à peine ouverts à la lumière... le mal affreux sous lequel je succombe m'est venu terrasser.

« Dans l'enseignement, toute théorie a une valeur si elle émane d'un esprit juste : c'est le bâton de l'aveugle. L'absence de tout principe est seule un mal. Chaque maître part d'un point théorique, et Rembrandt fut peut-être le seul artiste qui sut formuler du premier coup sa théorie et sa pratique sans aucun appris : aussi, pour n'en être pas le plus grand, doit-il être considéré comme le plus extraordinaire des peintres.

« En voilà bien long. — Toutes ces choses sont dans la tête de tout véritable artiste, et je me demande quelle nécessité d'écrire tout cela. Mais il faut bien remplir mon papier. Et que font les autres hommes, sinon dire et redire ce que d'autres hommes ont dit avant eux? Ces digressions m'ont éloigné de mon sujet : j'y reviens donc.

« J'essayai divers genres. Lorsque j'exposai cette grande esquisse de *la Défaite des Cimbres* (que je donnai conjointement avec un *Corps de garde turc*), je pensai fournir là un aperçu de ce que je pouvais concevoir ou faire. Quelques-uns, le petit nombre, la parcelle, approuvèrent fort; mais la multitude, l'immense majorité qui fait la loi, n'y put voir qu'un gâchis, un hachis, suivant l'expression d'un peintre alors célèbre et que la France aujourd'hui regrette, à ce que j'ai su quelque part.

« Quant à la critique imprimée (je parle de celle qui se lit), celle-là m'a toujours traité en enfant gâté, et, sur ma vie! je suis encore à deviner pourquoi j'ai été plus ménagé que tel qui me vaut bien. C'est au point que, dans l'opinion de beaucoup, je passe pour vivre avec elle (la critique) illicitement peut-être. Je me souviens même d'une gravure ou lithographie, dont l'auteur me représente serrant avec effusion les mains d'un écrivain, critique célèbre, que je n'ai malheureusement vu et connu pour la première fois que l'an passé. A dire vrai, je suis peu sensible aux comptes-rendus, abstraction faite (bien entendu) des éloges, desquels, comme tous mes confrères, naturellement, je demeure insatiablement affamé.

« Je ne crois pas devoir taire une particularité qui fut pour les dix-neuf vingtièmes dans ma célébrité *justement méritée*. La manie des animaux, qui m'a possédé et me tient encore un peu, celle des chiens surtout et des singes en particulier, m'a poussé à fabriquer des tableaux, dont ces intéressants animaux font les personnages. — Ces petits chefs-d'œuvre, reproduits, — non, — mais traduits, ou plutôt interprétés par la gravure, m'ayant d'abord mis à ma place, serviront un jour à donner à la postérité la plus reculée l'idée la moins exagérée de ma capacité et de mon savoir-faire. Tant il y a que je suis le peintre des singes, et bien connu pour tel; ce qui sent un peu sa popularité et ne saurait se trop payer. J'en fais pourtant encore de temps à autre. — Je n'entrerai certainement pas dans le détail de mes productions, nomenclature insipide pour moi, inutile aux autres; — d'ailleurs les catalogues sont là. Je vous ai parlé des *Cimbres* parce que ce sujet est caractéristique de la voie que je comptais suivre; mais le peu d'encouragement que je trouvai d'abord, le caprice, le désir de plaire à tous, que sais-je encore? m'en ont plus ou moins détourné. — Je demeurai claquemuré dans mon atelier, puisque nul ne prenait l'initiative de m'en ouvrir les portes; et, malgré ma répugnance primitive, je fus condamné au tableau de chevalet à perpétuité. Je vis avec chagrin tous mes confrères chargés successivement de quelque travail sur place. Là était mon lot, là était mon aptitude : pour moi, un tableau à l'effet était un tableau fait; un tableau de chevalet ne l'est jamais. Et pourtant je forçai ma nature. Sans doute, les chétives productions qu'enfantait mon génie étaient peu propres à donner de mon imagination une idée bien relevée. Je le sentais, et je donnai le jour en diverses fois à de grands dessins et compositions; mais ce fut en vain. — On me demanda un tableau de chevalet, alors que j'en avais par-dessus la tête. Je l'entrepris néanmoins, mais avec amertume, et j'allais, après un long laps de temps, y mettre la dernière main, lorsque le mal affreux sous lequel je succombe vint anéantir mes espérances.

« J'exposai, il y a une dizaine d'années, une série de dessins vivement exécutés, et par des procédés divers (*Histoire de Samson*). — J'espérais démontrer que j'étais susceptible de développements. Ces compositions, très-diversifiées de contextures et d'effets, présentaient cependant un ensemble homogène dans sa variété ; difficulté vaincue qui passa parfaitement inaperçue. Les dessins furent fort loués, sans doute, au delà même de leur mérite, certainement; un amateur distingué me les acheta généreusement; mais ni l'État ni aucun de nos Mécènes opulents n'eurent l'idée de me demander un travail de ce genre. Et pourtant l'esprit d'invention ne me manquait pas, et j'aurais autrefois tiré parti de l'idée la plus saugrenue si l'on m'eût accordé une salle quelconque. Ce que j'eusse produit eût été fort attaquable, j'en conviens; mais enfin, organisé d'une manière particulière, ce que j'eusse produit fût un peu sorti de ce système de plafonnage usité. Cela méritait pourtant qu'on y songeât; mais, bah ! avec la prétention de marcher à la tête de tout progrès, nous sommes peut-être le peuple le plus routinier de la terre.

« Sans me mettre au niveau de cet excellent artiste, j'eus le sort de Barye. Ce génie piquant et original, aux aptitudes et études spéciales, qui eût décoré nos places de monuments uniques dans le monde, se trouve trop heureux de pouvoir formuler ses idées dans les maigres proportions d'un *surtout* d'un usage impossible ; et finalement, il est triste de constater qu'un talent qui, seul peut-être, eût pu doter son pays d'un monument vraiment original, se vit réduit à la fabrication de serre-papiers. — Quant à moi, j'ai la conviction que la nécessité où je me suis trouvé de ne produire que des tableaux de chevalet m'a totalement détourné de ma voie naturelle. — « Nous « n'avons rien fait pour vous, me disait naïvement, en 1839, « un directeur alors fort influent, parce que, le public aimant, « appréciant vos ouvrages, vous n'aviez nul besoin de nous. » Après une pareille déclaration, que faire, sinon prendre son chapeau, saluer et disparaître? — C'est ce que j'ai fait. — Le mot de l'énigme est qu'il fallait demander, solliciter, se faire appuyer : toutes manœuvres pour lesquelles je n'avais nulle aptitude; non par orgueil, comme on pourrait le supposer, mais par une sorte de honte et de répugnance tout à fait insurmontable.

« La seule particularité que je puisse citer, qui me soit personnelle, c'est de n'avoir jamais (dans l'acception la plus rigoureuse de ce mot) copié un pouce carré de peinture quelconque, non de parti pris, mais par suite d'un vague instinct de répulsion tout à fait incompréhensible; car j'aimais la peinture par-dessus toute chose, et je me reprochais souvent cette lacune de mes études.

« J'ai toujours pris le plus grand plaisir à considérer toute peinture, et celle-là devait être bien mauvaise où je ne trouvais pas quelque chose qui me plût. — Cette passion des tableaux me donna seule le goût du travail; car, Monsieur, je suis né paresseux, et il m'a fallu, je vous jure, le désir bien grand de vous obliger pour m'en avoir fait écrire aussi long. — Je n'ai, d'ailleurs, jamais rien tant redouté qu'une plume : cela se fait bien voir à la manière chancelante dont je m'en sers.

« Agréez, Monsieur, l'assurance de ma considération distinguée.   Decamps.

« 15 novembre 1854. »

Pour expliquer exactement la vie et l'œuvre de M. Decamps, il est nécessaire de jeter un coup d'œil sur l'agitation de l'école française vers la fin de la Restauration. L'Académie des beaux-arts, menacée dans ses routines et ses priviléges pédagogiques par l'insurrection d'une nouvelle génération d'artistes, dirigeait particulièrement ses coups sur M. Eugène Delacroix, son jeune chef, son drapeau vivant, pour mettre ses rangs en déroute. Les romantiques les moins enthousiastes, ceux-là même qui avaient des objections sérieuses à faire à l'auteur du *Massacre de Scio* et de la *Mort de Sardanapale* exaltaient son génie avec la plus grande violence en voyant que l'Académie le poursuivait entre tous de ses haines et de ses outrages. On ne parlait que de lui dans les deux camps et dans le public : les uns le portaient aux nues, les autres l'auraient jeté dans un cul de basse fosse. « Je ferais couper les mains à Delacroix pour l'empêcher de peindre, si j'avais assez de pouvoir, » disait un personnage éminent et tombé dans l'oubli.

Il n'y a point de fumée sans feu et de gloire sans bruit; aussi l'importance actuelle de Delacroix, d'ailleurs si légitime, est-elle plutôt résultée du retentissement de ces débats et du dévouement politique de ses jeunes confrères qui se défendaient en le défendant, qu'elle n'est venue de l'intelligente admiration de la France; car un pays, au lieu d'applaudir librement à l'œuvre d'un novateur, ne fait guère autre chose que répéter comme un écho les noms qui lui sont imposés à son insu par les manœuvres des partis et les tirades des feuilles publiques.

C'est aussi en ce temps-là, je l'ai dit précédemment, que M. Ingres apparut à l'Académie perdant la tête, comme un libérateur de pis-aller. Il était à peu près inconnu, sans valeur, retiré en Italie depuis 1802 dans une impuissance pleine d'amertumes, dans une misère avide de soulagements et de compensations, au sein d'un ménage trivial, mais uni et volontaire. Comme ce malheureux artiste n'avait fait en France que de rares, fugitives et stériles apparitions en vingt-deux ans, le discrédit qui frappait les ouvrages passés de mode des derniers élèves de David devait épargner ses tableaux qui, malgré leur médiocrité, se distinguaient par quelques traits d'exécution empruntés aux vieux maîtres de Rome et de Florence [1]. Son caractère à la fois bourru, cassant, insidieux et obstiné sembla de l'énergie, et l'Institut, à bout d'expédients, en vint à se dire : « Voilà le gendarme envoyé par la Providence pour défendre contre les derniers efforts de l'émeute la porte à demi forcée du sanctuaire. » Il était temps; M. Ingres complotait déjà dans les rangs ennemis.

La jeunesse, généreuse dans ses illusions, imprudente dans ses colères et aveugle dans ses dévouements, prenait aussi pour argent comptant les avances de M. Ingres qui la priait de lui faire la courte échelle en simulant les idées romantiques et le mépris des tyrannies officielles. Heureuse du nouveau prétexte de faire pièce aux académiciens, cette jeunesse les hélait ainsi : « Faites les bons tableaux de M. Ingres, nous applaudirons! » Surprise comme une prude dans les ténèbres, l'Académie reçut dans ses bras le médiateur sournois qui lui semblait conjurer pour le moment les périls de la situation.

Cependant deux artistes actifs et avisés qui différaient également l'un de l'autre par leurs ouvrages, MM. Delaroche et Decamps, prirent deux places de doublures entre MM. Ingres et Delacroix dont les renommées avaient grandi et tant grandi aux deux extrémités de l'école française par ces discussions fiévreuses. Je m'en tiendrai dans cette *Étude* à M. Decamps.

Outre les questions agitées contre l'Académie touchant le style, le choix du sujet et la liberté de l'impression, restait à vider celle qui portait sur les procédés de l'exécution pure. Les pro-

---

1. Une certaine manière suave d'étendre la couleur et d'établir sur la toile l'homogénéité de la pâte, à l'exemple de Raphael et d'André del Sarte. Mais un homme sans élévation d'esprit, qui voudrait être comparé à Pascal par ce seul fait qu'il serait parvenu à imiter sa signature et son paraphe nous ferait certainement rire. Voilà le cas où se trouve placé M. Ingres à l'égard des maîtres italiens.

fesseurs surannés ne voulaient à aucun prix se départir de leurs recettes invariables dont la plus rigoureuse était, entr'autres, celle qui ordonnait au peintre de frotter les ombres et d'empâter les lumières. La palette n'admettait qu'un certain nombre de couleurs rangées par ordre hiérarchique, la touche avait aussi ses lois inflexibles. Les caprices, les impressions, les élans du tempérament de l'artiste ne trouvaient pas la moindre échappatoire à cette exécution-type dans laquelle il était comprimé comme un fou dans sa camisole de force.

M. Decamps, qui avait déserté avant le temps l'éducation du collége et n'avait pas appris grand'chose à l'atelier, comme il le dit lui-même, chercha les expédients et les palliatifs réparateurs : ce n'est pas en modelant des pavés chez M. Bouchot, ni en peignant des accessoires chez M. Abel de Pujol qu'il pouvait enthousiasmer Paris. Plus curieux et avisé que studieux et réfléchi, plein de tact et de ressources naturelles, actif, énergique, persévérant, juge précoce de son temps, il comprit à quel point il lui était nécessaire de faire voir, n'importe par quel moyen, quelque chose de nouveau à ce public blasé à mort sur les exhibitions courantes. Il rêva d'originalité, d'effets imprévus, et résolut de régénérer l'exécution pittoresque par des coups insolites où le hasard jouait le premier rôle. Les artistes qui réclamaient naïvement la liberté de peindre à leur manière l'exaltèrent bientôt comme un maître original qui venait briser, au profit de tout le monde, les entraves de la peinture. Pendant que Delacroix, Barye, Sigalon et tant d'autres délivraient leur esprit de l'oppression pédantesque, Decamps travaillait à l'affranchissement culinaire de sa palette. Le jury mit ses tableaux à la porte des Salons d'exposition; de là grand bruit et grande renommée pour lui. Le voilà un personnage illustre.

Il parcourait, pour faire à la sépia, à l'aquarelle, bon nombre de sujets familiers et piquants empruntés à la vie vagabonde des faubourgs, les buttes Montmartre et Saint-Chaumont, les bords du canal de l'Ourcq, buissonnait dans la plaine Saint-Denis, sur les coteaux de Pantin, et flânait à travers le clos Saint-Lazare, autrefois si pittoresque, aujourd'hui tant changé par les nouvelles constructions et par la ligne de fer qui passe près du boulevart des Vertus.

Ce clos Saint-Lazare, — si bien nommé par la fatalité, puisqu'il est devenu, pendant les mémorables et à jamais sinistres journées de juin 48, l'abattoir des prolétaires, — étendait, il y a quelques années, ses accidents calcaires et ses terrains vagues de la grille Poissonnière à la place Lafayette. Cette vaste et capricieuse étendue était continuellement bariolée des personnages les plus bizarres : les célibataires paresseux y venaient promener leurs chiens malades qui se médicinaient dans les herbes, les gamins criards et batailleurs jouaient et se jetaient des pierres; les bohémiens de l'industrie cuvaient au soleil leur vin bleu, les savoyards montraient leur marmotte pour un petit sou et les vielleurs faisaient danser sur une planche les pantins, les polichinelles et les singes couverts de paillettes et de loques de pourpre.

L'artiste s'inspirait de ces bizarreries attirantes; mais il les traitait par le côté le moins naïf, s'attachant à l'étrangeté du costume, à la poésie du haillon, au lieu de poursuivre de toute son âme la vérité des gestes, l'expression des physionomies, le côté le plus touchant des scènes du ruisseau par lequel Ostade, Brawer, et de nos jours Daumier, ont rendu la pauvre canaille si intéressante pour nous.

Semblable à la plupart des jeunes hommes qui n'avaient pour toute méthode et pour tout guide que leurs instincts, leur caprice ou leur ambition, Decamps faisait les plus grands efforts pour imprimer beaucoup de caractère et de tournure à ses petits tableaux et pour s'élever par le génie des expédients à des hauteurs où l'artiste n'arrive que par la certitude du savoir. Il s'appliquait aussi d'une manière très-heureuse, mais trop souvent mesquine, aux choses les plus faciles à rendre et de nature à frapper vivement les yeux vulgaires : les chapeaux, les chaussures, le bois, la pierre, la paille, le pelage des animaux. En ce temps d'innovations plus ou moins sérieuses, où chaque artiste cherchait en soi quel coup décisif il pourrait porter aux recettes officielles, Decamps crut faire oublier en un jour tous les procédés antérieurs : il s'inquiéta beaucoup pour ses dessins et ses aquarelles de la qualité du papier, de sa nuance, de son grain, de son épaisseur, et rumina nuit et jour tous les moyens de l'attaquer pour obtenir des reliefs ou des transparences ; il recherchait avec les allures soucieuses d'un alchimiste toutes les variétés de crayons et de pinceaux, soupesait au plus fin les quantités d'eau à mêler à ses lavis, et ajoutait de nouveaux mots au vocabulaire technique pour baptiser ses opérations : *draguer*, c'était traîner le pinceau à peine humecté et chargé de sépia sur le papier, afin d'en laisser des parties intactes sous les touches ; *estamper* voulait dire presser sur le dessin un morceau d'étoffe ou de dentelle trempé dans la couleur, dans le but de produire des treillis et des caprices bons à développer par un travail définitif.

Cet art culinaire n'était encore qu'en enfance dans des dessins d'un ton neutre et dans des aquarelles où les épaisseurs matérielles de la pâte n'ont pas à intervenir. Ses premiers tableaux à l'huile, notamment *Don Quichotte* et *Sancho*, tiennent en quelque sorte aux procédés de l'aquarelliste encore fort loin d'avoir combiné cet attirail d'artifices que l'on a remarqué plus tard dans le *Bazar* et le *Boucher turc*. Il est très-certain même que les tableaux de la jeunesse de l'artiste font bien moins d'effet que n'en produisaient ses lavis, parce qu'il n'avait pas encore dans les procédés de l'huile son expérience acquise sur le papier. En *draguant* sur sa feuille de torchon et de demi-torchon, en la grattant jusqu'à l'épuiser et la crever, en la rapiéçant après comme une culotte de pauvre, il atteignait un prestige de vigueur et de ressort qui m'a frappé singulièrement.

Il n'est pas à dire pour cela que les premières toiles de M. Decamps soient le plus à dédaigner dans son œuvre, au contraire : l'on n'y trouve pas ces affectations de praticien par lesquelles il a cherché plus tard à nous surprendre et à fausser la naïveté de nos impressions. Sans doute il sacrifiait déjà beaucoup au métier et s'adressait plus à l'œil qu'à l'esprit du spectateur, mais il ne s'évertuait pas, comme il l'a fait depuis, à tirer des *ficelles*. Ses chenils, ses savoyards, ses bûcherons et ses barques de halage avaient beaucoup de charme et de caractère. Les reproches qu'on pouvait lui faire sur l'abjection de ses sujets n'avaient pas de portée ; les maîtres flamands et hollandais nous touchent précisément par l'humilité de leurs personnages : ces fumeurs, ces ivrognes, ces chiffonniers et ces mendiants vivront éternellement dans la mémoire des hommes, tandis que les sottes compositions exécutées dans l'idée d'une fausse noblesse et couronnées par les Académies serviront un jour de paravents et moisiront dans les galetas.

La jeune école, qui exaltait à outrance le caractère et l'originalité des ouvrages de M. Decamps, et ne tarissait pas d'éloges sur son ragoût, sa pâte, sa demi-pâte, sur la finesse, l'éclat, la vibration de ses tons, l'esprit, l'énergie et la solidité de sa touche. Ces excès d'enthousiasme provoquèrent sans doute l'artiste à exagérer sa manière. Les compliments sont des poisons. Dès lors la peinture devint pour lui un fonds inépuisable de tentatives et de tourments par suite desquels il espérait probablement augmenter son prestige et qui ne contribuèrent pas peu à irriter son humeur irritable. Si dans son enfance il était « violent, brutal » et s'il « bousculait ses frères », il devait à cette heure battre le singe qui lui servait de modèle, la pauvre bête !

En abusant d'une note par laquelle Léonard de Vinci recommande au peintre de faire quelquefois attention aux formes étonnantes que peuvent lui susciter la vue des murailles lézardées ou polluées et l'aspect changeant des nuages, M. Decamps se donna tout entier à des recherches fantastiques. Il espérait assurément faire oublier, par des trouvailles inouïes, les effets voulus et les combinaisons longuement méditées par les grands maîtres. Ignorant la nature extérieure et les mille et mille rapports qui existent entre elle, le corps et l'âme de l'homme, il ne crut pas nécessaire d'interroger le modèle vivant; mais claquemuré au fond de son atelier, il se plongea dans le vertige des visions. Semblable aux ézéchiastes, qui restaient des journées entières tout nus à se regarder le nombril, et qui voyaient enfin venir de leurs yeux éblouis et lassés les célestes apparitions, il poursuivait, couché par terre, longtemps, longtemps, d'un regard fixe les images étranges et subtiles qui voltigeaient dans les nuages bleus de sa pipe ou se tordaient, comme les âmes du purgatoire, dans les flammes jaunes, rouges et vertes du foyer.

Il entrevoyait les grands rochers des *Cimbres* et les montagnes d'Ascalon dans les morceaux de sucre jetés en désordre sur le carreau de l'atelier, et il disait un jour, avec une curiosité maladive, à un ami qui se promenait à son bras autour d'un vivier de Fontainebleau, plein de ces herbes qui montent des bourbes à la surface de l'eau : « Ah ! si je pouvais passer une heure couché sur le dos au fond de ce vivier, je tirerais de ce tas d'herbes de magnifiques forêts vierges ! » Mais en exerçant ainsi son imagination dans un sucrier à escalader les montagnes, en s'exaltant sur des herbages pour rendre la majesté des forêts, au lieu de prendre pour point de départ de ses inspirations les forêts et les montagnes elles-mêmes, il marchait à grands efforts au rebours de la Nature et de la Poésie et arrivait tout au plus du petit au médiocre et non pas du grand à l'immense et de l'immense à l'infini.

Voilà de quelle manière M. Decamps faussait tout ce qu'il y avait en lui de vrai et de sincère et n'excitait que la partie la plus artificieuse de son imagination. En s'émerveillant aussi devant des trouvailles faites sans études, en un moment, il perdait de vue cette application intellectuelle nécessaire à l'artiste qui veut tout accentuer fortement, et qui ne s'élève que par le travail le plus assidu. C'est surtout dans la jeunesse qu'il faut, à force d'exercice, réussir à dominer les difficultés du métier de telle manière qu'elles ne viennent plus arrêter un seul moment dans l'âge mûr l'expansion des idées.

MM. Horace Vernet et Delacroix, deux natures bien différentes, mais toutes deux si productives, ont eu toute leur vie une plume, un crayon ou un pinceau à la main pour peindre ou dessiner à toute heure chez eux, chez leurs amis, au café, dans la rue, dans les champs ou en voyage ; ils n'ont cessé de s'exercer en laissant partout où ils restaient un quart d'heure des signes de leur fécondité sur le premier morceau de papier qui tombait sous leur main. Toutes ces images soudaines qu'ils abandonnaient au premier venu pour en faire aussitôt de nouvelles, ils ne les produisaient pas ainsi pour en commercer, mais dans le seul but de rendre ce qui leur passait par l'esprit. Je ne connais guère de dessins de M. Decamps, et j'en ai vu certainement beaucoup, qui ne semblent faits pour sa clientèle : la feuille de papier est choisie, le sujet se trouve dans le milieu, les marges ménagées appellent le cadre doré et les enchères de l'hôtel des ventes.

Je sais bien que M. Decamps griffonne toujours quelque chose et qu'il remplit ses calepins, mais à voir les Israélites poursuivre depuis si longtemps ses moindres râclures, on juge de reste qu'il n'a pas travaillé dans le but principal de s'instruire. Aussi en est-il resté à déplorer lui-même son insuffisance, et je suis le premier à honorer profondément en lui cette sincérité. Voilà pourtant ce que c'est que d'avoir été de bonne heure gâté par une renommée brillante, inattendue ! la maturité arrivée, on n'a plus le temps de recommencer son éducation par des exercices incessants et gratuits ; mais il faut soutenir sa gloire par de vaines affectations de science et de fécondité.

Après avoir une bonne fois résolu de suppléer par les caprices du hasard les savantes combinaisons, M. Decamps me semble avoir tiré de ses découvertes fortuites le parti le plus raffiné : quand la ligne horizontale qui doit séparer le ciel de la partie solide du tableau était par lui fixée, il pouvait, au-dessous de cette ligne, pêcher victorieusement en eau trouble, tirer, à l'occasion, de ses résidus de palette étalés au couteau sur la toile comme la confiture étendue sur le pain des petits enfants, des roches grenues ou frisées, des flaques d'eau, des plantes, des mousses, des buissons, de vieux troncs d'arbres, des hommes ou des animaux. Il choisissait entre ces apparences vagues celles qui lui plaisaient le mieux pour les accentuer et les parfaire, et effaçait les autres par des barbouillages adroits.

Lorsqu'il n'a pas puisé ses motifs ou ses figures dans les dessins et les gravures des maîtres, ce qu'il a fait trop souvent et trop librement peut-être, comme je le prouverai tout à l'heure, il s'est borné à peu près à suivre les indications du hasard dans la plupart de ses ouvrages, passant du singe à l'éléphant, de l'âne au tigre, du bédouin au chasseur, d'*Éliézer et Rébecca* aux chenils et aux boule-dogues, de *Joseph vendu par ses frères* à des troupeaux de canards, de la *Défaite des Cimbres* à des *Chevaux de halage*, de ses *Joueurs de cartes et de boules* à ses épisodes de la vie de Samson, de l'*Homme qui cherche des truffes* sans lanterne avec un cochon, à son *Diogène* qui n'a trouvé que des blanchisseuses dans une truanderie de La Villette.

M. Decamps s'attachait toujours à vanter outre mesure les parties mort-nées de ses découvertes, et à cacher la source de ses petites réussites. Montrez-moi beaucoup d'artistes désolés de parvenir en voyant le voisin faire fausse route! Mais, de tous ces moyens pittoresques, aujourd'hui connus comme le secret de Polichinelle, le pire, sans contredit, est celui qui porte M. Decamps à peindre le ciel après toutes les parties consistantes de ses tableaux. Voyez entre autres : *Joseph vendu par ses frères*, *Une rue de village en Italie*, *Eliézer et Rebecca*. Ces ciels si crus dont on a si souvent loué la profondeur et la lucidité, ne s'accordent pas avec la terre. Les premiers plans défendent au spectateur l'entrée du sujet par leurs ténèbres infranchissables; les objets noircis à force de glacis bruns, les eaux bitumineuses, ces eaux de Styx, n'empruntent pas de reflets à la lumière du firmament. Quand on regarde de près toutes ces petites toiles, on s'intéresse tout d'abord à l'étrangeté de l'exécution; mais si on les examine d'un peu loin, leurs parties insolidaires se disloquent et tombent en pièces.

Ç'a été véritablement un désastre pour l'artiste que d'avoir accroché l'un à la suite de l'autre ces cinquante tableautins à deux cloisons parallèles du Palais des Beaux-Arts, quelques jours avant l'ouverture publique de l'*Exposition universelle* : les connaisseurs ont vu là le célèbre coloriste dans l'absolu de sa monotonie. Les paysages de Théodore Rousseau, intercalés ensuite de distance en distance, n'ont pas effacé la mauvaise impression. Ces deux files de Decamps d'une harmonie brun-fauve et tachetées de blancs empâtements, m'ont toujours fait l'effet de deux ruisseaux de nicotine chargés d'écume. « Il a fallu, pour faire tout ça, pas mal de jus de chique, » disait naïvement à mes oreilles un matelot.

On a pourtant raffolé longues années, — mais l'humeur change, — de ces peintures bâties à coups de truelle, de ces amas de rochers et de murailles peuplés, comme par grâce, de figurines capricieuses cherchées au petit bonheur par le peintre hésitant et si péniblement arrêtées par le peintre volontaire. Les billets de banque pleuvaient sur lui, et Sigalon, qu'aujourd'hui la France regrette, n'avait pas deux sous de tabac à fumer après avoir fait *Locuste*, *Athalie*, et, pour comble de malheur, un intendant des Beaux-Arts du roi Louis-Philippe le mettait à la porte comme un intrigant vulgaire en lui disant : « Vous reviendrez quand vous saurez votre métier. » Voilà le sort des hommes de mérite abandonnés par un gouvernement à l'insolence de ses valets. Une des gloires de M. Thiers est d'avoir tendu la main à

Sigalon; mais, hélas! il était déjà trop tard, la misère avait miné l'artiste.

Ce qu'il y a de plus frappant, ai-je dit, dans l'ensemble des ouvrages de M. Decamps, c'est la monotonie de la couleur. La nature abonde en effets variés par la seule logique de ses propres lois; l'artiste de génie évite l'uniformité par la naïveté de ses impressions et par la simplicité même de ses procédés; mais un peintre en quête de moyens nouveaux et factices retombe toujours à son insu dans une invariable impuissance. Ce n'est pas le courage des tentatives qui du moins a manqué à M. Decamps. Voyez comme il s'efforce de ne jamais travailler de la même manière : tantôt il commence à faire une espèce de grisaille où le ton violet domine pour servir de base à des tons francs et solides, tantôt il ébauche sa toile vierge au moyen de bruns transparents comme s'il en voulait tirer une sépia; une fois, armé d'un torchon, il frotte vivement dans un fond rouge fraîchement préparé toutes les places qu'il destine aux clairs du tableau, à commencer par les demi-teintes jusqu'aux lumières les plus intenses; une autre fois il cherche avant tout ses personnages à coups de crayon blanc, fixe les contours à la mine de plomb ou à la plume, s'il craint de les perdre; enfin il lui arrive de dessiner et de peindre en même temps, s'il se présente des moments d'entrain et de certitude.

Mais toujours et quand même il semble multiplier à plaisir les complications; il travaille comme un possédé à extraire de ses couleurs l'huile dont il redoute les infiltrations délétères qui poussent à la longue au jaune et au noir les couches du tableau; il épuise toute espèce d'ustensiles absorbants, éponges, chiffons, rondelles de pommes de terre; il met ses esquisses au séchoir comme la blanchisseuse ou dans un four comme le boulanger.

M. Decamps, déjà si complexe dans l'aquarelle, est bien un autre homme dans la peinture à l'huile : là, les difficultés ne peuvent être vaincues simultanément ni une à une, au gré du vouloir, du caprice ou des boutades de l'artiste. Comme il ne peut pas à la fois empâter, glacer, frotter ses tableaux, employer les siccatifs et les mordants, il faut bien qu'il se résigne à supporter les longs intervalles qui s'écoulent de l'une à l'autre de ces opérations, tandis que dans la gouache, et dans tout autre lavis, les parties sont presque aussitôt séchées qu'exécutées, ce qui le sauve de ces attentes qui interrompent ses inspirations, le tourmentent, l'exaspèrent, et l'accablent de ces malheurs et de ces dégoûts dont il est encore à peine concevable qu'il ait pu se tirer avec quelque discernement.

Le hasard l'a souvent entraîné comme un cheval rétif qui emporte son cavalier : Il y avait je crois primitivement dans un de ses tableaux exposé au salon de 1846, intitulé : *Souvenir de la Turquie d'Asie*, une rue, un porche et un âne : tantôt c'était l'avant-train de l'animal qui n'allait pas, tantôt c'était la croupe. Après mille essais inutiles l'artiste fit de tout cela un canal où nagent des canards (qui par parenthèse, a-t-on dit, *semblent nager dans la pierre*) et des enfants qui les regardent. Parfois il ouvre, avec les efforts de vingt démolisseurs réunis, une fenêtre dans l'épaisseur énorme d'un mur qu'il vient de bâtir; semblable enfin à Moïse, il tire au besoin une flaque d'eau d'une pierre de taille. Il ne sait pas le plus souvent quel sera le tableau à sa dernière métamorphose,

> Sera-t-il dieu, table ou cuvette?

Après avoir conquis la plus grande réputation d'originalité au milieu des exhibitions romantiques par sa famille de chiens malades appelée : *Opital des Galeus*, par son *Corps de garde turc* et par la *Défaite des Cimbres*, M. Decamps a surtout brillé par les principaux sujets orientaux qu'il a répandus à profusion pendant trente ans, et dont je soupçonne fortement l'authenticité. Il avait séjourné fort peu de temps en Orient et fait sur ce pays un bien petit nombre de croquis; ce fait est connu. Cela me porte à croire, et beaucoup d'artistes pensent comme moi, que la plupart de ces scènes orientales sont tirées du voisinage des carrières de Montfaucon. Seulement les accidents calcaires, les échoppes et les chantiers de construction auront subi des transformations pittoresques; les voyous errants des faubourgs de Paris auront aussi reçu des lettres de naturalisation albanaise ou smyrniote écrites par la main de l'artiste à coups de crayon et de boulettes de pain. Il ne lui manquait rien du reste pour les habiller, dans cet arsenal d'armes et de costumes qu'il possédait, et que nous mentionnons en détail d'après le catalogue de l'Hôtel des ventes [1].

Ostade, Cuyp, Ruysdaël, Craesbecke et Pierre de Hooghe sont devenus de bien grands maîtres en travaillant simplement dans leur pays, et ils n'ont jamais cherché pour nous émerveiller à paraître revenir du Canada ou du Congo. « A beau mentir qui vient de loin. »

M. Decamps a vraiment grandi à l'orientale dans les éloges des écrivains de notre temps, et peut-être s'est-il aveuglé dans les

---

1. Vente des armes, costumes, etc., composant l'atelier de M. Decamps, 21, 22, 23 avril 1853 :

Fusil kabyle à capucines d'argent, et son étui. — Autre fusil de chef, incrusté avec demi-étui et mesure à charger. — Fusil albanais, garniture d'argent. — Fusil anglais à canons superposés. — Carabine navaraise. — Carabine de chasse à silex. — Carabine à piston. — Canardière garnie en argent, époque Louis XIV. — Canardière anglaise, à rouet, mesure de charge et clé, époque de Charles Ier. — Fusil de dame, à rouet, et une petite poire à poudre assortie, époque de François Ier. — Arquebuse allemande, incrustée de cuivre, à rouet, avec poire à poudre. — Arquebuse à rouet, incrustée de nacre et d'ivoire, époque de Charles IX, avec poire à poudre et clé. — Arquebuse allemande, à rouet, avec poire à poudre en ivoire. — Arquebuse à rouet, garnie d'ivoire gravé. — Arbalète de chasse avec ivoire gravé. — Arbalète italienne, propre à lancer des balles. — Arbalète de rempart, avec un casque. — Arbalète garnie de cuivre, avec un casque. — Paire de pistolets à rouet, époque de François Ier. — Paire de pistolets albanais, garniture d'argent. — Pistolet à rouet et deux éperons anciens. — Paire de pistolets, époque Louis XIV. — Gaine à pistolets. — Modèle de canon, époque Louis XIV. — Modèles de pièces à pivot et de mortier. — Modèle de canon. — Modèle de fourgon. — Pièce de rempart, modèle anglais. — Pièce, ancien modèle. — Forge et tombereau, jolis modèles. — Petit modèle de canon, système de l'Empire. — Yatagan grec, fourreau d'argent avec chaîne. — Yatagan de Tunis. — Yatagan ancien, fourreau d'argent. — Petit yatagan grec et poignard de Mameluck. — Poignard circassien. — Poignard, lame indienne. — Poignard. — Poignard à manche en vache marine. — Petit poignard de rayons de sa gloire. Peut-être, une fois surpris par la renommée, a-t-il conçu l'idée de s'élever à la hauteur où sont montés les vieux maîtres. C'est fatigant aussi, il nous le fait sentir lui-même, de se voir condamner à perpétuité aux petits travaux du chevalet, et de ne s'entendre jamais appeler que le peintre des ramoneurs, des braconniers, des singes, des chiens et des ânes; mais le remède pour lui n'était pas d'enfler son génie par tous les expédients possibles, de pourchasser à faux la beauté du contour des statues antiques qui autrefois l'effrayaient par l'immobilité de « leurs yeux blancs, » d'exalter M. Ingres, d'abord dédaigné, et de gémir sur le malheur de n'avoir pas pu suivre les sublimes leçons de ce grand maître. Qui l'empêchait de les suivre ces leçons, lui né libre dans une lange de papier qui lui assurait dix mille livres de rente? A quoi bon envier les têtes ovales, les purs contours et les groupes rhythmés de Raphael, les grands paysages du Poussin; pourquoi glaner dans les compositions de maîtres éminents mais oubliés du XVII° siècle, et de quel droit surtout comparer, sinon son talent, du moins sa des-

femme. — Couteau de femme, avec virole d'or et fourreau en vermeil. — Couteau turc, poignée en jade. — Couteau turc. — Couteau de chasse, époque Louis XV. — Cric malais et coutelas indien. — Kandgiar persan. — Sabre de Mameluck. — Sabre persan. — Sabre turc. — Sabre turc. — Sabre de Mameluck. — Sabre de cavalerie, casque et cuirasse. — Épée de chevalier, très-ancienne. — Grande épée norvégienne. — Deux grandes épées. — Épée, acier ciselé, époque Louis XV. — Épée écossaise, gantelet. — Hallebarde. — Cotte de mailles et deux vieux casques. — Étriers turcs et étriers tartares. — Selle turque. — Bride turque en soie, avec son mors argenté. — Housse persane brodée. — Camail doré, caparaçon, étriers. — Cartouchière et sabre.

Costume de femme mauresque, culotte, babouches, etc., etc. — Pelisse kurde, coiffure syrienne, manteau valencien, deux écharpes, veste turque. — Écharpe tunisienne. — Diverses pièces de costumes italiens. — Costume albanais (complet). — Costume or et argent. — Machelak, un burnous. — Costume de Mauresque, veste, caleçon, ceinture et chemise — Écharpe et riche coiffure arabe. — Costume chinois (mandarin militaire), robe, caleçon, bonnet, souliers, jambiers et ceinture. — Portière en soie brochée d'or de Brousse. — Deux ceintures, un turban. — Costume de femme juive d'Orient avec le sarma en argent, coiffure brochée d'or. — Costume de bédouine (complet). — Chemise et caleçon de soie. — Deux vestes turques, dont une de femme, une chemise de soie et une ceinture de mousseline brodée. — Veste, caleçon, paire de babouches turques pour femme. — Robe de femme égyptienne avec le voile, chemise de fellah et babouches.

tinée, à celle du statuaire Barye qui, lui, n'a trouvé ni la fortune, ni l'engouement public prêts à le recevoir au début de sa carrière ; Barye, génie si ardent, si fin et si solide, caractère plein de courage, de réserve et de dignité, que la main de l'Empereur relèvera sans doute d'une pauvreté fière et d'un délaissement qui a duré trente ans.

M. Decamps, dans son voyage en Italie, a perdu son style à la recherche du *style;* comme le paysagiste Cabat qui, lui aussi, faisait tout d'abord avec beaucoup de charme des châlets, des enclos, des moulins, des chaumières et des pâturages, dans le genre de M. Flers, et qui s'est perdu depuis dans les grandes ruines de la terre classique. Mais M. Decamps est un homme assez adroit pour éviter l'écueil de l'imitation directe du Poussin qui est trop connu de tout le monde. Quand il a pensé que par ses petits sujets il n'inspirerait pas d'assez belles phrases aux journalistes, qui, après tout, ne peuvent pas écrire des poëmes épiques sur un singe pelé, et qu'il a voulu faire son ascension dans les régions fulgurantes du style, il s'y est pris comme on va le voir.

J'ai déjà montré dans une précédente *Étude*, les emprunts contractés par M. Ingres d'un bout à l'autre de la tradition de l'art, à travers les temples, les cercueils, les papyrus de l'Égypte, de la Perse et de la Chine, les bas-reliefs et les statues de la Grèce, les camées, les pierres gravées, les vases et les ustensiles d'Herculanum, les compositions des primitifs Italiens, les toiles et les fresques de Léonard de Vinci, de Raphael et du Titien, et même les tableaux de son maître David qui lui disait avec tant de raison : TU NE SERAS JAMAIS PEINTRE ! Pourquoi donc ne constaterais-je pas aussi en toute liberté les imitations de M. Decamps? Si déjà ses croquis lithographiques, mis au jour par l'éditeur Gihaut, et qui ont eu tant de succès, rappellent trop sensiblement les paysages gravés à l'eau forte de Cottman et les sujets de chasse de Howith, quels gros yeux étonnés les connaisseurs ne feraient-ils pas en comparant les dessins de M. Decamps, tirés de l'Histoire de Samson, aux compositions faites sur le même héros par un grand maître du XVIIe siècle, François Verdier, si injustement oublié du public, mais si connu des hommes d'étude, et que l'on appelait de son vivant « le second Poussin. » Le lecteur qui serait tenté de m'accuser d'exagérer ici les imitations de M. Decamps, consultera lui-même, s'il ne veut pas se montrer à tout prix injuste à mon égard, le volume in-folio du cabinet des estampes de la Bibliothèque impériale intitulé : *OEuvre de F. Verdier*, immatriculé D^a, 54.

Il trouvera dans cet ouvrage, quarante épisodes de la vie de Samson, la plupart d'une composition supérieurement agencée, et il reconnaîtra que M. Decamps, qui réclame si hardiment le privilége de l'invention, s'est montré précisément dans ces sujets bibliques un véritable copiste. Dans le sujet de *Samson emmené prisonnier*, il se borne pour toutes variantes à donner à la figure principale de Verdier une culotte rouge et à lui attacher une corde au cou. Après avoir calqué la figure de *Samson emportant les portes de Gaza*, il l'a jetée tout à fait à l'arrière-plan de son dessin, pour se dispenser d'en grandir matériellement les proportions, car il ne pouvait, vu la dimension de son cadre, la laisser, comme Verdier l'a fait avec raison, au premier plan d'un tableau où elle se trouve seule. J'en pourrais dire bien d'autres, mais un petit nombre de preuves patentes vaut mieux pour éclairer la conscience du public qu'un long réquisitoire. En ce qui me concerne, je sais découvrir Verdier dans tous les sujets où M. Decamps a visé au grand style.

Verdier fut l'un des gendres de Lebrun ; ses travaux au palais de Versailles, mêlés à ceux de son beau-père, sont immenses et la plupart magnifiques. Il a été un des premiers, sinon le premier, des directeurs de l'école française à Rome. Les Audran, Drevet et Poilly ont gravé beaucoup de ses compositions, qui se distinguent par la plus belle tournure, l'équipondération des groupes, la multitude des personnages, la grandeur des architectures, le style des chevaux et l'emploi le plus large des ressources décoratives.

Quand l'ascendant de Mignard eut renversé l'influence de Lebrun, Verdier cessa d'avoir à faire de grands travaux publics, les graveurs s'éloignèrent de lui, et il tomba en vieillissant dans la plus obscure misère. C'est alors que ce fécond et courageux vieillard se mit à vendre aux étalagistes forains et aux amateurs sans fortune des liasses de dessins qu'il composait pour gagner strictement son pain, car il les vendait quinze ou vingt sous chaque, ou bien cinq ou dix francs la série. Des milliers et des milliers qu'il en produisait, soit à la sanguine, soit à la pierre noire, à la plume, au lavis ou aux deux crayons, encombrèrent les portefeuilles des revendeurs et tombèrent à des prix de jour en jour plus vils. J'en ai quelques-uns des plus hâtifs, productions faméliques, indignes de ce beau talent, et d'autres que l'auteur, triomphant des étreintes de la misère, a marqués de sa forte empreinte avant que de les disperser comme des feuilles mortes, au vent de l'adversité.

Que d'artistes auraient pu se servir de ces dessins originaux dont presque aucun n'a été reproduit, et les détruire après! Mais il se retrouve un beau jour une répétition ou une méchante copie dans l'arrière-boutique d'un regrattier, et le mystère est éventé. M. Deflorenne, marchand d'estampes du quai de l'École, avait trois ou quatre cents Verdier; le vieux père Leloutre, qui tenait son étalage et sa boutique non loin du pont Saint-Michel et de la rue de la Harpe, en avait recueilli une quantité prodigieuse, et il savait parfaitement de tradition toute sorte de particularités sur la vie de l'auteur; plusieurs personnes de ma connaissance en ont aussi quelques-uns.

Je sais combien il est difficile d'éviter les réminiscences, surtout pour un artiste qui a été, dès le commencement de sa carrière, assez riche pour acheter beaucoup d'estampes ou assez studieux pour passer en revue toutes les collections; je conviens aussi qu'une bonne donnée, manquée par un peintre médiocre, peut; sans scandale, être reprise par un peintre supérieur capable d'en tirer le plus brillant parti. Shakespeare ne s'est pas déshonoré par ses captures sur de barbares devanciers; Molière disait : « Je prends mon bien où je le trouve », en dépouillant Cyrano de Bergerac; personne n'ignore la maxime de Salomon : « Rien n'est nouveau sous le soleil », et c'est sans doute à ses propres ouvrages que M. Decamps a pensé en disant : « Et que font après tout les hommes, si ce n'est répéter ce que d'autres hommes ont dit avant eux ».

Il n'est jamais permis de louer le plagiat, fût-il commis par Shakespeare et Molière, mais il ne viendra jamais du moins à l'idée de qui que ce soit d'accuser ces deux grands hommes de stérilité. Quand ils ont pillé quelqu'un, ils l'ont fait *en tuant leur homme*, c'est-à-dire en le faisant à jamais oublier et non pas en lui mettant un faux nez pour l'empêcher d'être reconnu.

Il ne faut pas non plus que M. Decamps s'imagine encore avoir fait comme Rembrandt qui, dit-il, « formula du premier coup sa théorie sans aucun appris ». Rembrandt avait eu, au contraire, l'avantage d'une éducation professionnelle très-solide. Rembrandt était aussi doué d'un tempérament inouï, d'une puissance de création miraculeuse, et il a montré, progressant toujours depuis sa jeunesse jusqu'à sa mort, une exécution étourdissante, mais toujours pleine de franchise, d'énergie et d'indépendance. Ce n'est pas lui qui empruntait du voisin; il était trop riche de lui-même.

Bien que M. Decamps n'en soit pas là, il faut lui reconnaître des qualités éminentes : il aime le pittoresque, il s'attache avec obstination à tous les détails des figures ou des objets qui ont du caractère, et il fuit la mollesse et l'insipidité. Il fait parfois sur la nature de vives observations. Quelques-uns de ses petits tableaux familiers sont spirituels et piquants : les singes amateurs, les chiens savants, les chasseurs, les chenils et les poulaillers. Dans ses principaux sujets, sérieusement tirés de l'Orient, les types sont énergiques et vrais, au dire des voyageurs, et la manière dont il les dispose et les habille plaît aux artistes comme un ingénieux assortiment; les armes, les accessoires bien rendus donnent plus d'accent et de localité à ces scènes étrangères.

Mais l'artiste tombe toujours par terre du haut de ses essais bibliques et de ses échasses académiques. La profusion des dessins et des gravures ne lui sert de rien, du moins lorsqu'il se borne à n'en prendre qu'avec discrétion. Ses architectures mesquines ne se rattachent à aucune époque, à aucun style; la demeure de Dalila est une maisonnette préparée pour l'exportation, une buvette de San-Francisco en bois de sapin; ses intérieurs, faits au compas, semblent essayés en concurrence de M. Ingres; mais M. Ingres a pour lui l'avantage de savoir l'archéologie; Samson renversant les colonnes est là pour témoigner de l'impuissance de M. Decamps dans la grande peinture. Samson, qui paraît petit, occupe à lui seul en étendant les bras un tiers de cette vaste salle dont l'étendue n'est donc que de trois brassées ordinaires. Comment l'artiste a-t-il pu colloquer un si grand nombre de personnages dans les deux compartiments qui restent à la droite et à la gauche de son héros?

M. Decamps, qui fait si bien les burnous et les vestes des Orientaux, ne peut se tirer des grands plis du costume antique; il les découpe à coups de crayon à tout hasard, comme un enfant colère qui tailladerait ses livres à coups de canif; lorsqu'il vise à la précision de la forme par un contour arrêté, il rapetisse à l'excès tous ses personnages, et il n'exerce réellement quelque prestige sur le spectateur que s'il prend le parti de faire foisonner dans une esquisse pareille à la *Défaite des Cimbres* un personnel nombreux aux formes indécises.

Ses vainqueurs ont parfois l'air de combattre; ses fuyards ne peuvent pas courir : tantôt leurs membres raides restent suspendus comme les branches du télégraphe qui vient de finir sa correspondance ; tantôt ils semblent englués dans leurs ombres portées comme en des flots de poix.

Si M. Decamps n'a pas le geste, c'est sans doute par défaut d'impressions morales; la dramaturgie s'allume dans le cerveau et dans le cœur de l'homme et non pas sur ce morceau de bois chargé de couleurs qu'on nomme une palette. J'ai tout lieu de douter que jamais l'idée morale, religieuse, humanitaire ait secoué dans l'âme de l'artiste ses divines étincelles. Je ne regarde pas comme des inspirations suffisantes son libéralisme constitutionnel de 1830, si vite refroidi, et ses caricatures contre les rois Charles X et Louis-Philippe; je ne crois pas non plus qu'il ait eu dès la jeunesse l'amour des maîtres élevés, le goût hardi de ceux-là même qui, en poursuivant les plus nobles sentiments ou les plus grandes tournures, sont tombés dans les plus violents écarts, et devant l'œuvre desquels il ne faut pas être porté à dire : « Ceci n'est ni vrai, ni naturel, cela ne se vendrait pas », sous peine de devenir soi-même un bourgeois borné ou un marchand de bibelots.

Mais à défaut d'inspiration, je ne puis m'empêcher de découvrir une certaine férocité native au fond du caractère de l'artiste, non pas à cause du choix de ses sujets, mais par l'acharnement qu'il apporte dans l'exécution de quelques-uns, notamment le *Supplice des crochets* et le *Boucher turc*, qui sont, à mon avis, ses deux meilleurs tableaux de caractère. Je la vois encore percer, cette férocité, dans son mépris absolu de l'homme : l'homme passe dans ses ouvrages comme un bandit mis hors la loi, un mendiant indigne d'intérêt ou une brute. Les chiens, les ânes, les canards, et même les tas de fumier, les auges, les citernes, lui disputent non-seulement la place d'honneur, mais le privent quelquefois de tout refuge.

M. Decamps est de taille moyenne un peu déjetée. Il a la démarche traînante, les bras longs, les mains sèches et actives, les épaules larges, la poitrine rentrante, et la tête penchée. Son front très-bien coupé est à demi dépouillé comme celui de l'officier de cavalerie qui a longtemps porté le casque; ses yeux gris-bleu, enfoncés sous des arcades osseuses, lancent obliquement des feux pénétrants. L'ensemble nerveux, remuant et fatigué de sa physionomie, exprime son caractère ardent, énergique, volontaire, dur et emporté. Son esprit net, positif, décisif, ambitieux et jaloux, rapporte tout à soi, évitant également la tendresse, la servilité et l'arrogance.

L'artiste aime les exercices du corps, la pêche, la chasse, l'équitation, et il n'a pas détesté les périls. On l'a vu pendant la bataille de juillet 1830, armé de son fusil de chasse, la gibecière au dos, et on lui prête généralement ces malheureuses paroles qui sont en rapport avec son humeur, mais que je déplore si elles sont de lui, parce que je les trouve indignes d'un homme et d'un chrétien : « Je chasse la grosse bête. »

Il a une certaine réputation de bon sens pratique et de prévoyance, et c'est encore lui qui aurait fait, quelques semaines après la victoire du 24 février, cette menace aux politiqueurs de son faubourg : « Vous êtes des imbéciles, et il arrivera un grand sabre qui vous corrigera tous. » M. Decamps me paraît un composé d'artiste, de marchand, d'homme politique, de braconnier, de bourgeois et de soldat.

OUVRAGES DE M. DECAMPS

VENTES PUBLIQUES

Vente Paul Périer, 19 décembre 1846 : La Pêche du thon (700 fr.). — Le bon Samaritain (2,405 fr.). — Les Sorcières (3,300 fr.). — Sortie d'école, aquarelle (7,400 fr.). — Épisode de la défaite des Cimbres (6,700 fr.).— Les neuf Muses au bain, aquarelle (2,550 fr.). — Jésus au milieu des Docteurs, aquarelle (2,700 fr.). — Le Divan, aquarelle (3,120 fr.). — Le Loup et les Bergers (340 fr.). — Le Meunier, son Fils et l'Ane (355 fr.). — Le Héron (340 fr.). — La Grenouille et le Bœuf (265 fr.). — L'Ivrogne et sa femme (205 fr.). — Les deux Voleurs et l'Ane (360 fr.). — Les Éléphants (455 fr.). — Combat d'un loup avec des chiens (310 fr.). — Le garde-chasse, sépia (205 fr.). — Études diverses (166 fr.).

Vente Souty, 19, 20, 21 et 22 janvier 1847 : Tête d'Arabe vue de profil, coiffée d'un turban (45 fr.). — Repos d'un conducteur d'ânes (480 fr.). — Singe au miroir, provenant de la vente Paul Périer (970 fr.). — Don Quichotte (1,775 fr.). — Souvenir de la Turquie d'Asie, Salon de 1846 (360 fr.).

Vente Mosselmann, 5 décembre 1849 : La Pêche du thon (700 fr.). — Le Brouillard (350 fr.). — Dessins et aquarelles : Les Singes et les Lapins (150 fr.). — Intérieur de forêt (48 fr.) — Chasseurs (11 fr.). — Les Baigneuses (850 fr.). — Le Héron (170 fr.). — Les Loups et les Bergers (120 fr.). — Le garde-chasse (122 fr.). — Paysage montagneux (40 fr.).

Vente des 7 et 8 décembre 1849 : Albanais, le fusil sur l'épaule en faction près d'un mur (40 fr.). — Deux jeunes enfants effrayés par une chienne qui défend ses petits (106 fr.).

Vente du 9 décembre 1850 : Paysage et chasseur, pastel (20 fr.). — Paysage et chasseur, pastel (40 fr.).

Vente Fau, 7 et 8 janvier 1850 : Jésus pris et mené chez Ponce Pilate, en butte à l'ironie et aux insultes des soldats (3,850 fr.). — Pierrot allant prendre son déjeuner (490 fr.). — Pierrot troublé dans son repas (550 fr.). — Joseph vendu par ses frères (1,640 fr.). — Bohémiens au bord de la mer (400 fr.). — Homme et femme arabes chassant (260 fr.). — Blanchisseuse des environs de Marseille (630 fr.). — Petit paysage avec animaux, de forme ovale (146 fr.). — Vue de la rade de Smyrne (1,105 fr.). — Vue des bords de l'Adriatique (140 fr.). — Singe se mirant dans une glace (581 fr.). — Gendarme conduisant un condamné, scène de singes travestis (355 fr.). — Chûte des murs de Jéricho (161 fr..). — Diogène jetant sa sébile (400 fr.). — Femme portant du poisson (40 fr.). — La Mort et le Bûcheron (150 fr.). — Paysage, lever du soleil (150 fr.). — Chameaux s'abreuvant à une fontaine (500 fr.). — Un croquis d'après nature (27 fr.). — Fusain d'après nature (75 fr.).

Vente des 4 et 5 février 1850 : Paysage avec chasseur tirant un oiseau, pastel. — Autre avec un muletier derrière son mulet.

Vente Thomas et Bruyas, 24 avril 1850 : Les singes travestis, pastel (136 fr.). — Le petit savoyard (3 fr. 50 c.). — Intérieur de forêt, sépia (37 fr.).

Vente Thévenin, 17 janvier 1851 : Chasse au cerf (1,400 fr.). — Ane dans une cour (300 fr.). — Bûcheronne portant du bois mort (3,200 fr.). — Vue de la villa Pamphili, à Rome (5,600 fr.). — L'École turque (21,500 fr.).

Vente du 17 mars 1851 : Chasse au marais (180 fr.). — Chasse à courre (181 fr.).

Vente Thomas, 27 et 28 février 1852 : Jeune mendiant suivi d'une vieille femme chargée d'une besace (250 fr.).

Vente de M. A. S***, 13 mars 1852 : La chasse aux perdreaux (147 fr.).

Vente du cabinet de M. J..., 20 mars 1852 : Le soir, forêt de Fontainebleau (550 fr.). — Chasse aux canards (260 fr.). — Chasse à courre (205 fr.). — Paysage, campagne de Rome, dessin (305 fr.). — Paysage, souvenir d'Italie, dessin (305 fr.). — Paysage, souvenir d'Italie, dessin (295 fr.). — Intérieur de cour, à Rome, dessin (305 fr.). — Escalier conduisant à un couvent d'Italie, dessin (300 fr.). — Paysage de montagnes, dessin (105 fr.).

Vente Thomas, 14 avril 1852 : Paysage de Syrie (102 fr.).

Vente du 22 avril 1852 : Enfants gardant des chiens (135 fr.).

Vente du 19 avril 1852 : La chasse au miroir (1,005 fr., à M. Durand Ruel). — La vieille marchande d'œufs, grisaille.

Vente du cabinet de M. ***, 23 avril 1852 : Bûcheron sortant d'une forêt (200 fr.). — Grecs derrière un rempart (500 fr.) — Singe musicien, esquisse (296 fr.).

Vente du cabinet de M. Van Isacker, 15 mai 1852 : Paysage d'Orient (5,250 fr.). — Village romain (à M. Gaillard, 6,000 fr.). — Désert indien (1,210 fr.). — Chasse au sanglier dans l'Anatolie (1,150 fr.). — Cour d'auberge, à Fontainebleau (à M. Bonnet, 1,200 fr.). — Intérieur de parc avec figures (960 fr.). — Le rat retiré du monde (740 fr.).

Vente de la collection Collot, 29 mai 1852 : Le philosophe dans son cabinet (9,000 fr., à M. le comte de Morny.). — Paysage et chasse (455 fr., à M. de Férol). — Paysage d'Orient (2,025 fr.). — Arméniens au repos (1,644 fr.). — Pâtre italien (1,200 fr.).

Vente du cabinet de M. Léon Becker, de Bruxelles, 12 janvier 1853 : La femme de charge, aquarelle. — Chasseur, dessin à la mine de plomb (52 fr.). — Orang-outang, aquarelle (36 fr.).

Vente Thomas, 17 janvier 1853 : Deux dogues : l'un couché, l'autre debout.

Vente du cabinet de Madame la duchesse d'Orléans, 18, 19 et 20 janvier 1853 : Défaite des Cimbres (2,800 fr., à M. E. Cottier). — Joseph vendu par ses frères (37,000 fr., à M. Véron). — Samson combattant les Philistins (20,500 fr.).

Vente du cabinet de M. ***, 27 janvier 1853 : Gorges d'Holyrood.

Vente Dugléré, 1ᵉʳ février 1853 : Paysage d'Orient, effet de soleil couchant (1,000 fr.). — Épisode de la bataille des Cimbres, dessin.

Vente Cachardy, 12 février 1853 : Napoléon arrivant au bivouac, effet de lune (1,200 fr.). — Site montagneux, dessin (90 fr.).

Vente Bonnet, 18 février 1853 : Femmes orientales à la fontaine (2,600 fr., à M. le marquis d'Hertford). — Vieux pâtre assis, soleil couchant (2,940 fr., à M. d'Allonville).

<blockquote>
Quand les canes vont aux champs,
La première va devant, etc.,
</blockquote>

tableau vendu 5,050 fr. — Nature morte, aquarelle (275 fr.).

Vente Couteaux, 26 février 1853 : Vieille des environs d'Antibes (60 fr.). — Matelot algérien (60 fr.). Ces deux sujets sont dessinés à la mine de plomb. — Paysage (31 fr.). — Paysan à l'affut (671 fr.). — Grecs de Smyrne derrière un rempart (620 fr.).

Vente Tournemine, 12 mars 1853 : Vandales dans leur camp, aquarelle (750 fr.). — Italienne portant son enfant, dessin (30 fr.). — Effet du soir, croquis (23 fr.).

Vente Thomas, 30 mars 1853 : Chasse au marais, à l'aube du jour (à M. Gaillard, 300 fr.). — Pirates grecs (225 fr.). — Chasse aux canards (à M. Gaillard, 900 fr.).

Vente du 30 avril 1853 : Garde-chasse, sépia.

VENTE DECAMPS, 21, 22 ET 23 AVRIL 1853 :

TABLEAUX :

Josué, grand tableau inachevé (8,500 fr., à M. Imer.). — Bûcheronne, effet d'hiver, inachevé (4,000 fr., à M. de Beaulieu.). — Polyphème, ébauche. — Job et ses amis, inachevé (7,020 fr., à M. de Tournemine). — Intérieur de cour rustique (4,950 fr., à M. le comte Duchâtel). — Sortie d'une école en Turquie, inachevé (3,120 fr., à M. Moreau). — Plage, femme de pêcheur rapportant le poisson (3,700 fr., à M. Gaillard). — Pifferaro, paysage (4,500 fr.). — Petite fille gardant des porcs (3,650 fr., à M. Fau). — Chercheurs de truffes (4,200 fr., à M. le baron Michel).

La Samaritaine, esquisse. — Paysage. — Relais de chiens, esquisse (2,750 fr., à M. Cottier). — Soleil couchant, marine, ébauche. — La pêche miraculeuse, ébauche (4,000 fr., à M. Fau). — Intérieur d'église (1,900 fr., à M. Lehmann). — Maison turque sur un lac, esquisse (2,900 fr., à M. de Beaulieu). — Une mare dans le bois, étude (4,000 fr., à M. de Beaulieu). — Un charlatan, esquisse (1,050 fr., à M. Damour). — Don Quichotte, ébauche (2,100 fr., à M. Stevens). — Femme italienne dans une chapelle (2,600 fr., à M. Jacques). — Fuite de Loth, esquisse (1,250 fr., à M. H. Lehmann). — Deux petits médaillons, paysages (420 fr., à M. Couteaux). — Offrande à Pan, inachevé (1,525 fr. à M. Fau). — Petit paysage, genre de Huysmans (340 fr., à M. Asseline). — Capucins et enfants italiens (1,555 fr., à M. Goupil).

DESSINS :

Josué, grand carton. — Samson, réduction des neuf dessins exposés au Salon de 1845. — Vue d'Italie. — Moines en voyage. — Paysage, étude. — Vue d'Italie. — Sainte famille. — Paysan italien, mine de plomb. — Intérieur d'un cabaret, sépia. — Paysage, étude. — Marchand de poisson de Marseille. — Vue d'Italie. — Croquis de femme. — Serrurier, fusain. — Vue d'Italie. — Première pensée du supplice du crochet. — Bohémiens, aquarelle. — Forêt de Fontainebleau, fusain. — Étude de la même forêt. — Ruines, environs de Rome. — Deux études de paysage. — Rochers. — Intérieur d'une caverne. — Deux études : bûcheronne et rochers. — Forêt de Fontainebleau. — Arabe portant un enfant. — Croquis d'une villa d'Italie. — Forêt de Fontainebleau. — Idem. — Vue d'Afrique. — Grotte. — Première pensée du Christ au prétoire. — Forêt de Fontainebleau. — Croquis au fusain. — Villa en Italie. — Saint Jean dans le désert, mine de plomb. — Paysan italien, mine de plomb. — Entrée d'une grotte, fusain rehaussé. — Paysage et animaux, aquarelle. — Croquis. — Vieille femme portant un fagot, pastel. — Soldat, sépia. — Dessin fait en Italie. — Croquis. — Singes musiciens, fusain. — Arabe. — Vue d'Italie. — Idem. — École turque, grand dessin. — Embuscade de Bédouins, esquisse. — Vue d'Italie, dessin.

Effet pris dans les Dunes. — Village d'Italie. — Paysage à la mine de plomb. — Femme de Cayeux, dessin rehaussé. — Entrée d'une grotte. — Café maure. — Forêt de Fontainebleau. — Entrée du Christ à Jérusalem. — Femme catalane portant un enfant. — Josué arrêtant le soleil, grand dessin. — Vue d'Italie, grand dessin. — Bûcheronne au repos. — Christ au prétoire. — Retour des bûcherons. — Paysage d'Italie. — Deux paysages. — Paysage avec soldats conduisant un prisonnier. — Grotte dans la forêt de Fontainebleau. — Même forêt. — Deux fusains. — Un lavoir. — Pastel, étude. — Trois autres pastels, études. — Deux id. — Chasseur, croquis à la sépia. — Diogène. — Vue d'Italie. — Forêt de Fontainebleau. — Un Grec, étude. — Forêt, pastel. — Intérieur de cour. — Femme de pêcheur. — Bord de rivière. — Samson et lion. — Chien basset, sépia. — Intérieur de cour. — Femmes de pêcheurs. — Forêt, deux pastels. — Plusieurs dessins et études au crayon rouge. — Deux dessins, paysage et bûcherons. — Étude de forêt. — Bohémiens. — Polyphème. — Paysagiste et rochers. — Vieille et ses servantes. — Dessin pour le tableau de la danse albanaise. — Croquis d'Italie. — Forêt de Fontainebleau, trois dessins. — Pêcheur, dessin rehaussé. — Trois dessins de la forêt de Fontainebleau et quelques autres.

Vente Bourges et Weil, 23 janvier 1854 : Cour de roulage. — Femme portant un berceau, dessin (15 fr.). — Pèlerinage à la Mecque (30 fr.).

Vente Couteaux, 18 mars 1854 : Le chariot, effet d'orage (1160 fr.). — Chasse à Courre (600 fr.). — Chasse au marais (500 fr.). — Chasse au marais (500 fr.). — Partie de musique, scène de singes travestis, aquarelle (330 fr.). — Passage du gué, aquarelle (400 fr.). — Guerrier, aquarelle (410 fr.). — Café turc, esquisse peinte (2,600 fr.). — Cour intérieure, dessin. — Paysage, dessin (150 fr.). — Paysage, dessin (50 fr.). — Étude de rochers, dessin (60 fr.). — Étude de rochers, dessin (50 fr.).

Vente Arsène Houssaye, 29 mars 1854 : Pâturages d'Italie (800 fr.). — Vue de Smyrne (1,150 fr.). — Saint Pierre aux Liens (250 fr.).

Nature morte, aquarelle (500 fr.). — Village d'Italie, grand dessin rehaussé (400 fr.). — Cavalcade orientale, pastel (180 fr.). — Conversation turque, dessin rehaussé (430 fr.). — Moines en voyage, dessin (100 fr.). — Pêcheurs, dessin rehaussé (85 fr.). — Étude de femme, dessin. — Forêt de Fontainebleau, dessin rehaussé. — Forêt de Fontainebleau, dessin. — Souvenir d'Italie, pastel (125 fr.).

Vente du cabinet du baron Michel, 6 avril 1854 : Pêcheurs grecs (3,050 fr.). — Le chenil (2,880 fr.). — Turc fumant son chibouck (2,300 fr.). — Enfant jouant avec un chat (2,850 fr.). — Nature morte, canard sauvage.

Vente du cabinet de M. ***, 26 avril 1854 : Repos en Égypte (5,200 fr.). — —Ruines, paysage d'Italie (1,900 fr.). — Femme revenant de la fontaine (2,125 fr.). — Grec pillard (675 fr.). — Chasseurs (975 fr.).

Vente des 27 et 28 avril 1854 : Chasseur au marais (350 fr.). — Intérieur d'atelier (185 fr.). — Chasse aux mouettes dans l'Amérique du Nord (580 fr.).

Vente de la collection Eug. Sano, 22 janvier 1855 : Vieux pâtre, soleil couchant (3,020 fr.). — Rémouleur (1,800 fr.). — Un suicide (5,000 fr.). — Intérieur de cour, dessin (600 fr.).

Vente Didier, 12 décembre 1854 : Le grand-père, aquarelle (1,700 fr.). Le déjeuner de chiens (285 fr.). — Forêt de Fontainebleau, dessin. — La chasse au furet (5,250 fr.). — Pâtre des Apennins (3,200 fr.). — Les murs de Rome (2,250 fr.). — Les Grecs (2,800 fr.). — Le retour du troupeau (2,580 fr.). — L'arsenal (2,500 fr.). — A travers bois (1,300 fr.). — Chasse au cerf (850 fr.). — La piste (820 fr.).

Vente Petit, 29 janvier 1855 : Bataille des Cimbres, croquis rehaussé (155 fr.). — Vue d'Italie, provenant de la vente Decamps, dessin (280 fr.). — Pirate grec, aquarelle (125 fr.). — Ruines en Italie, provenant de la vente Decamps, dessin rehaussé (57 fr.). — Étude de femme, dessin rehaussé, provenant de la même et précédente vente (31 fr.). — Polyphème, dessin rehaussé, provenant de la même vente (25 fr.). — Deux croquis de femmes italiennes (20 fr.).

Vente de la collection Baroilhet, 12 mars 1855 : Le chenil (2,500 fr.). — Laveuses (2,000 fr.). — Un matin (410 fr.).

Vente Gambard, 19 mars 1855 : L'abreuvoir, dessin rehaussé.

Vente Martin, 24 mars 1855 : Soldat, croquis à la sépia (11 fr.). — Deux paysages au fusain.

Vente Guetting, 30 mars 1855 : Vue de Smyrne (1,005 fr.). — Singe savetier (540 fr.). — Paysage d'Italie (760 fr.). — Chasse au marais (340 fr.). — Paysage à la manière de Huysmans (320 fr.). — Au sérail, aquarelle (900 fr.). — Arabe, dessin rehaussé (110 fr.). — Paysage italien, dessin (110 fr.). — Forêt de Fontainebleau, effet du soir, dessin (121 fr.).

Vente Schroth, 11 avril 1855 : Jeunes enfants jouant au vaisseau dans une auge (2,220 fr.). — Sauvetage (300 fr.). — Grecs, petit fixé (175 fr.). — Paysage, intérieur de forêt, à l'estompe (18 fr.). — Abreuvoir, sépia (90 fr.).

Vente du 28 avril 1855 : Le fils du pêcheur, dessin. — Bords de la Seine, dessin (23 fr.). — Forêt de Fontainebleau, dessin (10 fr.). — Entrée de carrière, pastel.

Vente du 28 avril 1855 : Le fils du pêcheur, dessin. — Bords de la Seine, dessin (23 fr.). — Forêt de Fontainebleau, dessin (10 fr.). — Entrée de carrière, pastel.

Vente Petit, 12 mai 1855 : Deux broches : Singe pêcheur, aquarelle. — Singe chasseur, peint sur bois (440 fr. les deux sujets).

Vente Crosnier, 22 mai 1855 : Saint Pierre ès-liens.

Vente du 7 décembre 1855 : Embarcation, étude (7 fr.). — Grec (25 fr.). — Étude de femme (18 fr.). — Paysage avec figures (31 fr.).

Vente du 26 décembre 1855 : Un Janissaire (1,925 fr.). — Les petits Navigateurs (2,000 fr.)

SUJETS EXPOSÉS AUX DIVERS SALONS

1831 : Soldat de la garde d'un vizir. — La chasse aux vanneaux.

1833 : Sujet turc. — Chasse au héron. — Intérieur d'atelier. — Paysage turc. — L'accord parfait, aquarelle. — Le désaccord, id.

1834 : Défaite des Cimbres par Marius. — Un village turc. — Un corps de garde sur la route de Smyrne. (Ces deux tableaux appartiennent à M. le comte Maison.) — Lecture d'un firman chez l'aga d'une bourgade, aquarelle. — Des baigneuses, aquarelle.

1839 : Samson, tiré de la caverne du rocher d'Élam, tue mille Philistins. — Joseph vendu par ses frères. — Supplice des crochets en Turquie d'Asie. — Rue d'un village des États romains. — Un café de l'Asie-Mineure. — Les experts. — Souvenir d'une villa. — Paysage. — Enfants jouant près d'une fontaine en Turquie d'Asie. — Bourreau à la porte d'un cachot. — Cavaliers turcs. — Un Bairactar agite son étendard pour rallier les siens.

1842 : Siége de Clermont en Auvergne, dessin. — Épisode de la défaite des Cimbres, dessin. — Sortie de l'école (Turquie d'Asie), aquarelle.

1845 : Neuf sujets de Samson, dessins.

1846 : École de jeunes enfants en Asie-Mineure. — Retour du berger, effet de pluie. — Souvenir de la Turquie d'Asie. — Id.; paysage.

1850-51 : Éliézer et Rebecca. — Cavalerie turque asiatique traversant un gué; des Arnautes guident et maintiennent le cheval du seraskier sur le gué, dessin. — Fuite en Égypte. — Pirates grecs. — Intérieur de cour. — Troupeaux de cannes. — Albanais se reposant sur des ruines. — Repos de la Sainte Famille. — Hallali. — Intérieur savoyard.

EXPOSITION UNIVERSELLE DE 1855.

La pêche miraculeuse (à M. Fau). — Moïse sauvé des eaux (à M. Fau, tableau peint en 1837). — Joseph vendu par ses frères (à M. L. Véron). — Éliézer et Rebecca (à M. le baron Roger). — La défaite des Cimbres (à M. Cottier). — Poules et canards (à M. Cottier). — Le singe peintre (à M. le comte de Morny). — La chasse au faucon (au même). Chasse au miroir (appartient aussi à M. le comte de Morny).

Don Quichotte et Sancho Pança (à M. le baron Gustave de Rothschild). — Café turc (à M. le comte de Lariboissière). — Espagnols jouant aux cartes (à M. Jules Delon). — Enfants à la tortue. — Anes d'Orient. (Ces deux tableaux appartiennent à M. Paturle.) — Intérieur de ferme (à M. le comte T. Duchâtel). — Cour de ferme (à M. le baron Corvisart). — Enfants turcs avec des tortues (appartient à M. Cuvillier Fleury. Souvenir donné par le prince duc d'Orléans). — L'enfant au lézard (à M. L. Véron). — Chevaux de halage (à M. Ravenaz). — Rue d'un village en Italie. Tigre et éléphant. (Les deux tableaux à M. Gaillard père.) — Ane et chiens savants. — Mendiant comptant sa recette. (Les deux tableaux à M. Albert.) — Boucher turc. — La grand'mère. — Joueurs de boules. — Paysan italien. (Ces quatre tableaux à M. Gaillard fils.) — Un chenil. — Intérieur de cour. (Les deux à M. le baron Michel.)

Souvenir de la Turquie d'Asie. — Albanais. — Bohémiens. — Café turc. — L'improvisateur. (Ces cinq tableaux appartiennent à M. Henri Didier Goedon.) — Chasseur au marais (à M. Bonnet). — Halte de cavaliers arabes (à M. le marquis d'Harcourt). — Chiens (au même). — Singes. — Grand bazar turc. (Ces deux tableaux appartiennent à lord Henry Seymour.)

Histoire de Samson en neuf dessins : 1. Sacrifice de Manoé. — 2. Samson met le feu aux moissons. — 3. Il enlève les portes de Gaza. — 4. Il tue le lion. — 5. Il défait les Philistins. — 6. Samson et Dalila. — 7. Samson emmené prisonnier. — 8. Il renverse la salle des festins. — 9. Il tourne la meule. (Ces neuf dessins appartiennent à M. Benjamin Delessert.)

Josué, dessin (à M. Albert). — Moïse sauvé, dessin (au même). — Le gué, dessin (à M. L. Véron). — Les Singes boulangers et les Singes charcutiers, deux dessins formant pendants (à M. Joseph Fau). — Le singe au miroir, tableau appartenant à M. Cottier. — La ronde de Smyrne (à M. le marquis d'Hertfort). — Intérieur de cour (à M. le marquis d'Harcourt.) — Paysage en Anatolie (à M. Goldschmidt). — Épisode de la défaite des Cimbres, dessin, et la Sortie de l'école turque, aquarelle (à madame la comtesse Le Hon).

SUPPLÉMENT

AUX QUATRE PRÉCÉDENTS CATALOGUES

N. B. Plusieurs de ces ouvrages ont été cités et font double emploi, mais nous avons voulu ajouter ici quelques prix de vente.

INGRES.

Portrait en pied du premier consul Bonaparte, sépia.

E. DELACROIX.

Vente Thomas, Perrotin, etc., 4 et 5 février 1850 : Femme grecque étendue sur un divan (118 fr.).

Vente de M. A. de Dreux, 19 mars 1852 : Othello et Desdemona (400 fr.).

Vente Thomas, 14 avril 1852 : Lion mangeant un lapin (43 fr.).

Vente du 22 avril 1852 : Turc et son cheval, sépia (12 fr.). — Cheval effrayé par un serpent, aquarelle (8 fr. 50 c.).

Vente du cabinet de M. Van Isaker, 14 mai 1852 : Les Convulsionnaires de Tanger (2175 fr., à M. Jourdan). — Fantasia arabe (1060 fr., à M. Guetting).

Vente de la collection Collot, 29 mai 1852 : Combat du Giaour et du Pacha (1600 fr., à M. Davin). — Mort de Valentin (1750 fr.). — Enlèvement de Rebecca par le templier Boisguilbert (2900 fr.). — Marguerite à l'église (2340 fr.). — Un Grec (86 fr., à M. Scheder).

Vente de la galerie de Madame la duchesse d'Orléans, 18, 19 et 20 janvier 1853 : Assassinat de l'évêque de Liége (4800 fr., à M. Villot, conservateur au Musée du Louvre). — Intérieur d'un couvent : l'Amende honorable (3105 fr.). — Hamlet et le fossoyeur (6300 fr., à M. Cottier). — Le prisonnier de Chillon (4700 fr., à M. Moreau). — Arabe près d'un tombeau (2150 fr.).

Vente Bonnet, 19 janvier 1853 : Tigre dans un paysage (160 fr.). — Marphise (1100 fr.). — Christ en croix (1100 fr.). — Prise de Constantinople (3119 fr., à M. Ad. Moreau).

Vente du cabinet de M. Dugléré, 1er février 1853 : Hamlet (501 fr.). — Brigand italien blessé (985 fr.). — Jésus au jardin des Oliviers (206 fr.).

Vente Cachardy, 12 février 1853 : Lion dévorant un cheval (545 fr.). — Femmes d'Alger (160 fr.). — Hamlet (390 fr.).

Vente Couteaux, 26 février 1853 : Sujet tiré de Faust (680 fr.). Lion dans un paysage (199 fr.).

Vente Thomas, 17 décembre 1853 : Tigre se désaltérant (295 fr.). — Desdemona pressentant la vengeance d'Othello (505 fr.).

Vente du 18 mars 1854 : Ivanhoë (1950 fr.). — Hamlet (220 fr.).

Vente Arsène Houssaye, 29 mars 1854 : La Fiancée d'Abydos (470 fr.). — Persée terrassant le dragon (860 fr.). — Don Quichotte (590 fr.). — Marine, falaises (305 fr.). — Grec mort (550 fr.).

Vente Didier, 12 décembre 1854 : Andromède (460 fr.).

Vente E. Sano, 22 janvier 1855 : Tigre (340 fr.). — Ariane (400 fr.). — Mise au tombeau (890 fr.).

Vente Petit, 29 janvier 1855 : Jeune page, aq. (25 fr.). — L'abreuvoir (630 fr.). — Tigre (155 fr.).

Vente Baroilhet, 11 mars 1855 : Chevaux de ferme (1015 fr.). — Archimède (300 fr.).

Vente Guetting, 30 mars 1855 : Fantasia arabe (1400 fr.). — Tristam Shandy (805 fr.).

Vente du 7 décembre 1855 : Turcs fumant (421 fr.).

Vente Eug. Godot, 15 décembre 1855 : Ariane (510 fr.).

Vente du 20 décembre 1855 : Paysage d'Orient (160 fr.).

Le Christ au tombeau. Composition de sept figures (collection de M. Thomas).

— Esquisse peinte sur papier de l'*évêque de Liége* (à M. Diaz).

COROT.

Vente du cabinet de M. Van Isacker, 15 mai 1852 : Bords de la Seine, effet du soir (135 fr.).

Vente Collot, 29 mai 1852 : Paysage, effet du soir (550 fr.).

Vente Cachardy, 12 février 1853 : Le chariot (305 fr.).

Vente de la collection de M. Bazouin, 21 février 1853 : Vue de Saint-Georges Majeur, à Venise (280 fr.).

Vente Couteaux, 26 février 1853 : Paysage; effet du matin (286 fr.).

Vente Tournemine, 12 mars 1853 : Vue prise dans la forêt de Fontainebleau (95 fr.). — Bords de la Seine (155 fr.).

Vente Arsène Houssaye, 29 mars 1854 : L'Aube (305 fr.).

Vente du 16 avril 1853 : Soleil couchant (540 fr.).

Vente de la collection de M. Decamps, 21, 22 et 23 avril 1853 : Paysage.

Vente de la collection Eug. Sano, 22 janvier 1855 : Paysage (400 fr.).

Vente Martin, 24 mars 1855 : Intérieur de bois (105 fr.).

Vente Guetting, 30 mars 1855 : Paysage; effet du matin (285 fr.).

Vente Petit, 12 mai 1855 : Paysage; effet du matin (315 fr., à M. Thomas).

BARYE

—

A MADAME AGLAÉ R.-S.

Le métier d'écrivain me serait odieux, ma chère amie, s'il ne m'offrait quelquefois, en compensation des ennuis dont il est rempli, l'occasion de rendre justice à des hommes éminents par leurs ouvrages et par leur caractère. Il m'est aussi doux d'honorer le génie et la grandeur d'âme qu'il m'est pénible de contester les talents agiles et trompeurs qui triomphent dans les brigues en caressant toutes les corruptions.

Je te dédie cette *Étude* sur le statuaire Barye, qui, — sa supériorité d'artiste mise à part, — m'a beaucoup frappé par la pénétration de l'esprit, la solidité du jugement, la sobriété des paroles, la probité et l'indépendance du cœur. Je crains de blesser sa modestie en lui disant la vérité, car il aime mieux assurément mériter que recevoir des éloges.

J'accompagnais naguère un vieil ami chez l'illustre statuaire. Nous allions, observant toutes choses en chemin, à travers ce Paris merveilleux et profond que l'on ne connaîtra jamais bien, mais que l'on aime d'autant plus qu'on y a vécu et souffert davantage. Devant nous la flèche dorée de la Sainte-Chapelle portait sur ses grêles nervures ses apôtres et ses anges de fonte dans les hautes brumes péniblement traversées par les rayons d'un soleil maladif. La bise nous violentait le long des quais de la Seine, et semblait pétrifier les musiciens aveugles sur les trottoirs des ponts. Il n'y avait plus une seule cage d'oiseaux, de rats blancs ou de cochons d'Inde à l'entour de la Morgue, ni une lavandière sous les portes basses de l'Hôtel-Dieu, du côté où le fleuve est si encaissé, si calme et si lugubre. Mais à la place Maubert la population pauvre fourmilla et grouilla sur nos pas : les fourneaux des rôtisseurs de rebuts, les étalages de rogatons, les triperies sanguinolentes et les boutiques de guenilles nous écœuraient par leurs fétides exhalaisons. En élevant instinctivement la tête comme pour éviter l'aspect de la misère, nous comptâmes sans rien dire les trous des balles révolutionnaires oubliés par les recrépisseurs sous les corniches des maisons de ce lamentable quartier.

Nous étions dans la rue de la Montagne-Sainte-Geneviève, à la porte de l'ancien collége de la Marche : c'est là que demeure le sculpteur Barye. Cette vieille maison monumentale, maintenant occupée par une Crèche du XIIe arrondissement et par des familles indigentes, plaît beaucoup à l'artiste qui, de tout temps, a fui la plate physionomie des centres opulents pour faire en toute liberté ses observations dans ces rues pittoresques, remuantes et souffreteuses. Au bout de l'avenue, fermée par une porte aux barres de fer massives, s'étend une vaste cour qui sert de remise aux brouettes des verduriers et aux voitures des saltimbanques en chômage. Le rimeur Delille faisait en son temps un *Cours de Belles-Lettres* dans la première salle du réz-de-chaussée, à droite, devenue l'atelier de Barye. Ainsi l'écrivain le plus affecté, le plus prolixe et le plus froid a été remplacé par l'artiste le plus simple, le plus laconique et le plus passionné dans ce laboratoire obscur, aux noires poutres, aux murailles suintantes, dont le froid excessif est sans cesse augmenté par la terre glaise et les toiles arrosées. Cette glacière tuerait en un hiver un artiste ordinaire, et Delacroix n'y vivrait pas huit jours ; mais Barye, malgré sa complexion élégante et svelte, résiste à toute épreuve. Son corps est cimenté à la romaine et commandé par une âme stoïque. Je me fais honneur depuis quelques années de connaître l'artiste, et il grandit de jour en jour dans mon estime et dans mon admiration. Je l'ai vu pour la première fois à l'atelier que le peintre Jeanron lui a réservé au palais du Louvre tout le temps de son administration des musées nationaux. Cédant sans doute à des besoins impérieux de la nouvelle direction, l'illustre statuaire se disposait à quitter les lieux, au moment où je lui fus présenté. Il charriait de ses propres mains, couvert de poussière, ses livres, ses portefeuilles et ses modèles de plâtre dans un coin, pour regagner sans murmure sa Montagne-Sainte-Geneviève. Cette figure pleine d'intelligence, d'énergie et de probité, me fit du premier coup l'effet le plus sympathique, et je reconnus en lui l'homme à la hauteur de l'artiste.

Il est âgé de cinquante-neuf ans, de taille au-dessus de la moyenne. Sa mise est soignée, sans luxe ni affectation. Son maintien et ses gestes sont précis, corrects, tranquilles et dignes, et il ne s'y mêle rien de sec, de mou ni de pédantesque. Ses yeux vigilants et fermes regardent toujours en face, franchement et profondément, sans provocation ni insolence. Le front se dépouille de sa chevelure courte et blanchissante; le nez est légèrement retroussé; les plans de la face d'une carrure vigoureuse sont reliés par un fin modelé.

Barye vous observe, vous attend, vous écoute avec une rare patience, et vous pénètre infailliblement. Toutes ses paroles portent juste, mais elles me paraissent sortir avec effort de ses lèvres minces, au contour nettement et violemment buriné, et presque toujours scellées par la sagesse, car l'amour du silence est une très-haute vertu. La mélancolie la plus opiniâtre et la fierté la plus concentrée s'échappent comme malgré lui du fond de ses pensées et se répandent sur son visage d'un teint clair et transparent.

Cet artiste, véritablement supérieur, tient peu de place et ne fait aucun bruit en quelque lieu qu'il soit; il déteste le mensonge, l'emphase et la réclame, évite la pleine lumière, réserve ou cache son esprit, fortifie son âme contre l'injustice des hommes, les malheurs de la vie, et met en pratique cette maxime : « Il vaut mieux être que paraître. » Jamais il n'a fait un pas dans la voie des intrigues, ni dit un mot pour se faire valoir et appeler la faveur. Personne n'osera lui imputer un acte de servilité, et il n'y a pas trace en lui de cette jalousie haineuse et maladive, qui s'infiltre comme un poison dans les plus nobles pensées de l'artiste et de l'homme de lettres : oubliant ses propres ouvrages, il a plaisir à vanter les travaux des hommes de talent le plus opposés en principe à sa manière de voir personnelle; il encourage de la meilleure foi du monde les tendances libres et sincères des artistes les plus obscurs, et n'a jamais besoin d'être averti par la renommée pour reconnaître le mérite. Je ne sais personne disposé comme lui à écouter tout ce qui est vrai et à applaudir tout ce qui est beau. Il évite avec le plus grand soin de parler de lui-même et n'aime pas qu'on lui en parle, comme si ses excellents ouvrages n'avaient d'intérêt qu'à ses propres yeux. Ses plus intimes amis ne peuvent pas non plus le faire expliquer sur ses contrariétés et ses mécomptes : il faut lui tirer à force de sympathie les paroles une à une, ou connaître à peu près d'avance tous les détails qu'on vient lui demander. Un observateur superficiel le prendrait pour un homme aigri, égoïste et dissimulé : loin de là, c'est tout simplement une nature forte, loyale et pudique, ennemie des discours inutiles, fléaux de notre temps. Il cause quand il lui plaît avec beaucoup de facilité, d'esprit, de tact et de netteté, et il saurait railler à l'emporte-pièce si sa bonté naturelle ne le retenait dans les bornes de l'ironie. Je crois que, poussé à bout, il serait implacable et terrible, comme un homme sans peur et sans reproche qui met toujours le droit de son côté. Caractère libre, intègre et désintéressé, observateur naïf, studieux et profond, praticien consommé dans les procédés de l'art, savant naturaliste, homme sensible et non sentimental, invinciblement convaincu de sa valeur, mais supérieur à toute vanité; n'ayant rien de léger dans ses affections et n'oubliant jamais ni amis ni ennemis; très-bienveillant pour autrui et dur envers lui-même : voilà Barye.

Il n'en fallait pas davantage pour éloigner de lui la sympathie des coteries académiques et la faveur des Mécènes d'État pendant la durée du dernier règne : aucun travail d'une importance en rapport avec son talent ne lui fut demandé. Les neuf sujets, composés d'hommes et d'animaux, destinés à couronner la table du duc d'Orléans, — neuf chefs-d'œuvre, — et quelques pièces de médiocre dimension exécutées ensuite, ne sont que des jeux pour cette habile et forte main. Tous ses petits bronzes, récemment jugés incomparables par le jury international[1], et condamnés à surmonter les pendules des bourgeois ou à presser les papiers des banquiers, équivalent assurément à de parfaits modèles de grandes statues qui, exécutées aux frais de l'État, eussent embelli les musées, les jardins, les places publiques, et emporté l'admiration de l'étranger[2]. David d'Angers a évoqué la Révolution française sur le fronton du Panthéon, Pradier a étalé ses Victoires sous le dôme des Invalides; les défenseurs de la patrie environnent la Marseillaise de Rude au pied de l'arc de triomphe de l'Étoile, le Gaulois de Préault prépare son cheval de bataille sur le pont d'Iéna, et le Spartacus de Foyatier brise ses fers dans le jardin des Tuileries. Tous les sculpteurs plus ou moins célèbres de ce temps ont doté Paris de quelque grand ouvrage, et il n'est pas de méchant praticien d'Académie qui, à la faveur du faux goût du roi Louis-Philippe,

---

1. EXPOSITION UNIVERSELLE DE 1855 (*Section des bronzes d'art*). Un des membres les plus éclairés du jury, M. Achille Devéria, conservateur du Cabinet impérial des Estampes, a déclaré dans son *Rapport* ces bronzes dignes par leur supériorité d'être mis hors de concours. Barye a reçu la grande médaille sans partage et la croix d'officier de la Légion-d'Honneur. La lumière se fait, la justice arrive.

2. M. Herbert, peintre renommé de la Grande-Bretagne, disait un jour à un de mes amis : « Si ce grand sculpteur était anglais, on verrait ses statues dans tous les musées, sur toutes les places publiques de Londres, et il serait comblé d'honneurs. »

de la corruption de ses députés ou de la banale générosité de ses intendants, n'ait affligé de ses détestables ouvrages nos galeries et nos avenues[1]. Barye s'est vu refuser seul le droit de se produire dans toute sa valeur aux yeux de son pays. Ses deux grands Lions, l'un si violent, l'autre si majestueux, sont tout simplement de superbes échantillons de ses études particulières faites sur les animaux dans les loisirs forcés que lui laissait l'État[2].

Il vient pourtant de terminer quatre magnifiques groupes d'hommes et d'enfants pour les nouveaux pavillons du Louvre, ce qui donne à penser que l'œil de l'Empereur a su découvrir Barye, enveloppé depuis si longtemps par les sourdes menées de l'envie, et reconnaître en lui l'artiste digne de faire honneur à la France par la finesse et la profondeur de son savoir.

Les maîtres des grands siècles ont été surchargés de travaux : Michel-Ange en fut continuellement accablé, et l'austère fierté de son caractère ne lui fit jamais perdre toute la faveur des princes; Benvenuto Cellini, malgré ses écarts insolents et terribles, ne fut jamais laissé les bras croisés; la disgrâce du Puget, qui fait tache dans la gloire de Louis XIV, n'était pas absolue, bien que la rudesse d'un tel ciseau fût de nature à choquer une cour façonnée à toutes les élégances; mais Barye n'eût pas obtenu pour six mois de travail en sa vie, sans la résolution qu'il a prise, en se voyant absolument abandonné, de s'adresser à l'industrie privée.

Peut-être aussi s'est-il retiré trop facilement sous la tente, dès

---

1. *Minerve*, statue en bronze par M. E. Gatteaux, de l'Institut (musée du Luxembourg). C'est la quintessence du mauvais.

2. Ces Lions, que l'on voit dans le jardin des Tuileries, au bas de la terrasse du château qui longe la Seine, ont à peine couvert les déboursés de l'artiste. Celui qui étouffe le boa — un irréprochable spécimen de fonte à la cire perdue, coulé par l'habile et consciencieux Honoré Gonon, sous les yeux de l'auteur, date de 1832; l'autre, dont la silhouette monumentale profile avec tant de fierté, fut dressé sur un socle par les ordres du peintre Jeanron immédiatement après la révolution de février, aux applaudissements du public, des meilleurs artistes, et de M. Thiers en particulier.

ses premiers mouvements de colère ou de dégoût, et s'y est-il enveloppé dans un silencieux mépris pour son temps. Il fût probablement arrivé, avec moins de noblesse personnelle peut-être, mais sans beaucoup d'intrigues, à imposer à tous sa légitime influence. « Une partie quittée est une partie perdue. » Les hommes de dignité et de délicatesse paient les frais de la comédie pour les intrigants.

Voyez Pradier : quel heureux cynisme! Après que sa ville natale de Genève l'a défrayé de sa première éducation à Paris, les travaux lui arrivent comme par enchantement; il fait fureur; il est tenté de devenir l'unique entrepreneur de tous les travaux de sculpture mis en question, non-seulement en France, mais à l'étranger. Tout artiste à qui l'État fait une commande devient son ennemi personnel; il accable le roi, la reine, les ministres, les généraux, les pairs, les députés, les femmes du monde et les membres de l'Institut, de ses avides sollicitations.

Jamais peut-être, en aucun temps, homme de talent ne se montra plus ardent, plus astucieux, plus insatiable dans sa cupidité. Après avoir gémi et rampé, il s'emportait jusqu'à la dernière insolence contre les personnages les plus éminents qui essayaient de se soustraire à ses importunités. Il accusait le roi Louis-Philippe d'avarice, le menaçait d'une révolution quand il ne pouvait lui faire accepter un de ses ouvrages au poids de l'or, et semblait enfin lui dire : « Si vous n'achetez pas mes statues, j'en ferai des barricades. »

La correspondance inédite de Pradier, imprimée à la suite de cette *Étude*, fera voir au lecteur que je dis la vérité pièces en main, et lui donnera peut-être l'excellente idée de m'envoyer, sous le couvert de mon libraire, quelque document positif, utile à l'histoire de l'art et des artistes contemporains.

David d'Angers avait aussi à l'appui de son talent beaucoup de savoir-faire et de politique personnelle. L'on conçoit de reste combien il dut flatter la vanité municipale des villes de second ordre en proposant à chacune d'elles l'apothéose de son grand homme le plus populaire. Il ne lui fut pas non plus difficile d'exciter en sa faveur l'enthousiasme des célébrités vivantes des deux mondes, en les prenant au passage à Paris ou en les allant visiter dans leur contrée pour imprimer leurs traits augustes dans l'immortalité du marbre et du bronze. Il fit parler à la phrénologie le langage le plus élogieusement emphatique sur le crâne des savants, et mit des rallonges à la couronne du Dante pour le front monumental des jeunes poëtes.

Barye a le goût trop délicat pour se faire à ces habiletés et à ces parades étrangères à l'art : il n'a été et n'a voulu être qu'un excellent statuaire ; voilà pourquoi on ne lui a pas demandé de statues. Le mot de Figaro résume sa carrière : « Il fallait pour cet emploi un calculateur ; ce fut un danseur qui l'obtint. »

Cela me mène à dire en passant qu'il se joue depuis longtemps sous nos yeux, dans le monde des arts, la belle comédie que voici : Tout lauréat de l'école française de Rome peut faire partie, si cela lui plaît, d'une société dont les membres sont liés entre eux par le serment de se procurer mutuellement les plus importants travaux et de se pousser les uns les autres jusqu'à l'Institut, excluant à toute occasion par leurs manœuvres les talents supérieurs, libres et solitaires qui ne veulent avoir rien à démêler avec l'esprit de corps. Phidias, Michel-Ange, Raphaël, Rubens, Rembrandt ou le Corrége, revenus parmi nous, seraient mis à la porte par les claqueurs romains de l'Académie. Cette bonne et amusante société, mère des Immortels, s'appelle la *Confrérie de l'oignon,* parce qu'elle se réunit de temps en temps autour d'un potage fait du légume dont elle a pris le nom. Elle banquetait autrefois pour régler les intérêts de l'art place du Châtelet, AU VEAU QUI TETTE. Le sculpteur Pradier, l'un des convives, en riait à se tenir les côtes. Voilà pourquoi sans doute l'Institut a refusé obstinément sa porte à Delacroix et à Rude dont la veuve recevait naguère une pension de l'Empereur. N'allez pas croire que les académiciens jaloux songent maintenant à offrir comme il conviendrait le fauteuil vide de David d'Angers à Barye, le plus éminent des statuaires qui nous restent, et peut-être le seul capable de rendre de grands services à l'enseignement ; mais ne craignez pas non plus que Barye soit homme à leur envoyer une carte de visite pour solliciter même indirectement un honneur qui lui est dû. J'aime cette fierté.

Si les Duret, les Simart, les Lemaire, les Seurre, les Dumont et tant d'autres que l'avenir ne connaîtra point lui ont passé sur le corps, ils ne se le pardonnent pas probablement eux-mêmes. On peut, je crois, sans les consulter leur rendre cette justice.

Barye (Antoine-Louis) est né à Paris dans les premiers jours de vendémiaire an IV de la République (septembre 1796). Venu au monde sans fortune, il ne reçut d'abord aucune éducation. A l'âge de treize ans et demi, il entra comme apprenti chez un graveur sur acier du nom de Fourier, qui avait pour spécialité la fabrication des matrices estampées de toute la partie métallique des équipements militaires : plaques de ceinturons, casques, hausse-cols, aigles et croix d'honneur. Cet humble artisan, doué d'un vrai talent d'artiste, repoussait de temps en temps pour l'orfèvre Biennais des bas-reliefs sur l'or fin et malléable des tabatières que Napoléon Ier donnait aux souverains. « Je me souviens, dit Barye, d'en avoir vu faire cinq ou six dont l'un notamment représentait l'*Entrevue des deux Empereurs Napoléon et Alexandre.* »

Après trois ans d'apprentissage chez Fourier, le jeune homme, appelé par la conscription avec huit de ses camarades d'atelier dont il n'a jamais revu un seul, prit du service dans la brigade topographique du génie. Il y apprit à lever et à modeler ces plans en relief sur lesquels l'Empereur étudiait et marquait les points de fortification. « J'ai travaillé, dit-il, nuit et jour aux reliefs du mont Cénis, de Cherbourg et de Coblentz, probablement conservés encore dans les archives de la guerre. » A dix-sept ans, l'élève en topographie fut incorporé dans le 2ᵉ bataillon des sapeurs du génie. « Un soir, dit-il, — c'était le 30 mars 1814, — comme je revenais très-fatigué d'une longue promenade d'étude à travers les champs de Montrouge, le portier du dépôt militaire me cria par le guichet : *L'armée est partie, allez bien vite la rejoindre sur les bords de la Loire!* Comme je n'avais pas un sou pour entreprendre moi-même cette retraite devenue si célèbre, je regagnai la maison de mon père.

« Licencié après la capitulation de Paris, je repris ma profession de ciseleur; mais j'étais vivement tourmenté par ma vocation pour la statuaire. Je m'appliquais infiniment au dessin et au modelé; mais, comme je n'étais pas remuant, je ne savais ni comment trouver un maître ni comment faire pour vivre en étudiant. »

Il entra pourtant en décembre 1816 chez le sculpteur Bosio pour modeler, et en mars 1817 dans l'atelier du peintre Gros pour dessiner. Après une année de progrès rapidement accomplis sous la direction alternée de ses deux maîtres, il fut reçu en loge à l'École des Beaux-Arts et obtint au concours pour la gravure en médailles une mention honorable. Il avait à faire, outre la médaille, un bas-relief de quatre pieds carrés sur ce sujet : *Milon de Crotone dévoré par un lion.* Toutes les qualités actuelles du grand sculpteur, la justesse des proportions, la finesse, l'énergie et la précision de la tournure, sont déjà palpables dans ce travail d'écolier. Les artistes de forte race ont fait entrevoir dès leurs premiers essais tout ce qu'ils devaient être un jour.

En 1819, Barye disputait à M. Jacquot le premier prix de sculpture sur ce sujet : *Alexandre se précipitant dans la ville des Oxidraques,* mais il ne reçut que le second prix; il fut encore primé l'année suivante par M. Lemaire, bien qu'il eût produit par sa figure de Caïn une impression profonde et générale. S'apercevant dès lors que le prix des concours était réservé quand même aux médiocrités protégées par les plus hauts personnages ou par le maître le plus influent à l'Académie, — Cartelier par exemple, — il négligea les concours avec un dégoût facile à comprendre, et, après avoir fait une dernière et inutile tentative pour obtenir les coins de la monnaie du roi Charles X, il n'y reparut jamais.

On ne pouvait passer sous silence le mérite de première force d'un concurrent tel que lui sans scandaliser le public, et on le tuait en lui donnant une récompense de second ordre. L'esprit d'académie était seul capable d'inventer ce nouveau genre de couronnes funéraires. Mais « à quelque chose malheur est bon » : ce perfide laurier, en éloignant l'artiste des faveurs officielles, sauvait en même temps son beau talent des études routinières de l'école de Rome.

De 1823 à 1828, Barye se mit à travailler pour vivre avec l'ardeur et l'application qu'il eût montrées en ne travaillant que pour la gloire. Sa conscience se refusait à l'emploi des moyens expéditifs; aucun ouvrage négligé, si petit qu'il soit, n'est sorti de sa main toujours retenue par le goût de la sobriété et l'amour de la perfection. Il faisait de très-beaux modèles de bijoux et de breloques qui brillent sans doute à présent sur des gorges plates ou dansent sur des ventres bien nourris. L'orfévre Fauconnier, son patron, ne manquait pas de se dire l'auteur de ces élégants objets, à l'exemple de nos célèbres entrepreneurs de littérature qui signent de leur nom et vendent un grand prix des travaux soutirés à des écrivains de talent pour un morceau de pain.

Fauconnier, industriel de la plus complète incapacité, malgré sa réputation d'habile artiste, vivait heureusement sous la haute protection de la duchesse de Berry pour qui certainement il n'a jamais ciselé un bijou de sa main. Il avait dans sa maison de la rue du Bac des cachettes pour chacun des jeunes gens qui travaillaient en son nom : le sculpteur ornemaniste Vechte, — alors simple ouvrier ciseleur, aujourd'hui arrivé à une renommée assez brillante à force de temps, de persévérance et d'études faites au jour le jour dans des gravures, — était perché au galetas du logis; le nommé Plantard modelait ses ornements dans la cave, et le rapin Garraud, qui devait plus tard faire fortune dans les îles par ses portraits, dessinait au deuxième étage. Barye demeurait tout près de là avec sa famille dans le passage Sainte-Marie, un coin de Paris tranquille comme une rue de village. Fauconnier avait l'habitude d'interroger en secret, et d'un air savant, chacun de ses auxiliaires sur le travail de son confrère. Barye ne lui disait jamais rien. Un client fit un beau jour involontairement un malheur en prêtant à Fauconnier le *Traité de l'Orfévrerie* de Benvenuto Cellini. L'orfévre de la rue du Bac lut le livre avec avidité. Les observations, les principes et les procédés du maître florentin sur un art que lui, l'insolent, professait si avantageusement sans le comprendre, le jetèrent d'étonnement en étonnement et troublèrent sa tête. Il mourut peu de temps après.

Barye avait beaucoup étudié la fonte des métaux, et si M. Rothschild, qui voulait plus tard lui commander un magnifique couronnement de surtout de table en argent, avait persisté dans cette intention, Barye, prenant à son compte des ateliers, se fût pour toujours peut-être établi dans l'orfévrerie.

Il prenait pourtant sur ses journées le plus de temps possible et le consacrait au dessin, à la statuaire et à la peinture. Aussi a-t-il fait d'excellentes copies d'après les maîtres et très-bien peint à la manière des Vénitiens le portrait des deux filles que depuis il a eu le malheur de perdre. Aussi Barye est-il, chose assez rare parmi les sculpteurs, non-seulement un parfait juge en peinture, mais encore un habile exécutant.

Ses goûts sont au reste à la fois ceux d'un peintre de mœurs et de paysage. Il aime à courir la campagne à pied dans ses jours de loisir, et il a fait à l'ombre des chênes, au milieu des rochers et au bord des mares de Fontainebleau, des observations et des *études* qui étonneraient Paul Huet, Corot, Jules Dupré et Théodore Rousseau. Au lieu de perdre son temps à filer des commérages et à parler de politique aux amis qui se font un plaisir de l'accompagner quelquefois dans ses excursions agrestes, il s'applique à tirer de tout ce qu'il voit des réflexions sur l'art et sur la nature. Sa curiosité d'observateur dans les plus vivantes fourmilières de Paris est insatiable. Toujours dans une attitude en apparence impassible, mais au fond extrêmement passionnée, il interroge de l'œil et de l'esprit, semblable à notre grand romancier Balzac dont il admire les ouvrages, toutes les physionomies, tous les types, tous les spectacles : un moment après avoir finement reconnu le peintre Gudin affublé d'un costume d'amiral dans le cortége des princes d'Orléans, il croquait un guenillard du faubourg Saint-Marceau, le *faubourg souffrant;* il passe à l'occasion des heures naïves à voir tournoyer les valses renversantes des bastringues, à crayonner les formes des rosses apocalyptiques qui disparaissent si vite sous le couteau des équarrisseurs de Montfaucon, à sillonner en tous sens le marché aux chiens et aux chevaux, plein de caprices populaires, ou les flots agités des fêtes publiques. Il apprend toujours quelque chose, de la place Maubert à la chaussée des Poissonniers, de l'île Saint-Louis au Jardin des Plantes et à la colonne de la Bastille, où son Lion de bronze semble garder en rugissant la dépouille des héros de deux Révolutions.

L'artiste est devenu, à force d'exercices de curiosité, un physionomiste redoutable : il flaire de loin les coquins et les charlatans. Si on le trompe, la faute n'en est pas à son coup d'œil, mais à son désintéressement, à son apathie et à son insurmontable dégoût pour les affaires purement matérielles de la vie. Il est en cela frappé de l'infirmité commune aux grands hommes.

Ses connaissances en matière d'anatomie sont très-profondes : il a scalpé longues années dans les amphithéâtres, et comparé mille et mille fois, pièce à pièce, le corps de l'homme à celui de tous les êtres de la Création. Il pourrait certainement ajouter plus d'une observation à l'histoire de la science. Mais voyez comme ces qualités ont fatalement tourné à son détriment et désolé sa noble et laborieuse existence : il suffit qu'il n'ait ni dans le présent, ni même dans la tradition, aucun rival dans la représentation des animaux pour qu'on lui ait contesté sa réelle supériorité dans la composition de la figure humaine. Elle est si évidente, cette supériorité, dans ses figures de femmes, *les Trois Grâces, Angélique, l'Amazone;* dans ses statuettes équestres, *Charles VI, Gaston de Foix, le Général Bonaparte;* dans ses sujets de chasse, où la beauté des hommes, comme dans les peintures de Rubens, rivalise avec celle des animaux; et surtout dans les groupes le *Minotaure et Thésée,* le *Centaure et le Lapithe,* où les emportements de Michel-Ange semblent se mêler à l'élégance et à la précision de Phidias.

Cette manœuvre grossièrement perfide, employée par des rivaux qui avaient pour but de se défaire sans lutte d'un rude champion, a trop longtemps privé la France du concours de l'illustre statuaire. « Barye, disaient-ils, ne brille pas dans la figure humaine; il n'excelle que dans les animaux. » Mais comme il n'est pas possible non plus de peupler les rues, les monuments civils et religieux, d'éléphants, de lions, de tigres et de léopards, on ne lui donnait rien à faire !

L'artiste vient d'agir de la bonne façon en cachant le taureau, le cheval, le tigre et le lion derrière ses belles figures allégoriques qui décorent les pavillons du nouveau Louvre : la *Paix*, la *Guerre*, la *Force* et l'*Ordre*. « Mes contemporains, me disait un jour le sculpteur, en me reléguant chez les bêtes pour se débarrasser de moi, se sont mis au-dessous d'elles. »

Ce qui rend à mes yeux l'artiste précisément plus profond, c'est qu'il connaît aussi bien l'homme que les animaux. Il ne s'est pas non plus étroitement borné à épuiser par l'analyse et à recomposer par la synthèse les accidents et les lois de la forme vivante, d'une extrémité à l'autre de la chaîne des êtres, pour n'en tirer que des jeux de musculature, des tours de force de statuaire. Poursuivant ses avides recherches dans la région qui s'étend des limites de l'animalité à l'infini du monde spirituel, il a surpris et interrogé, en philosophe et en moraliste, à travers les attitudes et la physionomie des bêtes, cet esprit innommé qui les anime et les dirige dans l'éternité du silence auquel la Nature les a condamnés, et comparé les tristes égarements de la raison de l'homme à l'infaillible instinct de *ses frères inférieurs*.

Les animaux se transforment et prennent dans la splendide imagination de Delacroix des tournures décoratives et parfois fantastiques; mais dans l'esprit rigoureux de Barye ils demeurent ce que la Nature les a faits. Il les prend d'abord, comme le grand peintre, dans leurs plus belles attitudes sous la lumière, dans leur expression la plus intense, et les croque très-sommairement; mais il ne manque pas ensuite d'accentuer les détails en toute vérité : les insertions les plus délicates de la musculature, les plis de la peau, les mouvements du pelage, la palpitation des flancs ou le reniflement des naseaux. C'est sans exagération et sans petitesse qu'il nous fait sentir tour à tour la majesté, la force, l'élégance, la ruse, l'audace, la cruauté, l'intelligence, la douceur et la mélancolie des animaux.

Si l'on était porté à croire, après avoir examiné la vigoureuse correction des bronzes de l'artiste, qu'il a trop réfréné les élans de l'imagination au profit de l'exactitude, il faudrait voir ses aquarelles : il y dispose les figures humaines ou les animaux dans des paysages parfaitement assortis à leur caractère distinctif: les cerfs s'élancent d'escarpements en escarpements, ou font le guet dans des solitudes pleines d'échos et d'échappées ouvertes à leur fuite; les lions vont chasser les troupeaux et les bergers de l'Atlas, rugissant et battant l'air de leurs queues, ou s'endorment repus, le mufle allongé sur leurs pattes sanglantes, au milieu des roches empilées; les panthères de Java poussent des miaulements de chattes enrouées à travers les landes calcinées par les feux d'un soleil sinistre. Sentiment du sujet et de son théâtre, fermeté du dessin, harmonie de la couleur, étendue des horizons, rien n'y manque, rien n'y est faible ; mais le trait le plus saillant du caractère de ces ouvrages que l'artiste n'a jamais montrés au public, c'est une poésie rude et sauvage comme le désert.

Mais il ne suffit pas de louer l'homme et l'artiste, il faut aller au fond de ses pratiques et donner des raisons suffisantes au lecteur :

Barye a comparé entre elles les longueurs et les épaisseurs de structure des chefs-d'œuvre de toutes les époques de la statuaire ; mais il ne s'est aveuglément réglé sur aucun des modèles, si parfaits soient-ils, qui servent invariablement de *compendium* à nos singes archéologues. Sans rien sacrifier de son admiration sincère pour d'immortels devanciers, c'est toujours dans la Nature elle-même qu'il a voulu prendre les proportions, les mouvements et la physionomie de ses figures, ce qui marque son œuvre d'un triple cachet d'originalité, de science et de conscience.

Il est tellement sûr de lui-même qu'il pourrait à volonté dicter de mémoire ses compositions au premier venu. Un enfant qui ferait passer son crayon d'un point à l'autre des longueurs ou des écartements successivement indiqués par les chiffres de l'artiste, ferait un irréprochable dessin, abstraction faite bien entendu de la fougue, de la tournure, du caractère qu'il n'est donné à personne d'exprimer par délégation. Ce savoir presque mathématique de Barye, au lieu de refroidir ses ouvrages, leur donne le plus bel aspect de justesse et de solidité.

Ce que l'on appelle l'*armature* en statuaire joue dans son travail un grand rôle : les sculpteurs ont généralement le tort d'immobiliser les fils de fer autour desquels ils ont à bâtir leurs maquettes, de telle manière que s'ils viennent à s'aviser un peu tard de quelque faute de longueur ou d'écartement, ils sont forcés de la laisser subsister ou de démolir entièrement leur travail. Barye met tout d'abord son application à faire de son armature une sorte de squelette aux dimensions précises, composé de fils de fer qu'il se garde bien de planter dans le socle de la maquette. Il rapproche ou éloigne au besoin ces fils en modelant, demeure ainsi le maître de son œuvre du commencement à la fin, et s'il s'aperçoit que sa figure pèche en quelque partie contre les lois de la statique ou de l'anatomie, rien ne l'empêche de la corriger et de la traiter en esclave. Voyez aussi comme ses groupes sont fortement tournés, mis en perspective et d'aplomb, de quelque côté qu'on les examine. Je n'ai pas à parler de leur style : on pourrait croire, s'ils étaient en pierre et s'ils portaient la trace des injures du temps, qu'on les a détachés du Parthénon. Barye pourtant n'a pas imité les Grecs; mais il leur ressemble naturellement par l'amour du beau et la connaissance de ses lois, par la pureté du goût, la finesse et la certitude de la main.

A la théorie et à la pratique du maître, Barye joint l'adresse et les connaissances spéciales qui font un excellent ouvrier pour la fonte des métaux, le choix et la coupe des marbres, des pierres de sculpture et le moulage en plâtre des statues.

J'ai un mot à dire en passant sur chacun de ces points très-importants dans la vie et dans l'œuvre d'un statuaire.

DE LA FONTE. Il faudrait à une grande nation, dévouée comme l'est la France au triomphe des Arts, d'assez grands ateliers pour l'exécution de statues colossales, car les ateliers des industriels ne lui suffisent pas. La ville de Paris avait, il y a peu de temps, une superbe fonderie dans le faubourg du Roule; mais, en 1849, la municipalité qui avait un fondeur renommé parmi ses membres crut nécessaire de la supprimer.

Depuis les maîtres florentins jusqu'à notre Lemot, l'auteur de la statue équestre qui décore le Pont-Neuf, le sculpteur était ordinairement lui-même, sinon très-habile à fondre les métaux, du moins fort capable de surveiller toutes les opérations de la fonte. Benvenuto travaillait lui-même comme un démon à sa fournaise, et les plus belles pages de ses *Mémoires* témoignent éloquemment à cet égard de ses connaissances pratiques, de son zèle, de ses tourments et de son intrépidité ; ce fut un mouleur italien attaché à l'administration du Louvre qui surveilla le *Henri IV* et le fit fondre à la manière florentine, c'est-à-dire d'un seul jet et à cire perdue. C'est aussi à l'exemple de Benvenuto Cellini dont il analysait, il y a six ans, la grande *Nymphe* à Fontainebleau, que Barye a fait exécuter, comme je l'ai déjà dit, un des lions du jardin des Tuileries. Ce procédé est le seul excellent au double point de vue de la beauté et de la solidité ; tandis que le procédé actuellement mis en vogue par nos industriels à bon marché consiste à livrer un grand ouvrage de statuaire à la fournaise par pièces détachées qu'il faut nécessairement ensuite limer, marteler, réunir au moyen de clous en cuivre, de pas de vis, d'écrous et de barres de fer. Le *Louis XIV à cheval* de Bosio a été coulé suivant ce mauvais procédé moderne. Le jour où la rouille aura rongé la barre de fer engagée dans la queue du cheval cabré dans les airs, Louis XIV tombera la tête la première sur le pavé boueux de la place des Victoires.

Des marbres et de la pierre. Il va sans dire que l'artiste connaît bien toutes les espèces de marbres et de pierres appropriées aux divers travaux et aux caractères variés de la sculpture : le Paros d'un mauvais grain, à paillettes cassantes, les marbres d'Italie dont la transparence si belle sous un ciel éclatant, s'obscurcit et s'attriste sous nos climats brumeux, le marbre des Pyrénées dont le premier choix n'est pas sans rapports avec le Paros, et dont le second d'un ton grisâtre se prêterait à quelques figures sévères, mais qui émousse et refoule par son excessive dureté le ciseau du praticien, et enfin la pierre de Charens, molle, facile au ciseau, mais qui durcit avec le temps.

Du moulage en plâtre. Barye fut nommé, en 1848, par M. Ledru-Rollin conservateur de la galerie des plâtres et directeur du moulage au Musée du Louvre. La galerie des plâtres est une espèce de chalcographie de la sculpture qui fournit ses *épreuves* non-seulement aux amateurs et aux artistes, mais encore à toutes les écoles de dessin de la France et de l'Étranger.

Avant l'installation du sculpteur dans ses nouvelles fonctions, c'était un commerçant mouleur, associé à l'administration du Louvre, qui faisait seul, à son gré et dans son propre intérêt s'entend, le choix des sculptures à mouler et à mettre en vente. Comme les frais des moules étaient à sa charge, il les renouvelait le plus rarement possible, et la qualité des *épreuves* souffrait beaucoup de cette économie. Il fallait mettre fin à ce privilége accordé à un traitant sur les chefs-d'œuvre du Musée livrés à ses altérations.

Barye disposa aussi sur des selles tournantes, accessibles de tous les côtés aux gens d'étude, les meilleurs plâtres déjà existants qui se trouvaient à son arrivée empilés sans ordre et sans utilité; il fit un choix judicieux des statues à reproduire au moyen de nouveaux creux et s'entoura d'excellents ouvriers. Personne mieux que lui n'était à même d'ordonner les travaux et de prévenir les accidents dont ils sont quelquefois suivis : les souillures de l'huile sur le marbre, l'altération de la patine, belle couleur que le temps imprime au bronze, les éclats que les gonflements du plâtre provoquent en certaines parties des statues, les vices de forme que les mauvais mouleurs cherchent après coup à faire disparaître en passant du papier de verre sur leurs épreuves manquées, et dont ils infectent ensuite le public, les ateliers des artistes et les écoles. Mais Barye, obéissant aux événements, dut renoncer à ses projets et quitter le Louvre.

Telle est la variété des aptitudes pratiques de l'artiste. J'ai dit son savoir et sa fécondité. Il a cultivé tous les genres avec une égale supériorité. Riche, puissant et protégé, il eût fait sans obstacles dans les plus grandes proportions tout ce que pauvre, studieux, mais abandonné et pour ainsi dire proscrit, il a fait de petite taille : médaillons, bustes, statues en pied d'hommes et de femmes, statues équestres, chasses, trophées, compositions historiques. Il eût tiré de la nature, pour compenser la mesquinerie de l'architecture moderne, de vivants et magnifiques ornements, plantes et fleurs, rehaussé la majesté des parcs et des jardins publics par des animaux gigantesques; taillés en pierre et coulés en bronze dans un style monumental que n'auraient pas dévoré les vastes espaces des ronds-points et les longues distances des avenues.

Un État despotique, ami des arts, éclairé sur la réelle valeur du statuaire, l'aurait assurément condamné à l'enseignement public. Mais en ce cas Barye n'était pas homme à suivre la manière de ces pédants qui commencent par envelopper et étouffer l'âme de l'élève dans les plis de leur *Charte de la Beauté*. Il eût respecté tous les tempéraments, fortifié le côté pratique, à la manière des vieux maîtres du XVIᵉ siècle, et laissé à la libre intelligence du disciple le soin de faire le reste.

Il m'a été impossible, en racontant la vie du noble artiste, d'établir par ordre, à la façon des académiciens, un commencement, un milieu, une fin. Il me paraît avoir été un homme mûr et fort dès la jeunesse, et je le vois encore jeune. Son talent qui se révéla si bien à l'Exposition de 1829 par deux bustes (*Jeune Homme* et *Jeune Femme*), d'une finesse de modelé restée célèbre dans la mémoire des artistes et des connaisseurs, est encore le même, sauf l'intensité d'énergie que lui a donnée l'expérience. Voyez *Thésée et le Minotaure*, le *Centaure et le Lapithe*, et les quatre groupes qui décorent les nouveaux pavillons du Louvre, quatre couples de figures admirables, mais contrariées par les ornements qui les environnent et par les cariatides qui les surmontent, travaux pesants qui, on le voit bien, ne sont sortis ni de ses propositions ni de sa main.

Lui seul pourrait réparer encore dans la cour du Louvre l'immense échec du sculpteur Clésinger, et remplacer ce François Ier en goguette, mis en selle comme une fourche sur sa lourde monture qui s'abat. Barye qui a montré tant de noblesse et d'élégance dans les statuettes de *Gaston de Foix* et de *Charles VI*, saurait rendre avec dignité le héros de Marignan et de Pavie, qui, au milieu des désastres de la guerre, conserva pour les arts assez de goût et de dévouement pour jeter son argenterie dans les fourneaux de l'infatigable Cellini.

Depuis les années 1829, 1831 et 1833, Barye n'a envoyé que fort rarement ses ouvrages aux expositions publiques, soit par suite des refus du jury des Beaux-Arts, soit par dégoût de se voir constamment privé de travaux publics. Bien qu'il ne se soit montré en aucune circonstance ni âpre ni agissant, il n'a jamais refusé le concours moral de sa renommée personnelle et de ses conseils à tous les sages projets d'affranchissement tentés par les artistes, mais sans rien espérer pour lui-même. A l'époque où MM. Abel de Pujol, Couder et tant d'autres poussaient, pour entrer à l'Académie, le *delenda Carthago* contre l'Académie, Barye ne pensait, lui, qu'à la destruction des vices académiques.

J'ai parlé trop longuement peut-être de cet homme dont l'existence toujours pauvre, fière, attristée, contiendrait en trois mots : intelligence, travail et fermeté. Il m'exprimait un jour à la promenade le regret de n'avoir pas eu l'occasion en sa vie de traduire au moins un événement de l'histoire de son siècle et de son pays. « J'aurais voulu, lui dis-je, vous voir sculpter un de ces rares épisodes dont l'héroïque grandeur n'est en aucun point souillée par les bassesses de l'égoïsme, les fureurs de l'intolérance, les aveuglements de la liberté, ou par les crimes de la tyrannie. »

OPINION D'UN ÉCRIVAIN ANGLAIS

SUR LE SCULPTEUR BARYE

Texte anglais.

M. Barye is assuredly one of the greatest artists that France possesses; one of those also who have been the most roughly tried in the course of a life fertile in masterpieces of a deep and enduring character. The world has seen, and will see again, the burial of many a noisy reputation long before the actual death of those who have acquired them.

It is high time that justice should be done, before it is too late, to lives which have been generously spent in the manifestation of human genius. . . . .

. . . .

But I should be led too far if I were to endeavour to discuss here the grounds and reasons of popularity in a country which claims, with some reason it is true, to be the most artistic in Europe, but which has yet much to learn and much to forget.

BAYLE ST. JOHN.
The Louvre, or Biography of a museum, etc.

Traduction.

M. Barye est assurément un des plus grands artistes que la France possède, un de ceux qui ont été le plus rudement éprouvés dans le cours d'une vie fertile en chefs-d'œuvre d'un caractère profond et durable. Le monde a vu et verra encore l'enterrement de plus d'une réputation éclatante longtemps avant la mort réelle de ceux qui l'ont acquise.

Il est bien temps que justice soit faite à des existences généreusement consacrées aux plus hautes manifestations du génie humain. . . . .

. . . .

Mais j'irais trop loin si je discutais ici l'origine et les motifs de la popularité dans un pays qui a la bruyante prétention d'être, avec quelque raison il est vrai, le mieux doué de l'Europe du sentiment de l'art, mais qui a encore beaucoup à apprendre et à oublier.

BAYLE ST. JOHN.
Le Louvre ou Biographie d'un musée, pages 153 et 157, in-8, Londres, Chapman et Hall, 1855.

OUVRAGES DE M. BARYE

Le Lion et le Boa en bronze (jardin des Tuileries).
Le Lion assis, bronze (jardin des Tuileries).
Le Lion de la Colonne de Juillet.
La Paix, — la Guerre, — la Force, — l'Ordre (nouveaux pavillons du Louvre).

GROUPES DESTINÉS A COURONNER LE SURTOUT DE TABLE DU DUC D'ORLÉANS

Ces groupes ont été composés et modelés par Barye et fondus sous sa direction par Honoré Gonon :

Le premier, supporté par la pièce principale, est composé de quatre figures et de trois animaux : il représente des Indiens montés sur un éléphant richement caparaçonné, et donnant la chasse à deux tigres.

Quatre autres groupes destinés à orner les piédestaux placés aux angles de la pièce principale et composés chacun de deux animaux :

Le premier groupe représente un grand aigle qui vient de s'abattre sur un bouquetin blessé ;

Le second, un serpent python qui étouffe une antilope dans ses replis ;

Le troisième, un tigre qui renverse et dévore une grande antilope ;

Le quatrième, un lion qui vient de s'élancer sur un sanglier.

Deux groupes de forme allongée sont placés sur les pièces basses qui se trouvent de chaque côté de la pièce principale. L'un de ces groupes se compose de trois figures et de sept animaux, l'autre de deux figures et de cinq animaux. Ils représentent : le premier, des cavaliers espagnols du quinzième siècle qui, à l'aide de dogues de grande race, donnent la chasse à un taureau sauvage ;

Le second, un lion et une lionne qui disputent un buffle blessé à des cavaliers bédouins.

L'ensemble se termine par deux groupes de forme arrondie placés sur les deux grands temples qui terminent le surtout :

Le premier de ces groupes est composé de deux figures et de sept animaux : il représente des Tartares montés sur des chevaux et suivis de grands chiens mâtins lévriers qui poursuivent et tuent des élans ;

Le second se compose de deux figures et de six animaux. Le dernier groupe représente des chasseurs portant le costume allemand du seizième siècle, accompagnés de dogues et livrant un combat acharné à des ours qu'ils ont surpris dans la montagne.

SUJETS EXPOSÉS AUX DIVERS SALONS

1827 : Plusieurs bustes.

1831 : Martyre de saint Sébastien, figure d'étude. — Un tigre dévorant un crocodile. — Un ours, esquisse. — Groupe d'animaux.

1833 : Un lion, modèle en plâtre. — Buste du duc d'Orléans, plâtre. — Cerf terrassé par deux lévriers de grande race. — Cheval renversé par un lion. — Charles VI dans la forêt du Mans. — Cavalier du quinzième siècle. — Ours de Russie. — Ours des Alpes. — Lutte de deux ours, l'un de l'Amérique septentrionale, l'autre des Indes. — Éléphant d'Asie. — Gazelle morte, étude. — Cadre de médaillons.

1834 : Gazelle morte en bronze. — Ours dans son auge (fait en bronze pour le duc d'Orléans). — Éléphant en bronze (fait pour le duc de Nemours). — Jeune lion terrassant un cheval, groupe en bronze. — Un ours en bronze. — Étude d'un cerf et d'un lynx, groupe en plâtre.

1835 : Un tigre en bronze.

1836 : Un lion en bronze. — Groupe d'animaux en pierre.

1850 : Un Centaure et un Lapithe. — Jaguar dévorant un lièvre (groupes en plâtre). Ces deux ouvrages acquis par l'État ont été fondus en bronze.

EXPOSITION UNIVERSELLE DE 1855.

M. Barye n'a exposé au Palais des Beaux-Arts que le Jaguar dévorant un lièvre; mais on a pu admirer au Palais de l'Industrie un choix des bronzes pris dans ses magasins de la rue Saint-Anastase, et dont nous avons donné plus haut le catalogue.

BRONZES DE M. BARYE

EN VENTE DANS SES MAGASINS

RUE SAINT-ANASTASE, 10, A PARIS (MARAIS).

Nos d'ordre.	SUJETS.	HAUT. centimèt.	LONG. centimèt.	PRIX.
	PREMIÈRE SÉRIE.			F. C.
1	Une Tortue.	2	6	3 »
2	La même, sur plinthe	3	8	4 »
3	Un Lapin, les oreilles couchées, avec plinthe	5	7	3 50
4	Un Lapin, les oreilles levées, id. . . .	5	7	3 50
5	Une Cigogne.	7	3	5 »
6	Une Cigogne posée sur une Tortue	8	6	10 »
7	Une grande Tortue	3	11	9 »
8	Une grande Tortue, sur plinthe	5	14	15 »
9	Un Faon couché	5	15	12 »
10	Une Biche couchée	10	15	15 »
11	Une Panthère couchée	7	18	18 »
12	Une Gazelle.	9	11	15 »
13	Un Faisan, sur plinthe	13	21	14 »
14	Un Faisan pendant du précédent	13	21	14 »
15	Une Perruche	21	11	25 »
16	Un Chien braque, sur plinthe	9	18	20 »
17	Un Chien épagneul, sur plinthe	10	18	20 »
18	Un Cerf de Java	14	20	25 »
19	Un Cerf-Axis, pendant du précédent. . . .	16	16	22 »
20	Un Cerf, la tête levée	20	16	25 »
21	Un Cerf, la jambe levée.	20	16	25 »
22	Un Cheval demi-sang.	14	17	25 »
23	Un Cheval demi-sang, pendant du précédent	14	17	25 »
24	Un Levrier couché	7	26	30 »
25	Un Ours assis	14	21	35 »
26	Un Jaguar, tenant une tête de cheval. . . .	8	22	30 »
27	Un Jaguar, dévorant un Agouti.	7	23	30 »
28	Un Jaguar qui marche, pendant du précédent	11	22	30 »
29	Un Jaguar debout.	13	20	30 »
30	Un Jaguar couché, tenant un Caïman . . .	8	18	30 »
	QUATRE BAS-RELIEFS AVEC CADRES.			
31	Le premier, un Léopard.	17	21	»
32	Le deuxième, une Panthère.	»	»	
33	Le troisième, un Cerf d'Amérique.	»	»	40 »
34	Le quatrième, une Genette emportant un oiseau .	»	»	
	DEUXIÈME SÉRIE.			
35	Un Cerf qui marche	20	16	35 »
36	Esquisse du Lion des Tuileries.	15	16	35 »
37	Un Chien braque, en arrêt devant un Faisan .	11	22	35 »
38	Un Chien épagneul, en arrêt devant un Lapin (pendant).	12	22	35 »

Nos d'ordre.	SUJETS.	HAUT. centimèt.	LONG. centimèt.	PRIX.
	SUITE DE LA DEUXIÈME SÉRIE.			F.
39	Un Chien basset assis.	14	26	50
40	Un Chien basset assis, pendant du précédent	14	26	50
41	Un Chien basset debout	16	25	50
42	Un chien basset debout, pendant du précédent	16	25	50
43	Un Lion tenant un Guib (Antilope).	12	27	50
44	Un Lion dévorant une Biche	14	31	60
45	Un Lion qui marche	23	40	120
46	Deux jeunes Lions (groupe)	22	17	80
47	Un Tigre dévorant un Gavial (Crocodile du Gange).	11	27	60
48	Un Tigre dévorant une Gazelle	13	33	»
49	Un Tigre qui marche.	23	40	120
50	Un Tigre terrassant un Cerf (réduction d'un groupe en pierre de Charance, appartenant à la ville de Lyon).	16	32	120
51	Un Cheval demi-sang.	20	25	65
52	Un Cheval turc.	29	32	95
53	Un Cheval turc, pendant du précédent	20	32	95
54	Un Orang-Outang monté sur un Gnou (Antilope).	23	25	80
55	Deux Ours (groupe)	23	13	80
56	Un Serpent avalant une Antilope	8	30	55
57	Un Cerf couché (d'Amérique)	26	41	120
58	Un Élan surpris terrassé par un Lynx.	22	31	135
59	Un Ocelot emportant un Héron	17	32	135
60	Un Cerf, une Biche et un Faon	22	26	75
61	Un Taureau debout	17	29	75
62	Un Taureau et un Tigre.	22	23	85
63	Un Taureau terrassé par un Ours.	15	30	100
64	Les Grâces (groupe)	12	8	120
	TROISIÈME SÉRIE.			
65	Un Loup tenant à la gorge un Cerf blessé	21	37	140
66	Un Lion des Tuileries (réduction).	26	35	180
67	Un Tigre dévorant un Gavial	20	54	220
68	Un Éléphant monté par un Indien écrase un Tigre.	29	35	220
69	Une grande Panthère saisissant un Cerf du Gange.	34	55	»
70	Un Cerf dix cors terrassé par deux Lévriers d'Écosse.	35	61	500
71	Le roi Charles VII (statuette équestre)	30	24	170
72	Le général Bonaparte (statuette équestre)	36	29	170
73	Le duc d'Orléans (statuette équestre).	37	30	170
74	Un Cavalier abyssinien surpris par un Serpent.	22	22	150
75	Un Cavalier chinois	35	32	200
76	Deux Cavaliers arabes tuant un Lion.	37	40	350
77	Thésée combattant le Minotaure	47	31	300
78	Angélique et Roger, montés sur l'Hippogriffe	53	67	700
	QUATRIÈME SÉRIE.			
79	Un Bougeoir, feuilles de lierre	9	12	5
80	Un Bougeoir, feuilles de vigne	7	19	9
81	Un Brûle-parfums	11	7	20
82	Une Coupe, ornée d'arabesques, la paire	12	20	40
83	Une Coupe, la même plus élevée, la paire.	20	17	40
84	Une Coupe ornée, dessus vigne et dessous lierre, la paire	12	20	45
85	Une Coupe ornée, dessus vigne et dessous lierre, plus élevée, la paire.	20	17	45

OUVRAGES DE M. BARYE.

Nos d'ordre	SUJETS.	HAUT. centimèt.	LONG. centimèt.	PRIX.	
				F.	C.
	SUITE DE LA QUATRIÈME SÉRIE.				
86	Un Flambeau, style renaissance, la paire	19	9	20	»
87	Un Flambeau, pied feuilles de vigne, la paire . .	23	9	20	»
88	Un Flambeau, pied feuilles de vigne et serpent à la tige	24	10	30	»
89	Un Candélabre 3 branches, tige à serpent (grec), la paire	61	21	100	»
90	Un Candélabre 3 branches, décoré d'arabesques, la paire	55	17	125	»
91	Un grand Candélabre à 12 branches, fruits, feuilles de pavots et animaux	94	»	600	»
92	Un Socle en bronze, décoré d'arabesques	19	46	200	»
93	Un Encrier.	14	33	100	»
94	Un Jaguar dormant	9	32	60	»
95	Un Taureau cabré.	32	30	60	»
96	Deux Chiens en arrêt devant un Faisan	11	26	50	»
97	Deux Chiens en arrêt devant un Lapin, pendant . .	11	26	50	»
98	Une Lionne debout	17	24	»	
99	Un Lion assis, faisant pendant au Lion des Tuileries.	36	34	»	
100	Un Cheval, surpris par un Lion	40	41	180	»
101	Une grande Antilope, surprise par un Crocodile . .	17	42	200	»
102	Un Serpent étouffant une Gazelle.	16	33	»	
103	Un Serpent étouffant un Crocodile	17	37	»	
104	Une Amazone	40	38	165	»
105	Un grand Candélabre à 9 branches, à figures, mascarons et chimères, la paire	95	40	1000	»
106	Un Lustre à 30 lumières, orné de 10 petites figures.	»	»	1400	»
107	Un Socle servant de base au groupe d'Angélique . .	»	»	480	»
108	Un Flambeau bout-de-table, à 2 lumières et cigogne, pièce	35	25	25	»
109	Une Statuette équestre, Gaston de Foix	37	30	250	»
110	Un groupe d'enfants supportant une coquille, la paire.	»	»	145	»
111	Une Cigogne, disposée pour cachet	7	3	6	»
112	Un petit Lapin sans terrasse	»	»	2	50
113	Un Éléphant terrassant un Tigre	»	»	150	»

FRAGMENTS DE LA CORRESPONDANCE INÉDITE

DU

STATUAIRE PRADIER

MEMBRE DE L'INSTITUT, MORT EN 1852

Je publie un extrait de la correspondance du célèbre statuaire et académicien avec la plus scrupuleuse exactitude. J'ai fait respecter religieusement à l'imprimerie toutes les fautes qui se trouvent dans les autographes.

THÉOPHILE SILVESTRE.

Demain matin je serai chez vous..... J'ai besoin de voir la Reine le plus souvent possible, faites moi donc inviter aux soirées le plus possible vous me rendrez service.
N. B. Duret est invité pour la première soirée.

J. PRADIER.

Quelqu'un de haut placé ayant vu ma statuette de la Reine paraît en désirer un marbre ou bronze. Quelques autres personnes aussi ont manifesté le désir d'en avoir. Je vous serais très reconnaissant de me le faire apporter leplutot possible à mon atelier où on doit venir la voir peut être demain... Je veux tacher de ne pas avoir fait un travail long et difficile pour le *Roi de Prusse*.

J. PRADIER.

Auber fort touché du don que vous me faites d'un morceau de marbre grec pour son buste, doit aller vous en remercier aujourd'hui vers les trois heures avant de venir prendre séance.
N'oubliez pas votre peu fortuné statuaire et tout dévoué

J. PRADIER

Puisque je n'ai rien à faire pour le moment venez donc me donner une heure 5 ou 6 fois, si vous désirez quelque chose sorti de mon ciseau. Je vous l'ai offert et c'est avec grand plaisir que je ferai pour vous ce petit travail qui ne perdra rien de sa valeur dans l'avenir je l'espère.
Venez voir aussi le portrait en pied du Roi, j'espère qu'il aura plus de succès que la Reine et qu'il rapportera plus à l'auteur. Vous verrez en outre le portrait d'Auber qui fait pousser des exclamations à tout le monde etc., etc., etc.

J. PRADIER.

Je compte encore sur votre bonté pour me faire obtenir ce morceau de marbre grec [1] qui je vous repète ne peut servir qu'à moi..... Vous verrez que si vous me permettez de faire votre buste comme j'en ai l'espérance ce que je saurai faire du restant de ce marbre. Je viens de faire celui de C. c'était l'objet que je voulais vous faire voir. Je vais en attendant le votre faire celui de V. qui est resté saisi quand il a vu le buste de C. C'est un joujou pour moi que ce genre de travail, c'est une distraction. Ainsi ne vous en faites pas faute pendant que je me repose. . . . .

J. Pradier.

4 septembre 1845.

. . . .
Je n'ai pas été instruit de cette mesure toute particulière et qui n'est pas observé pour de certains peintres tels que Vernet, Heim, Granet, etc..., etc..., etc... Suis je moins que ces artistes.

J. Pradier.

Vous ne direz pas que je ne suis pas souple et obéissant. Peut-on à présent commencer le feu..... Ayez la bonté de me le faire dire . . . .
. . . .

Je viens d'examiner de nouveau ma statuette du Roi, c'est en vain que j'ai cherché les défauts que vous m'aviez signalé. Le général Delarue qui était avec moi n'a pas trouvé plus de boutons qu'il n'en faut et cependant il est ferré sur les uniformes. Personne je vous en répond ne fera le Roi[2] mieux que moi, plus noble et l'alure plus juste. Du reste c'est l'opignon de tous ceux qui le voyent, j'aime à penser de vous ce que dit le proverbe que *qui méprise achette*. Ainsi vous avez trop d'exellentes qualités pour chercher à découvrir dans un ouvrage de petites niaiseries que l'auteur souvent laisse avec intention. Sur ce point j'ai acquis de l'expérience. Ayez donc la bonté cher ami de faire voir au Roi cet ouvrage et lui demander en lui offrant cette épreuve ses ordres à ce sujet. J'attendrai avant de la mettre en public et qui en voudra payera 100 francs. Alors peut être en viendront ils chercher ceux qui en désireront à ce prix modique.

J. Pradier.

Voilà la statuette du Roi qui plaît beaucoup. Faites moi le plaisir de la présenter au Roi et lui demander s'il en désirerait en marbre pour sa famille. Je pense que ce sera peu de choses pour tous les membres de cette famille.

Je vais en envoyer une épreuve à la Reine des Belges qui a déjà accepté sa mère (moyennant un remerciment). Voila à quoi en est réduit le premier statuaire de la terre..... à ce qu'on dit.

J. Pradier.

---

1. Il s'agit d'un de ces blocs de marbre de Paros d'un choix magnifique et très-coûteux qui, après avoir été tenus en réserve avec le plus grand soin et la plus extrême économie, ont été successivement épuisés, sous le dernier règne, au profit personnel de Pradier.

2. Louis-Philippe.

Je vous envoie les deux épreuves de leur majesté le Roi et la Reine. Ayez la bonté en les donnant à M. de Montalivet de lui dire que j'en ai beaucoup d'épreuves à sa disposition et que s'il trouve l'occasion de nous les placer cela nous fera plaisir. En les mettant à 50 francs l'une je pense que ce n'est pas trop demander. . . . .

J. Pradier.

2 janvier 1847.

J'arrive de la campagne ou j'étais avec mes enfants et la un journal sans me surprendre m'annonce que le Roi me commande la statue du maréchal *Valé*. Habitué aux *canards* écrivassiers, je ne fais aucun fonds de cette nouvelle et cependant comme c'est plus dans les choses possibles que non, je viens vous prier de me faire savoir la verité . . . .

Peut on faire emporter ce marbre que n'ayant rien à faire je ferai commencer ces bustes que je fais pour le roi de Prusse [1].

J. Pradier.

Voudriez-vous être assez obligent de me faire ordonnancer de ce qui m'est dû sur le monument de S. A. R. le duc d'Orléans, nous aurons terminé dans 15 jours et certainement je ne serai pas payé même 15 jours après. En parlant de ce prince, il paraît que Scheffer fait aussi de la sculpture à la façon de..... Marochetti mon ami, je veux dire à la façon *de Loison* jeune sculpteur *son fabricant*. Quand vous aurez un tableau à faire et que vous ne trouverez pas de peintre assez savant je m'en chargerai à la façon de..... C'est un duc d'Orléans mort pour un tombeau. Merci votre affaire va bien.

J. Pradier.

Je viens de voir C. qui m'a bien surpris en me disant que rien n'était décidé au sujet de ma statue (La Poësie Légère). Voyez donc cher ami à quoi servent les chefs d'œuvre et les artistes de notre pays. Il faut que ceux la même mendient et pleurent pour vendre leurs ouvrages qui font la gloire d'un pays. Devant qui faut il que je ploye le genou? Et tout cela pour arriver à me donner pour à peine mes dépenses hélas! Que devenons nous..... Cher ami je me recommande à vous pour cela et pour autre chose.

J. Pradier.

Mai 1846.

Avez vous eu la bonté de penser à moi au sujet de la réclamation d'indemnité pour le monument que j'ai fait du Prince Duc d'Orléans. Ne serai til pas à propos d'adresser aujourdhui une demande à qui de droit. Un *ruban* qui me ferait justement l'égal de quelques uns de mes confrères serait peut être plus facile a donner comme recompense dans cette circonstance. Cependant dans ma situation je préférerais la 1ere à la 2eme, si toute la justice ne m'était pas rendue je veux dire en m'accordant l'une sans l'autre, car une réputation justement acquise et des succès toujours nouveaux ne me donnent ils pas le droit d'y prétendre à part que l'ingratitude et l'insouciance s'en mêlent.

J. Pradier.

Paris, 3 juin 1846.

---

[1]. Bustes de la famille du Roi Louis-Philippe.

Je suis oisif dans ce moment et suis donc tout entier à votre service. Le préfet fait travailler les rapins à l'enchère et le Ministre de l'Intérieur s'occupe peu pour l'instant des artistes......

N. B. Pensez à mon portrait en pied (de femme.)

. . . .

Je me recommande encore et toujours à vous pour faire faire à la Maison du Roi l'acquisition de mon groupe qui est au Salon.

J. PRADIER.

Ne me laissez pas mes 3 objets dans le grand salon : les Princes et mon groupe de la Pieta qui a besoin d'une seule lumière n'ayant qu'une face. Vous savez que c'est un lieu qui m'est presque consacré. On croirait que j'ai démérité et que je dégringole ce qui ne sera pas de longtemps.....

P. S. Je viens d'offrir de nouveau à M. de Montalivet ma main et mon savoir pour son buste que je veux faire absolument surtout à présent qu'il est ici, qu'il va pas mal et que *je ne fais rien.*

J. PRADIER.

. . . .

J'ai écrit au Roi et l'ai prié de faire l'acquisition de mon groupe de la Pieta.....
Avez vous une bonne nouvelle à me donner à ce sujet car je n'ai pas perdu l'espoir. .

. . . .

Je viens d'écrire à M..... pour le prier de faire l'acquisition de mon groupe en marbre (la Pieta) exposé aujourd'hui au Louvre. La Reine trouvera encore une occasion de prouver sa bienveillance en fesant don de cet ouvrage à une église de Paris.

. . . .

Ayant un peu usé mes acquéreurs et mes ressourses, je dois en les laissant prendre du repos, éveiller ceux dont le sommeil est trop long pour moi. Le nud ne pouvant être aujourd'hui un prétexte de refus et ne voulant non plus vous imposer mes Vénus et mes Nymphes je viens vous prier, dans l'espoir que vous voudrez bien m'aider dans la réalisation de mon vœu.

J. PRADIER.

Le plus fameux statuaire du siècle presque misérable cela ne fait pas honneur à son pays dit on..... C'est vrai, mais jamais on a vu le mérite être recompensé de suite il faut que le temps ait consacré la vérité les hommes ne se fient pas à la réussite présente. Tout ceci est pour vous dire que je n'ai pas le *sou*..... Ayez la bonté de me faire payer le plus promptement possible les deux modèles que j'ai fait pour le Roi (Prince et Princesse.)

J. PRADIER.

Avez vous quelques bonnes nouvelles à me donner au sujet de mon groupe en marbre aura t on la honte de me le laisser à moi..... Que veut on que je devienne..... N'est il pas honteux qu'un des premiers statuaire du siècle soit obligé de s'humilier genoux par terre pour trouver du pain pour sa famille et son triste avenir ' hélas! voila le vis de l'administration de la France un Roi avare (affreux exemple) et puis s'il laisse tomber un os de sa table on le partage entre les bons et les

mauvais également..... Oh! pauvres Arts ou en êtes vous réduits. Persécution bien entendue. Misère, misère! et malheur!... Le Roi se dit pauvre il est endetté de 19 millions. Blague trois fois blague il y a des gens qui savent mieux calculer que moi et qui savent aussi ses affaires. En effet il est endetté mais c'est la nation qui payera un jour qui n'est pas loin son capital et son revenu. Il se garde bien de le toucher. On s'est ou tout ceci s'en va. Ses enfants sont tous extrememement riches à millions exemple malheureux pour les hommes qui vivent aujourd'hui de *leur talent et pour la France*. On en parle hautement et la crainte saisit un chacun qui s'attend à une mauvaise chose pour la famille mais à une meilleure chose pour la nation. Qui vivra verra. Pour mon compte j'espère ne pas voir cela car après mes travaux finis ou dans la moitié desquels je perds plus que je n'y gagne, je laisserai le pays ou ma peine et mon talent ne peuvent me faire subsister honorablement. C'est donc pour la dernière fois décidément que je viens encore vous prier de m'aider dans cette circonstance auprès de l'autorité pour la vente de mon œuvre. . . . .
. . . .
Donnez moi du courrage et surtout de quoi en avoir.

Tout à vous
J. Pradier.

Recevez un petit ouvrage de mes mains. Je desire que vous l'acceptiez et le conserviez en mémoire de votre tout affectionné

J. Pradier.

N. B. Je ne vous la donne pas [2] comme un Mentor à suivre, car la sagesse vous est acquise depuis long temps mais comme un bon présage et comme déesse qui doit vous présider un jour dans le cercle des immortels.

J'ai vu quelques membres de l'Institut. Vous aurez une nomination très honorable. J'ai dit à C. que vous vous presentiez pour la seconde fois. Il a dit qu'il ne ferait aucune démarche cette fois ci. Voila les nouvelles.

L'exposition en sculpture est ouverte à présent... Mes élèves ont beaucoup de chance... Les autres font *fiasco* . . . .
. . . .

J. Pradier.

4 septembre 1843.

---

1. Tout le monde sait que Pradier gagnait au moins de 30 à 40 mille francs par an.
2. Une Minerve. Le personnage qui recevait la statuette était un postulant à l'Institut.

DIAZ

A M. CHARLES RHODES

Thomas Diaz de la Peña, bourgeois de Salamanque, proscrit par le roi Joseph à la suite d'une conspiration politique, passa la frontière française à travers mille dangers, et s'arrêta à Bordeaux avec sa jeune femme Maria Manuela Belasco, qui, sous le coup des fatigues et des agitations du voyage, mit au monde dans cette ville, le 20 août 1807, Narcisso Virgilio Diaz, aujourd'hui l'un de nos peintres célèbres.

Les réfugiés ne trouvèrent pas la tranquillité en France : Thomas Diaz gagna l'Angleterre, où il mourut après trois ans de séjour. Sa veuve, caractère résolu, passa successivement de Bordeaux à Montpellier, de Montpellier à Lyon et de Lyon à Paris où des amis de famille haut placés la protégèrent en belles paroles, selon l'usage du monde. Elle enseigna les langues pour vivre, et, à sa mort, son enfant âgé de dix ans fut recueilli par un pasteur protestant retiré à Bellevue, dans les environs de Paris.

Le jeune Diaz, diablotin tourmenté par la force du sang (*la fuerza del sangre*), et livré à lui-même par le bon et négligent pasteur, passait sa vie à battre les bois et les chemins de Fleury, de Meudon, de Sèvres, de Saint-Cloud, douces et aimables campagnes où, fatigués du tumulte de la ville, nous aimions tant à nous égarer ensemble, mon brave Charles, à travers les bruyères fleuries et les mousses étoilées, pendant les beaux jours d'automne. Là, une nature sans violences rappelle la magie des décors d'Opéra : le tronc des arbres centenaires y est venu comme d'un seul jet, sans rugosités, sans nœuds et sans caprices dans les bas-fonds pleins de sources ou sur le flanc des coteaux enveloppés d'éternels brouillards, qui abreuvent leurs racines et leurs feuillages dont la verdure intense ne pâlit qu'aux premières apretés de l'hiver.

Du haut de ce monticule où la chapelle de Notre-Dame-des-Flammes s'élève, au milieu des cyprès, l'œil poursuit avec délices les méandres de la Seine, les blancs villages d'Auteuil, de Boulogne, les vagues silhouettes de ce Paris bruyant et fumeux, accroupi comme un monstre aux proportions infinies dans les demi-teintes de l'atmosphère.

Un jour le jeune Diaz, après avoir folâtré de ravin en coteau, s'était endormi sur l'herbe de ce vaillant sommeil de l'enfance que rien ne peut troubler. A son réveil, il se sentit une vive douleur au pied droit, qui gonflait à vue d'œil. Une bonne femme le soigna bêtement; la gangrène apparut; on le fit transporter à l'hospice de l'*Enfant-Jésus*, à Paris, où il supporta coup sur coup deux amputations (la première opération n'ayant pas réussi), et il appelle aujourd'hui gaiement sa jambe de bois : *Mon pilon!*

Sitôt guéri, il passa quelques jours chez un imprimeur, devint ensuite apprenti coloriste dans une fabrique de porcelaine parisienne, et commença la peinture sur des assiettes, des compotiers, des pots de pharmaciens, en compagnie de MM. Jules Dupré, Raffet et Cabat, devenus comme lui des artistes de renom.

Il adorait les spectacles : les drames et les tableaux des romantiques remuèrent toutes les ardeurs de son tempérament naturellement agité. Il fut l'un des fanatiques de Delacroix, et un ennemi bruyant, impétueux, exagéré de la peinture « finie et léchée ». Au lieu de suivre les recommandations du porcelainier, qui voulait plaire au chaland par des images minutieuses et fades, il s'avisa un beau jour de peindre sur deux vases des esquisses d'un effet vigoureux et désordonné. Le patron jeta les hauts cris. Diaz se précipita tête baissée dans l'art libre, à ses risques et périls. M. Souchon, aujourd'hui directeur de l'École de Lille, lui donna quelques leçons de dessin; mais l'impatient élève s'empressa d'échapper à cet habile homme et se mit à faire à la diable ses premiers tableaux, sans avoir rien appris.

Sigalon, ami, compatriote, élève de M. Souchon, et qui en ce temps-là travaillait à son *Athalie*, au milieu des horreurs de la misère, disait souvent : « Diaz a le plus bel avenir, s'il veut travailler ; c'est un fier tempérament de coloriste, et quelle facilité ! Il fait ses tableaux comme un pommier ses pommes. »

Sigalon était un homme robuste, au teint brun, aux larges épaules. Grosse tête obstinée, un peu lourde et commune ; physionomie patiente, attentive et paterne ; conversation sérieuse, pleine de faits, de bons jugements et d'histoires singulières. Il n'avait commencé que fort tard ses études spéciales. D'abord scribe de municipalité, ensuite élève d'une école provinciale de dessin, il ne faisait que des portraits campagnards pour vivoter à la grâce de Dieu. Ce ne fut qu'après la trentaine, que par un suprême effort il vint tomber à Paris, avec une sœur, vieille mégère pleine de dévouement, qui soignait la marmite quand elle avait moyen d'allumer le fourneau. Voué corps et âme à son art, Sigalon se privait de tout et vendait ses nippes pour avoir de quoi payer une séance de modèle vivant. Toujours aux abois et trop souvent servile envers des protecteurs qui ne le protégeaient pas, il travaillait avec une constance héroïque. Ne pouvant rien pour lui-même, il fut utile à Diaz en le recommandant à quelques Nîmois qui lui firent barbouiller des toiles au prix de dix ou de quinze francs. Un bourgeois de la Provence qui en possède une vingtaine, visitant, il y a dix ans, Diaz dans son atelier, lui disait : « J'ai des tableaux de votre jeunesse qui valent bien ceux que vous faites à présent. »

L'artiste, sous l'impression de *Notre-Dame-de-Paris*, de *Lucrèce*

Borgia et des *Orientales* de Victor Hugo, essayait des figures et des processions de moines dont les robes et les capuchons le dispensaient d'études anatomiques, et prenait le Désert pour sujet de ses paysages, évitant ainsi l'embarras de dessiner des arbres. Il montra une verve et une abondance prestigieuses à peindre les Arabes, les Turcs, les Odalisques, toutes les scènes de l'Orient qu'il n'a jamais vues que dans les images ou à travers la lumière des théâtres, et dont les somptueux vêtements et les armes étincelantes l'attiraient et le fascinaient par la turbulence de leur éclat.

Il rendait à merveille, lorsqu'il voulait s'en donner la peine, les fleurs et la nature morte. Voyez au palais de Saint-Cloud, dans la salle à manger de M. Salomon Rothschild et dans la maison de plaisance de son frère James, au bois de Boulogne, ces peintures exécutées en quelques parties à la manière fraîche et juteuse des vieux flamands.

Déjà les yeux des marchands s'ouvraient sur lui : une dame Guérin, qui vendait des curiosités dans la rue du Faubourg-Poissonnière, lui prenait ses petits ouvrages ou les lui échangeait contre de vieilles peintures, des estampes, des armes, des costumes, des chinoiseries, des meubles amassés dans sa boutique, colifichets qui ont entraîné Diaz vers l'amour effréné du bric-à-brac et du luxe, et qui n'étaient pas alors portés au prix fabuleux et ridicule qui les rend inabordables aujourd'hui.

Diaz exposa au salon de 1835 la *Bataille de Médina*, esquisse informe, surnommée par ses amis « la Bataille des pots cassés ». Vinrent les *Nymphes de Calypso*. M. Jules Janin posa, dit-on, pour le Télémaque. « Voilà, dit l'artiste, un tableau de confiseur. » Dans d'autres sujets peints à la même époque, les accessoires et les objets de nature morte, touchés avec beaucoup de fermeté et dans le plus beau ton, font oublier les parties faibles.

Bientôt il ouvrit sa veine inépuisable de *Dianes*, de *Vénus*, de *Baigneuses* et de *Cupidons*. Les marchands, les femmes élégantes du quartier Notre-Dame-de-Lorette et les financiers de la rue Laffitte se disputent encore à prix d'or ces voluptueuses images qui, à mes yeux, n'ont ni pensée, ni passions.

Les *Bohémiens allant en fête*, la *Rivale*, les *Délaissées*, la *Fin d'un beau jour*, les *Présents d'Amour*, le *Maléfice*, l'*Abandon*, l'*Amour désarmé*, quelques paysages, et notamment le *Plateau de la Mare près la Gorge-aux-Loups*, à Fontainebleau : voilà, je crois, les meilleurs ouvrages de cet artiste à la main rapide, inépuisable, qui a fait cent fois plus de tableaux qu'il ne suscite de réflexions; qui tient, pour ainsi dire, le Succès attaché au pied de son chevalet avec un ruban rose, et qui, selon le mot de Rubens, a trouvé la pierre philosophale sur sa palette. Je ne veux rien dire de son grand tableau qui, à beaucoup près, n'a pas réussi à l'*Exposition universelle de* 1855, et qui accuse tous les défauts de l'auteur sans révéler la moindre de ses qualités ; mais une erreur, si énorme soit-elle, ne détruit pas la sympathie publique pour cet artiste des plus heureux et des plus féconds, trop fécond peut-être aux yeux du spectateur attentif et sérieux qui sait par expérience toute l'application et tout le temps qu'exige l'expression forte et vraie des caractères et des passions.

Diaz est dans la force de l'âge, et il conservera jusqu'à la mort l'impétuosité de son tempérament. Taille moyenne, complexion robuste, sang bouillant, teint brun, bistré; chevelure, barbe et moustaches d'une abondance luxuriante et d'un ton noir-bleu d'aile de corbeau ; grands yeux aux prunelles veloutées dans un fond de nacre humide ; mouvements brusques, vivaces ; parole prompte, emportée, pittoresque dans sa crudité; imprévue, mordante et comique dans son décousu et dans sa liberté sans frein. Cette parole originale rend vivement les impressions rapides qui traversent comme des feux-follets le cœur et la tête de l'artiste, dont le caractère généreux et sincère s'ouvre à deux battants devant le premier venu, et qui, en parlant des morts, des vivants ou de lui-même, se répand comme un vase trop plein. Cette abondance précipitée l'empêche de poursuivre à fond aucune idée sur les choses qu'il sent et qu'il connaît le mieux. Au reste, il ne discute pas; il aime ou déteste les hommes et les choses selon son goût et son humeur, sans moyens termes; — disposition qui chez un artiste n'est pas si mauvaise qu'on pourrait le croire, — il s'impatiente, s'anime, s'emporte, brise quelquefois la raison, et achève par un geste ou par des jurons, quand les mots lui manquent, une phrase commencée avec trop de feu.

Il me disait, pour montrer à quel point ce pauvre M. Ingres manque d'originalité : « Qu'on l'enferme avec moi dans une tour SANS GRAVURES ! ce *particulier* y restera avec sa toile vierge, incapable de rien tirer de lui-même, et j'en sortirai, moi, avec un tableau. »

Sans se montrer exempt d'injustice, Diaz est un excellent homme, serviable, humain et doux comme un mouton avec ceux qu'il aime. Il n'est pas jaloux de ses contemporains et il achète à l'occasion leurs tableaux qu'il fait voir et qu'il vante à tout le monde; mais ses choix sont limités comme ses sympathies. « Ma peinture, disait-il un jour, fait bien dans les salons et les boudoirs; les tableaux de Courbet resteront dans les antichambres et les cuisines. » — « Possible, répondit Courbet, je ne les fais pas pour les mauvais lieux. »

Avec toute sa loyauté et sa franchise, Diaz sait protéger très-finement ses intérêts, et déjouer tous les calculs de ses acquéreurs; il se défend, il a raison. Son atelier est encombré de meubles, de tableaux, de tapisseries, de costumes orientaux et de brimborions d'un prix ruineux. Tous les accessoires de l'art romantique à la mode dans ces vingt-cinq dernières années étincellent, rayonnent autour de lui, et lui font détester « nos gueux de paletots. »

Il a non-seulement la passion des belles choses, mais la fureur du luxe, de la magnificence et du faste. Quand il lui prend envie d'un objet, son désir est une fièvre d'enfant : rien ne l'arrête; il jette l'argent à pleines mains. Je crois que s'il avait la fortune de Rothschild, il ferait mouler en or massif pour sa maison les portes de bronze du baptistère de Florence. Cet artiste magnifique, généreux, imprévoyant, ne cachera jamais un sou chez son notaire. Cinquante mille francs gagnés à coups de pinceau tombent tous les ans de ses mains comme l'eau qui s'écoule à travers les mailles d'un panier.

Diaz est assiégé par les amateurs et les marchands, obligés de s'y prendre deux ou trois ans d'avance et de le payer fort cher pour obtenir de lui le moindre tableau. Cette vogue le condamne à sacrifier à la corruption du public, à travailler continuellement, à *chauffer son four*, comme disait Charlet en ses moments besogneux, et ne lui laisse pas une heure de liberté pour la réflexion et l'étude. Aussi le voyez-vous produire par douzaines, avec la rapidité d'une usine, ces femmes et ces enfants aux cheveux d'or, aux chairs blanches et roses, figures ressuscitées des vignettes ou bien imaginées et faites à la course, fourmillant de défauts et de qualités originales, séduisantes pour le public, mais trop souvent indignes du beau tempérament de cet artiste doué par la nature avec tant de prodigalité.

Il est vrai qu'il ne fait pas un compte sérieux de ces tableaux éparpillés dans le monde comme de folles graines, et qu'il se réserve de donner à l'art toute sa conscience et tout son temps le jour où la fortune l'aura mis au-dessus des besoins et des soucis matériels. Faux et détestable calcul.

Les circonstances l'ont entraîné : enfant privé de toute éducation première, jeune homme livré à la misère et à ses passions, homme mûr gâté par la faveur publique, il ne pouvait guère manquer de suivre au jour le jour l'impulsion de la nécessité. Il a pris de bonne heure l'habitude de travailler pour vivre, et si les principes de l'art devaient, sous aucun prétexte, céder le pas aux vulgaires intérêts de la vie, Diaz serait bien autrement excusable que ne l'est M. Decamps qui, lui, né dans l'aisance et dans la liberté, semble n'avoir travaillé que pour plaire et pour vendre.

Diaz se soutient par l'ardeur de son tempérament et l'énergie de sa volonté; mais ses bouillonnements sont suivis de grandes défaillances. Les artistes plus ou moins instruits qui ont essayé de le faire raisonner, l'auraient dérouté depuis longtemps, s'il était homme à oublier un seul moment ses impressions naturelles. Il sait bien aussi tout ce qu'il lui manque, il en gémit intérieurement, il le confesse quelquefois sans aveuglement et avec une rare franchise; mais il va toujours droit son chemin, et se console en disant : « Les ouvrages des académiciens, plus ou moins bien établis sur de grandes règles, sont toujours ennuyeux. »

Il ne vit donc que de sensations rapides et capricieuses. Il serait plus logique dans ses préférences et plus constant dans ses aspirations, s'il s'était mis de bonne heure à même de connaître, de comparer, de juger les choses, au lieu de se borner à les sentir. Tout lui saute aux yeux, rien ne le pénètre. Je n'ai jamais pu savoir précisément de lui les motifs qui l'ont quelquefois porté, dans ces derniers temps, de l'imitation de Boucher et de Watteau à l'impuissante recherche de la forme antique.

Il ne se montre très-conséquent avec lui-même que dans son amour des grands coloristes et dans son éloignement pour les autres maîtres qu'il ne regarde même pas. Obéissant à la loi des affinités, il voisine tour à tour chez Rembrandt, le Corrége, Claude Lorrain, Murillo, Vélasquez, Rubens, Pierre de Hooghe et les petits hollandais. « Voilà, dit-il, les clairs, les lumineux, les magiciens ; il me semble que tous ces *cocos*-là sont mes parents ; » mais il adore entre tous le Corrége : « Je vais à lui, ajoute-t-il, comme un papillon vole à la flamme : on a beau l'accuser de mollesse, de relâchement dans la forme, moi, je ne vois que sa couleur et son rayonnement; discutera qui voudra sur son dessin et sa composition, peu m'importe; il me plaît, cela me suffit; je trouve après tout qu'il s'exprime aussi complétement que peuvent le faire ses plus illustres rivaux, et qu'en outre il est doué d'un charme particulier dont nul n'approche. »

Diaz ne se croit pas non plus aussi porté qu'il paraît l'être vers les sujets convenus gracieux et dont la fadeur contraste même péniblement avec son humeur castillane; mais le commerce le tient rivé au mauvais goût du public, et les chalands qui l'obsèdent à toute heure de leurs exigences niaises entraînent son talent aux plus fâcheuses déviations. Il s'irrite avec une extrême sincérité contre la sottise bourgeoise; mais il ne guérit pas de ses complaisances.

Quelques sujets terribles et fantastiques s'agitent, dit-il, dans son esprit depuis quatre ou cinq ans : il se propose, si j'ai bonne mémoire, de peindre, après de longues et sérieuses études, la *Résurrection d'un cimetière au clair de la lune*, tableau dont chaque figure serait la personnification saisissante d'un vice capital de l'humanité.

Il s'inquiète singulièrement de baptiser ses tableaux; mais on verra dans le catalogue que les noms recherchés qu'il a donnés à ses compositions ne les font jamais deviner. Il suit en cela l'exemple des littérateurs qui mettent tout leur esprit dans leur titre.

Je me souviens, à ce propos, du conseil qu'un écrivain donnait à un peintre après la révolution de février : « Je vous apporte, disait-il, le sujet d'un superbe tableau : *Les Trois sœurs.* » Étaient-ce trois demoiselles de la ville, de la campagne, de Paris ou de Londres, les trois Parques, les trois Grâces ou les trois Vertus théologales? Nullement, c'étaient la Liberté, l'Egalité et la Fraternité! Le journaliste ingénieux les voulait habillées l'une de rouge, l'autre de bleu, la troisième de blanc, sans penser qu'il proposait en somme pour sujet un drapeau tricolore.

Mais un mot sur le praticien : Diaz enlève vivement ses sujets à la pointe de la brosse, sans avoir pour ainsi dire au préalable dessiné ses figures, car il ne m'est pas possible d'appeler dessin les premières indications qu'il trace sur sa toile à coups de crayon blanc. Sa manière de peindre est variable comme son humeur : il débute tantôt par les tons clairs, tantôt par les tons sombres, quelquefois par les tons intermédiaires, selon le caprice du moment et l'état de ses nerfs. Il se sert, mais beaucoup moins que ne le fait M. Decamps, du couteau à palette, non-seulement pour obtenir, par ce moyen, des tons plus éclatants, mais surtout pour aller plus vite en besogne. Il emploie les couleurs à l'état vierge, c'est-à-dire sans les étendre dans l'huile dont il craint les mauvais effets pour l'avenir du tableau. Il exagère les empâtements et les frottis, mélange très-peu ses tons, de peur de les affaiblir, les subdivise à l'infini et les pose de proche en proche sur la toile comme s'il faisait des bouquets ou des assortiments d'échantillons, espérant arriver ainsi à des aspects très-variés ; mais il tombe dans un certain papillotage, excès contraire à la monotonie de M. Decamps, qui n'est pas coloriste.

Les meilleures peintures de Diaz sont, à mon goût, ses paysages, étudiés sinon à fonds, du moins rapidement préparés d'après nature dans les plus beaux sites de la forêt de Fontainebleau. Les quartiers que l'artiste y fréquente de prédilection sont le Bas-Bréau où les chênes séculaires semblent dans leur imposante vétusté avoir ombragé les sanglants sacrifices des Druides et balancé les boucliers des guerriers gaulois ; les gorges d'Apremont, dont les endroits les plus pittoresques et les plus sauvages ont été dans ces derniers ans bouleversés par des semis de pins ; la vallée de la Solle, pleine d'accidents, de caprices énergiques, et plantée de hêtres, de bouleaux et de chênes entrelacés et mystérieusement confondus. L'artiste a peint souvent les grès, les mousses, les bruyères de ce pays de serpents, et fait poudroyer le soleil à travers les riches et inextricables frondaisons.

Enfin, malgré les incertitudes, les faiblesses et les relâchements de son talent, Diaz a le mérite d'avoir conservé, entre Delacroix et Decamps, la force et l'originalité. Vous le reconnaîtrez toujours. On pourrait bien lui reprocher d'avoir vainement cherché à imiter le Corrége, les peintres galants du xviii° siècle et surtout Prud'hon; mais on voit toujours à la fin qu'il est plutôt lié à ces devanciers par des sympathies de nature que par des tendances au plagiat. Son dessin d'ailleurs a des formes vicieuses dont lui seul semble avoir le triste privilége, et que la vivacité, l'éclat, la fraîcheur et le velouté de son coloris ne font pas pardonner.

Il n'a compris qu'un des côtés de l'art; mais il l'a saisi avec un rare bonheur. Moins calculé, moins volontaire, moins tourmenté que ne l'est M. Decamps, Diaz se montre en revanche plus facile, plus sincère et plus riche. Son ignorance est naïve et bonne fille; celle de Decamps est étroite et dissimulée. L'un se ferme avec la dureté d'un cadenas, l'autre s'épanouit avec la splendeur d'un éventail.

Si Diaz avait eu le temps, les moyens, la volonté de se livrer fortement à l'étude, et si surtout la mode qui s'est attachée à lui ne l'avait pas perverti, il serait devenu, non pas seulement un des plus brillants *dilettanti* de la couleur, et un grand maître; il aurait remué des pensées et des sentiments, tandis que ses caprices ne servent qu'à séduire et charmer les sens comme les parfums et les fleurs. En dépit de tout Diaz est un peintre, un vrai peintre.

Mais il aura créé dans l'école moderne de bien dangereux précédents, et son extrême licence ne rencontre déjà que trop d'imitateurs. En se jetant dans tous les écarts d'une improvisation brillante et facile on ne renverse pas le pédantisme des Académies, on le justifierait plutôt. La Science est en elle-même une vraie force qu'on ne doit jamais dédaigner et rien au monde ne dispense un artiste sérieux de l'étude et de la méditation. MM. Delacroix et Decamps avaient déjà poussé trop loin le goût des esquisses primesautières au détriment des formes positives que les coloristes les plus fougueux, le Tintoret, Rubens et Rembrandt lui-même n'ont jamais à ce point négligées. Mais Diaz, dans ses tranquilles et souriantes peintures n'avait pas, comme Delacroix par exemple, à rendre, par l'emportement d'un premier jet, les gestes violents, les physionomies agitées; on pouvait attendre de lui plus de certitude et de correction. Diaz est l'homme des fêtes et des feux d'artifice; Delacroix s'élance au contraire dans les athmosphères orageuses et il revient toujours de la bataille, souvent blessé, toujours vainqueur. Son désordre ressemble à celui de la guerre; mais il ne faut pas oublier que ce grand artiste est aussi savant et réfléchi qu'il s'est montré passionné.

Les maniaques du ragoût, les fanatiques de la pochade, en mettant la palette au-dessus de l'idée, l'éclat extérieur à la place du caractère et de la force concentrée, sont arrivés à perdre de vue les grandes lois de l'Art et de la Nature. On ne sait pas toujours ce que le peintre a voulu faire dans un tableau confus, qui produit à première vue beaucoup d'effet. Il faut alors s'appliquer péniblement à démêler la forme des personnages et des objets qui semble plutôt résulter du hasard que provenir de la volonté de l'artiste. Un de nos écrivains célèbres prit un jour un massif d'arbres esquissé sur un panneau pour un gros poisson, et il persista même assez longtemps de très-bonne foi dans cette manière de voir. Pareille méprise n'était peut-être pas encore arrivée.

Tout cela est déplorable; mais qui faut-il accuser? Les Académies. Elles ont dégoûté par leurs recettes étroites et par leurs insipides ouvrages le public qui se jette de nos jours avec enthousiasme sur les nouveautés les plus déréglées. Ainsi, les mauvaises femmes font douter de l'Amour, les mauvais prêtres outragent la Divinité, et les pédants ruinent la Tradition.

OUVRAGES DE M. DIAZ

VENTES PUBLIQUES

Vente de la collection de M. Paul Périer, 19 décembre 1846 : La Descente des Bohémiens (2,900 fr.). — Jeune fille au bain (655 fr.). — Le Maléfice (1,225 fr.). Intérieur de forêt (400 fr.). — Scène dans un parc et le pendant (800 fr.). — Fantaisie (300 fr.). — Pendant du précédent (300 fr.). — Étude de forêt, figures de Decamps (250 fr.). — Chevaux dans un pâturage (300 fr.). — Étude de la forêt de Fontainebleau (900 fr.). — Amours mythologiques, aquarelle (120 fr.).

Vente de la collection de M. Diaz, 3 mars 1849 : Effet de crépuscule (65 fr.). — Étude de tronc de chêne (72 fr.). — Étude de hêtre (79 fr.). — Effet de soleil. Georges d'Apremont (38 fr.). — Effet de printemps. Quelques arbres longent un champ (100 fr.). — Petit bois à l'Épine (100 fr.). — Effet de soleil couchant à Barbison (100 fr.). — Étude au Bas-Bréau (71 fr.). — Étude sur la route du Bas-Bréau (130 fr.). — Allée dans le Bas-Bréau (210 fr., à M. Cicéri). — Esquisse de figures (140 fr.). — Autre idem (139 fr.). — Effet de soleil couchant dans le Bas-Bréau (65 fr.). Terrain dans les gorges d'Apremont (53 fr.). — Descente de vaches (80 fr.). — Esquisse de la République (121 fr.). — Étude de tronc de chêne (75 fr.). — Sorcière (115 fr.). — Effet de soleil couchant (95 fr.). — Une conversation (95 fr.). — Étude de terrain (145 fr.). — Étude de tronc de hêtre dans le Bas-Bréau (125 fr.). — La Bonne aventure (385 fr.). — Vaches auprès d'une mare (156 fr.). — La Bonne mère (206 fr.). — Étude de bouleaux à Jean de Paris (75 fr., à M. Cicéri). — Tronc de chêne éclairé par le soleil (100 fr.). — Deux esquisses; composition de femmes et enfants groupés (201 fr.). — Plaine de Barbison (140 fr.). — Vue prise dans la sablière au Bas-Bréau (101 fr.). — Vue prise dans le Bas-Bréau (160 fr., à M. Arowsmit). — Groupe de chiens dans la forêt (215 fr.). — Vue prise à Jean de Paris (80 fr.). — Bazar (265 fr.). — Vue prise dans la plaine de Barbison (132 fr.). — Une Mère et ses enfants (261 fr.). — Troncs de hêtres dans la forêt de Fontainebleau (235 fr., à M. Cicéri). — Groupe de chiens (115 fr.). — Étude de grès et de bouleaux (175 fr.). — Une résurrection (105 fr.). Chevaux dans une plaine. — Groupe de personnages sous une feuillée (325 fr.). — Jeune paysanne les pieds dans l'eau (480 fr.). — Vue prise à Juvisy (250 fr.). — Bohémiens (520 fr.). — Étude de hêtres dans le Bas-Bréau (245 fr.). — Personnage debout; près de lui deux chiens (480 fr.). — Étude de troncs de hêtres dans le Bas-Bréau (400 fr.). — Une sainte-famille (200 fr., à M. Cicéri). — Vue prise dans les gorges d'Apremont (330 fr.). Réunion de Bohémiens (740 fr.). — Bouleaux dans la vallée de la Solle (86 fr.). — Diane chasseresse (350 fr.). — Étude dans la petite allée du Bas-Bréau en sortant de la porte aux Vaches, et allant à Jean de Paris (154 fr.). — Suzanne au bain (130 fr.). — Effet de soleil couchant dans l'allée de la porte aux Vaches (135 fr.). — Les Petits voleurs de pommes (306 fr.). — Étude d'arbres dans le Bas-Bréau (290 fr.). Vénus et les Amours (620 fr.). — Descente de chiens courants (200 fr.). — Une femme et ses enfants à la promenade; près d'elle deux chiens (660 fr.). — Vue prise au haut du Dormoir (135 fr.). — Baigneuse caressée par l'Amour (640 fr.). Vue prise dans la vallée de la Solle (85 fr.). — Vénus et l'Amour (640 fr.). — Vue prise au Bas-Bréau (130 fr.). — Groupe de fleurs suspendu (200 fr.). — Femme entourée d'amours (110 fr.). — Village près Macherain (200 fr.). — Sainte-famille (180 fr.). — Vue prise dans la vallée de la Solle (204 fr.). — Femme faisant jouer un enfant sur un chien (250 fr.). — Étude de bouleaux (154 fr.). — Groupe de figures (165 fr.). — Étude de bouleaux (80 fr.). — Pêcheur dans une mare, dans la forêt (148 fr.). — Étude de vaches au soleil couchant (300 fr.) — Étude de tronc de chêne (106 fr.). — Étude de figure de femme nue (105 fr.). — Terrain à Jean de Paris (180 fr.). — Étude au Bas-Bréau. — Étude à la mare aux Évées (165 fr.).

Vente de la collection de M. A. M***, 4 et 5 décembre 1849 : Pavillon turc, femmes couchées (1,020 fr.). — La femme rose (525 fr.). — La Vierge et l'Enfant Jésus (245 fr.). — Les Chiens (245 fr.). — Étude de terrain. — Étude de tronc d'arbre (30 fr.). — Paysage avec vaches (50 fr.). — Guirlande de fleurs (104 fr.). Bouquet de fleurs (30 fr.). — Paysage (205 fr.). — La descente des Bohémiens (3,000 fr.). — La Baigneuse (230 fr.). — La Rêverie. — Le Coucher (175 fr.). — La chaste Suzanne (205 fr.). — La Liberté (84 fr.). — La Procession de moines, dessin (17 fr.).

Vente Thomas, 7 et 8 décembre 1849 : La Diseuse de bonne aventure (60 fr.). — Deux bouquets de fleurs (64 fr.). — Étude de tronc de chêne (37 fr.). — Groupes de fleurs (110 fr.).

Vente Thomas, Perrotin, etc., 4 et 5 février 1850 : Vénus et l'Amour (172 fr.). — Une jeune femme et deux Amours (184 fr.). — Intérieur de forêt (144 fr.). — Une femme et ses enfants caressant un lévrier (200 fr.). — Paysage. Soleil couchant avec figures et animaux (55 fr.).

Vente de la collection de M. Diaz, 30 mars 1850 : Femme au bain; l'Amour lui offre un collier (360 fr.). — Une baigneuse surprise par des amours (850 fr.). — Les présents d'Amour (750 fr.). — Vénus désarme les Amours (700 fr.). — Le Temple d'Amour (730 fr.). — L'Assomption de la Vierge (1,100 fr.). — La Récompense du Génie (705 fr.). — La Rivale (1,050 fr.). — La Prudence (690 fr.). — Baigneuse tourmentée par l'Amour (950 fr.). — La Reine des Amours (660 fr.) — Calisto écoutant les conseils de l'Amour (700 fr., à M. Ruel). — Réveil de Jésus (1,065 fr.). — L'amour puni ; on lui coupe les ailes (925 fr.). — Les Baigneuses (560 fr.). — Les Braconniers, paysage (350 fr., à M. Ruel). — Nymphe entourée d'amours (820 fr.). — Le Puits d'amour (500 fr.). — Combat des Amours (500 fr., à M. Ruel). — Plateau de la Mare, près la Gorge-aux-Loups (500 fr., à M. Dubois). — L'Amour grondé (500 fr.). — Étude de tronc de chêne (225 fr.). — Valet de chiens (400 fr.).

Vente Thomas et Bruyas, 24 avril 1850 : Procession de moines, fusain (10 fr. 50 c.).

Vente Thomas, 9, 10 et 11 décembre 1850 : Jeune femme et des Amours (160 fr.).

Paysage avec mare et bestiaux (40 fr.). — Groupe de fleurs (50 fr.). — Procession de moines (15 fr.).

Vente Thomas, 13 et 14 janvier 1851 : Paysage. — Intérieur de forêt et rochers.

Vente Élie, 17 mars 1851 : La Nativité (59 fr.). — La Bonne aventure (141 fr.). Descente de chiens courants (56 fr.). — Groupes de chiens en forêt (100 fr.). — Terrain à Jean de Paris (64 fr.). — Étude de tronc de chêne (21 fr.). — Conversation, effet de soleil couchant (51 fr.). — Chiens de chasse au repos (310 fr.). — Conversation sous une feuillée (300 fr.). — Paysage (26 fr.).

Vente Élie, 17 mars 1851 : Paysage (276 fr.). — Le Repos des contrebandiers (190 fr.).

Vente de la collection de M. Diaz, 29 mars 1851 : Nymphes entourées par les Amours (1,000 fr.). — La Promenade (1,220 fr.) — Nymphes surprises par les Amours (1,100 fr.). — Eucharis jouant avec l'Amour (1,000 fr.). — La fin d'un beau jour (905 fr.). — Les Amours chassés (1,460 fr.). — La Solitude (800 fr.) — Baigneuses (2,700 fr.). — Repentir (750 fr.). — Le Maléfice (570 fr.). — Consolation (615 fr.). — L'Abandon (305 fr.). — Rêverie (605 fr., à M. Tron). — L'Inconstance (510 fr.).

Vente Thomas, 27 et 28 février 1852 : Intérieur de forêt, étude.

Vente de la collection de M. A.-S., 13 mars 1852 : Baigneuses (371 fr.) — Animaux dans un pâturage (92 fr.). — Charge de cavalerie (105 fr.)

Vente de M. Alfred de Dreux, 20 mars 1852 : Jeune Fille dans un parc (520 fr.). — Baigneuses (750 fr.) — Flore et les Amours (460 fr.). — Vénus et l'Amour (400 fr.). — Les Jeux de l'Amour (380 fr.). — Odalisque (125 fr.). — Fleurs (85 fr.).

Vente Thomas, 14 avril 1852 : Groupe de Chiens au repos (240 fr.). — Un bouquet (90 fr.). — Groupe de jeunes filles sous une feuillée au bord de l'eau. — Autre pendant du précédent. — Jésus et les docteurs, pastel. — Paysage.

Vente du 22 avril 1852 : Groupe de fleurs (24 fr. 50 c.). — L'Amour des fleurs (92 fr.).

Vente du cabinet de M. M***, 23 avril 1852 : Bohémiens écoutant les prédictions d'une jeune fille. — Les Sorcières (325 fr.). — Paysage avec animaux (102 fr.).

Vente de la collection de M. van Isacker, 15 mai 1852 : Baigneuses (650 fr.). — Le Repentir (1,280 fr.).

Vente de la collection Collot, 29 mai 1852 : Intérieur de forêt à Fontainebleau (2,600 fr.). — Paysage avec femme assise près d'un rocher (200 fr.). — Jeune Fille assise sur un tertre, vue de dos (1,140 fr.). — Femmes endormies surprises par des Amours, effet de lune (1,259 fr.). — Jeunes Enfants agaçant des chiens (1,350 fr.). — Le Repentir (520 fr.). — Odalisques (1,060 fr.). — Jupiter et Léda (860 fr.). — Bohémiens (500 fr.). — Chiens de chasse (705 fr.). — Intérieur de forêt, esquisse (92 fr.).

Vente Thomas, 17 janvier 1853 : L'Amour des enfans (350 fr.). — Tête de femme (300 fr.).

Vente de la collection de M. M***, 27 janvier 1853 : Deux compositions de style antique (50 fr. chacune).

Vente de la collection de M. Dugléré, 1er février 1853 : Forêt avec personnages sur le devant (266 fr.). — Jeune Fille entourée d'Amours (800 fr.). — Départ de Diane, pochade (66 fr.). — Jeunes Filles caressant l'Amour (150 fr.). — Les Délaissées (165 fr.). — Intérieur d'écurie, avec chevaux au râtelier (400 fr.). — Les Gorges d'Apremont (300 fr.). — Chevaux près d'une mare (115 fr.) — Le Songe (325 fr.). — Cheval blanc, paissant dans un bois (310 fr.). — Intérieur de forêt (300 fr.). — Jeunes Filles arabes près d'un bosquet, esquisse au pastel. — Tête de jeune femme avec fleurs dans les cheveux (200 fr.). — Réunion de jeunes odalisques dans le jardin du harem (226 fr.). — Adoration des bergers, esquisse (115 fr.). — Étude de terrain avec bouquet de bois (155 fr.). — Étude à Fontainebleau (50 fr.). — Étude d'arbres à Fontainebleau (101 fr.). — Étude dans les Gorges d'Apremont (390 fr.). — Intérieur de forêt (200 fr.). — Bohémiens dans la forêt (960 fr.). — Les Moulins à vent (140 fr.). — Les Délaissées, esquisse. — Autre composition du même sujet (250 fr.). — Étude de bouillon blanc et de coquelicots (265 fr.). — Intérieur d'un parc, figures du temps de Louis XV (265 fr.). — Terrains dans la forêt de Fontainebleau (210 fr.). — Jeunes Filles lisant et causant dans le bois, pochade (150 fr.). — Le Supplicié, effet de clair de lune (160 fr.). — Forêt traversée par des routes; sur le devant des chevaux (60 fr.). — Lisière de forêt (340 fr.). — Intérieur d'appartement, esquisse (99 fr.). — Paysage, effet de soleil couchant (510 fr.). — Études d'arbres au Bas-Bréau (295 fr.). — Souvenir du Zéphir de Prudhon (220 fr.). — L'Alchimiste (155 fr.). — Jeune Femme debout près d'un arbre, regardant des cygnes (255 fr.). — Intérieur de village avec enfants accompagnés d'un frère ignorantin allant à l'église (104 fr.). — Paysage, effet de soleil couchant (790 fr.).

Vente de la collection de M. Cachardy, 12 février 1853 : Nymphe jouant avec un Amour (440 fr.). — Rêverie (320 fr.). — Vénus et l'Amour (540 fr.). — Les deux Sœurs (1,000 fr.). — Famille de Bohémiens (1,025 fr.). — La Mare (440 fr.). — Intérieur de forêt (190 fr.). — Fleurs (105 fr.). — Vaches à l'abreuvoir (350 fr.). — Conversation sous les arbres (480 fr.).

Vente de la collection Bonnet, 19 février 1853 : Bohémiens (720 fr.). — Baigneuse vue de dos (1,200 fr.). — Calisto écoutant les conseils de l'Amour (650 fr.).

Vente du 26 février 1853 : Les deux Sœurs (254 fr., à M. Bourges). — Nymphes endormies surprises par des Amours (1,000 fr.). — Baigneuses dans un paysage (81 fr. à M. Thomas). — Tête de femme (500 fr.) — Intérieur de forêt (695 fr.) — Consolations (820 fr.). — Baigneuse vue de dos (596 fr.).

Vente de la collection de M. de T..., 12 mars 1853 : Le Bas-Bréau, forêt de Fontainebleau (1,180 fr.). — La Mare (440 fr.). — Paysage (340 fr.). — Le Repentir (680 fr.). — Les Enfants à l'Oiseau (485 fr.). — Nymphe tourmentée par l'Amour (330 fr.). — Intérieur de forêt (45 fr.). — Soleil couchant.

Vente du 30 mars 1853 : Tête de bacchante (30 fr.). — Paysage avec figures (108 fr.). — Paysage, vue riveraine (60 fr.).

Vente du 16 avril 1853 : Troncs d'arbres (59 fr.). — Paysage (35 fr.). — Forêt de Fontainebleau (102 fr.). — Nymphes endormies (200 fr.). — Baigneuses (490 fr.). — Étude de terrain (10 fr.). — Nature morte (25 fr.). — Le Rêve. — Les Regrets (415 fr.). — Enfants dans un paysage.

Vente Thomas, du 16 avril 1853 : Troncs d'arbres (59 fr.). — Paysage. — Forêt de Fontainebleau. — Nymphes endormies. — Baigneuses. — Étude de terrains. — Nature morte. — Le Rêve. — Les Regrets. — Enfants dans un paysage.

Vente du 30 avril 1853 : Groupe de fleurs (49 fr.).

Vente Thomas, 17 décembre 1853 : Les deux Sœurs (130 fr.). — Groupe de personnages dans un paysage (360 fr.).

Vente Bourges et Veil, 23 janvier 1854 : Groupe de fleurs (73 fr.).

Vente Arsène Houssaye, 29 mars 1854 : Le Harem (1,160 fr.). — La jeune Arabe (675 fr.). — Seigneur et grande Dame (385 fr.). — Soleil couchant (355 fr.). — Le Coup de Vent, paysage avec figures (500 fr.). — Sujet tiré de Walter Scott (192 fr.). — La Femme rose (226 fr.). — Réunion dans la forêt. — Intérieur de forêt, le Chariot (800 fr.). — Les Bœufs (260 fr.). — Paysage de Fontainebleau (190 fr.). — Jeune Fille cueillant des fleurs (107 fr.). — Femme mauresque (117 fr.). — Paysage, avec animaux (90 fr.). — Repos en Égypte. — Baigneuse. — Les Conseils de l'Amour. — La Présentation, aquarelle (206 fr.). — Femmes turques (100 fr.).

Vente de la collection de M. le baron Michel, 7 avril 1854 : Forêt (1,880 fr.).

Vente Thomas, 24 avril 1854 : Tête de jeune femme couronnée de fleurs (166 fr.). Soleil couchant (380 fr.). — Fleurs.

Vente de la collection de M. M***, 26 avril 1854 : Repentir (600 fr., à M. Stevens). — Habitation turque (560 fr.). — Paysage de Fontainebleau (900 fr.).

Vente des 27 et 28 avril 1854 : Forêt de Fontainebleau (29 fr.). — Soleil couchant (28 fr.). — Canard sauvage, étude (8 fr.). — Paysage, étude (20 fr. 50).

Vente de la collection de M. H., 12 décembre 1854 : Le Valet de chiens (2,350 fr., à M. Bocquet). — Le Harem (1,100 fr.). — L'Espagnole (330 fr.). — Le Troupeau (225 fr.).

Vente de M. de Saint-Hubert, 18 décembre 1854 : Intérieur de forêt (165 fr.). — Jeune Dame, avec un Enfant et un Chat (275 fr.).

Vente de la collection de M. E. S..., 22 janvier 1855 : Soleil couchant (430 fr.). — L'Anneau (460 fr.). — Intérieur de forêt (500 fr.). — La mort de l'Amour (1,600 fr.). — Troncs d'arbres (106 fr.). — Soleil couchant (440 fr.). — Baigneuse vue de dos. — Le Jardin (390 fr.).

Vente Petit, 29 janvier 1855 : Causerie (550 fr., à M. Binau). — Habitation turque, pastel (800 fr.).

Vente Bourges, 6 février 1855 : Soleil couchant (39 fr.). — Femme mauresque (150 fr.). — Jeune musulmane (305 fr.).

Vente de la collection de M. Baroilhet, 12 mars 1855 : L'Adieu (1,180 fr.). — Paul et Virginie, égarés dans la forêt (875 fr.). — Ophélia (860 fr.). — Coucher du Soleil (1,000 fr.). — Les Chiens (505 fr.). — Les trois Hêtres (1,000 fr.). — Chevaux en liberté (240 fr.). — Habitation turque (300 fr.). — Forêt de Fontainebleau (160 fr.). — Chevaux au pacage (410 fr.). — Mare et Forêt (80 fr.).

Vente Martin, 24 mars 1855 : Intérieur de forêt (54 fr.).

Vente de la collection de M. B***, 30 mars 1855 : Femme jouant avec un Oiseau (1,150 fr.). — Les Enfants au coffret (1,310 fr.).

Vente Schroth, 12 avril 1855 : Baigneuses sous une feuillée (655 fr., à M. Thomas). — Baigneuses au bord d'une rivière (400 fr.). — Diane chasseresse (431 fr.). —

Vue de Barbison (420 fr.). — Tronc de hêtre (60 fr.). — Tronc de chêne (56 fr.). — Chasse au renard (230 fr.).

Vente Thomas, 22 avril 1855 : La Reine des Sorcières (221 fr., à M. Cachardy).

Vente Martin, 23 avril 1855 : Paysage, soleil couchant, effet d'orage (71 fr.).

Vente de la collection de M. M***, 12 mai 1855 : Le Repos (415 fr.). — Paysage, la mare (331 fr.). — Les Chiens (265 fr., à M. Thomas). — Fleurs (75 fr., à M. Beugniet). — L'Ami fidèle (176 fr.).

Vente de la collection de M. Crosnier, 22 mai 1855 : Deux petits tableaux de fleurs.

Vente Martin, 27 juin 1855 : Nymphe endormie (931 fr.)

Vente du 10 août 1855 : Les Dernières Larmes, étude d'une des figures d'un grand tableau.

Vente de la collection Silvestre, 5 décembre 1855 : Fontainebleau (250 fr.).

Vente de la collection de M. Eug. Godot, 15 décembre 1855 : Paysage (155 fr.).

Vente du 20 décembre 1855 : Intérieur de forêt (1,390 fr.). — Soleil couchant (650 fr., à M. Bourges). — Un kiosque (350 fr.). — Chiens dans la forêt (540 fr.).

Vente du 6 décembre 1856 : Groupe de chiens dans la vallée de la Solle (1,875 fr.). Rochers dans la même vallée (545 fr.). — Vallée de la Solle (990 fr.). — Paysage dans la forêt de Fontainebleau (305 fr.). — Autre (155 fr.). — Paysage et rochers (170 fr.). — Galathée (1,675 fr.). — Le Baiser (1,425 fr.). — La Confidence (1,000 fr.). L'amour fidèle (410 fr.). — Tous ces tableaux font partie de la galerie de M. Thomas, 18, rue du Bac.

Vente Couteaux, 24 janvier 1856 : Chasse au bois faite en collaboration de Decamps (370 fr.). — Sujet oriental (295 fr.). — Chevaux au vert (231 fr.). — Forêt (1,000 fr.). — Enfants turcs (1,085 fr.). — Paysage oriental (600 fr.).

Vente du 26 janvier 1856 : Forêt avec figure (225 fr.).

Vente de M. Térade, de Bruxelles, 9 février 1856 : Enfants jouant avec un lézard (605 fr.). — Les Trois amis (800 fr.).

Vente du 13 février 1856 : Femme mauresque (421 fr.).

Vente Chintreuil, 14 février 1856 : Paysage (127 fr.).

SUJETS EXPOSÉS AUX DIVERS SALONS

1831 : Esquisses de paysages. — Scène d'amour.

1834 : Sujet tiré du Moine de Lewis. — Turcs. — Un Turc. — Vue prise aux environs de Saragosse. — Archers poursuivant de mauvais garçons.

1835 : Bataille de Médina. — Baigneuses espagnoles sur le bord d'une rivière. — Parc du château de Stirling (Écosse).

1836 : L'Adoration des bergers.

1837 : Paysage, soleil couchant. — Un moulin. — Gorges d'Apremont.

1838 : Le vieux Ben-Emeck, retiré dans une riche campagne, raconte ses aventures de pirate à ses femmes.

1840 : Les Nymphes de Calypso. — Les Femmes d'Alger.

1841 : Le Rêve. — Fuite dans le désert.

1844 : Vue du Bas-Bréau. — Bohémiens allant à une fête. — Le Maléfice. — Orientale.

1845 : Portrait de Mme A. — Portrait de Mme L. — Portrait de Mme T.

1846 : Les Délaissées. — Le Jardin des Amours. — Intérieur de forêt. — Une Magicienne. — Léda. — Orientale. — L'Abandon. — La Sagesse.

1847 : Vue du Bas-Bréau. — Intérieur de forêt. — Chiens dans une forêt. — Le Repos oriental. — Le Rêve. — Orientale. — Femmes d'Alger. — La Causerie. — L'Amour réveillant une Nymphe. — Baigneuse.

1848 : Départ de Diane pour la chasse. — Vénus et Adonis. — La Promenade. — Bohémiens écoutant la prédiction d'une jeune fille. — Meute dans la forêt de Fontainebleau.

1850 : L'Amour désarmé. — Portrait de Mme de S. — Les Bohémiens. — Soleil couchant.

EXPOSITION UNIVERSELLE DE 1855.

Les Dernières Larmes. — Nymphe tourmentée par l'Amour. — Les Présents d'amour. — La Rivale. — Nymphe endormie. — La fin d'un beau jour.

COURBET.

A M. JULES CLAYE.

En voici un qui, depuis sept ans, fait à lui seul plus de bruit par la ville que n'en sauraient faire vingt célébrités soutenues par leurs turbulentes coteries. Les uns le regardent comme la personnification robuste et vivace d'un art nouveau, comme un Caravage qui fait la guerre à l'imagination au profit de la réalité, et sape dans ses vieux fondements l'autorité de nos Raphaël de contrebande ; d'autres le prennent pour une espèce de chiffonnier de l'Art, crochetant la vérité dans la fange des rues, après avoir confisqué et jeté dans sa hotte les dernières loques de l'école romantique de 1830 et les perruques de l'Académie ; des fanatiques l'ont placé d'un seul coup au-dessus de tous les artistes de notre temps, et il jure lui-même d'une foi résolue qu'il effacera sous peu tous les ouvrages modernes de la mémoire du siècle. La majorité des gens du monde, les écrivains, les peintres, les sculpteurs, les vaudevillistes le dédaignent, le nient dans les cercles, l'éreintent dans les livres, dans les journaux, le chargent dans les ateliers et le traînent comme un grotesque achevé sur les planches des petits théâtres, aux applaudissements des badauds.

De même que son illustre ami et compatriote Proudhon, qui est un de nos plus grands écrivains, l'innocent Courbet est devenu la bête noire et enragée du public parisien, aussi persistant et fastidieux dans ses antipathies, que faible et routinier dans ses admirations.

On a affiché, ce me semble, pour cet artiste, trop de mépris ou trop d'engouement, et, pour citer encore une vieillerie, il ne mérite

<small>Ni cet excès d'honneur, ni cette indignité.</small>

Sans être un génie renversant, il ne se montre pas non plus tout simplement un de ces *montagnons* matois et vantards de la Franche-Comté, qui depuis vingt ans ont fait oublier à Paris par leurs hâbleries et leurs intrigues les types surannés du gascon et du provençal, et il faut reconnaître à la fois en lui, sous peine d'injustice, un peintre plein de force, d'originalité et d'extravagance, qui, par la valeur du tempérament, l'ambition réactionnaire contre le passé et la trivialité de ses goûts, se jette souvent tête baissée dans le ridicule, et compromet des qualités solides qu'il n'est au pouvoir de personne de lui contester sérieusement.

Pour bien faire connaître au lecteur cette singulière personnalité, je dois oublier un moment mes sympathies, mes relations personnelles, et la mettre en scène telle que je la vois dans mon for intérieur, telle qu'elle a posé devant moi dans les circonstances les plus diverses. Si l'artiste n'est pas encore arrivé au *connais-toi toi-même*, et s'il ne retrouve pas du premier coup d'œil ses traits dans ce livre comme dans un miroir, ses amis l'y reconnaîtront tout entier : il n'y a pas deux Courbet au monde.

Mon libre procédé est le seul qui convienne à ce caractère sans gêne et sans crainte, qui prêche sur les toits tout ce qui lui vient à l'esprit et qui m'a recommandé sans réserve et sans diplomatie de le montrer tel qu'il est, ou qu'il croit être. Admirons cette confiance en soi-même et cette franchise, si rare de nos jours. Je lui obéis de grand cœur, jaloux de me dire ici, comme lui, l'ami de la réalité et l'élève de la Nature.

Courbet est un très-beau et très-grand jeune homme âgé de trente-six ans et demi. Sa remarquable figure semble choisie et moulée sur un bas-relief assyrien. Ses yeux noirs, brillants, mollement fendus et bordés de cils longs et soyeux, ont le rayonnement tranquille et doux des regards de l'Antilope. La moustache, à peine indiquée sous le nez aquilin, insensiblement arqué, rejoint avec légèreté la barbe déployée en éventail, et laisse voir des lèvres épaisses, sensuelles, d'un dessin vague, froissé, et des dents maladives ; la peau est délicate, fine comme le satin et d'un ton brun, olivâtre, changeant et nerveux ; le crâne de forme conique, cléricale, et les pommettes saillantes marquent l'obstination ; (par ces deux derniers traits, Courbet rappelle, mais en beau, la physionomie de M. Ingres, qu'il surpasse d'ailleurs par sa réelle vocation de peintre, son intolérance en matière d'art et son amour de la renommée) ; les narines, vivement agitées, semblent trahir la passion ; Courbet est pourtant une nature tiède, incrédule, à l'abri des folies morales et des grands chocs de l'imagination. Il n'a de violent que l'amour-propre : l'âme de Narcisse s'est arrêtée en lui dans sa dernière migration à travers les âges ; mais bien qu'il se soit toujours peint dans ses tableaux avec volupté, il ne se pâme réellement que devant son talent. Personne n'est capable de lui faire le dixième des compliments qu'il s'adresse à lui-même du matin au soir, d'un cœur religieux et naïf, et il vous répondra, si vous lui demandez son opinion : « Je suis courbetiste, voilà tout ; ma peinture est la seule appréciable ; je suis le premier et l'unique artiste de mon temps ; les autres sont des étudiants ou des radoteurs. *Tout un chacun* peut penser ce qu'il voudra là-dessus, *je m'en bats l'œil*. Je ne suis pas seulement un peintre, mais un homme ; je puis donner mon opinion raisonnée en morale, en philosophie, en politique, en poésie comme en peinture. Je suis *objectif* et *subjectif*, j'ai fait ma synthèse. Je me moque du tiers et du quart, sans plus m'inquiéter de l'opinion que de l'eau qui passe sous le Pont-Neuf. Je fais avant tout ce que j'ai à faire. On m'accuse de vanité ! je suis en effet l'homme le plus libre et le plus orgueilleux de la terre. » Sa vanité, dont on a voulu lui faire un crime, est du moins naïve et courageuse ; celle de beaucoup d'autres est dissimulée, pleine de venin, de rancunes et d'intrigues.

Le maître d'Ornans serait trop aimable si la culture de son intelligence était en rapport avec son désir de tout connaître et de tout juger. Il s'imagine que l'instinct lui tiendra lieu de connaissances acquises, et, sans avoir la moindre teinture d'un sujet proposé, il s'y attelle à franc-collier, plein de l'espoir que son bon sens le guidera dans les ténèbres, et convaincu d'ailleurs que les orateurs d'estaminet, qui n'étudient guère que dans les petits verres, ne sont pas capables de le redresser. Au besoin, il s'entête et vide par de fous rires la discussion au cas où les lumières viennent à lui manquer. C'est ainsi qu'il a longtemps cherché, très-innocemment du reste, et avec beaucoup de chances de succès, car je suis moi-même fort ignorant, à me prouver qu'il avait fait de profondes études en littérature, en histoire, en philosophie. J'ai reconnu, sans le contrarier, qu'il ne sait pas un mot de ces matières. Seulement il est doué, comme la femme, d'un soupçon divinateur sur bien des choses, ce qui vaut peut-être mieux pour lui que la science apprise par cœur dans les bouquins poudreux. Il me rappelle aussi, par l'invariabilité du sujet de ses conversations, ce personnage de comédie qui disait : « J'ai parlé de moi, j'ai reparlé de moi, et encore de moi, et puis de moi. » On ne peut pas passer cinq minutes avec Courbet, qu'il ne s'occupe de lui-même et de ses tableaux. A part les heures du sommeil pendant lesquelles il ne fait plus sans doute qu'en rêver, il ne cesse de vous en entretenir.

Il a par moments de l'esprit et du comique, toujours de l'étrangeté. Très-gouailleur et porté à mimer tout le monde, il imite à volonté la voix des femmes maniérées, le glapissement des pédants, la gravité des grands personnages ou le manége de ses confrères, rit aux éclats avant de parler et d'agir, rit plus fort encore, et le premier, de ce qu'il vient de dire ou de faire, et il fait rire quelquefois. Revenant de visite, il vous raconte comment il a étonné et confondu le monde. C'est toujours lui qui a rivé les clous ou montré aux gens un pied de nez, en vainqueur des vainqueurs. Il ne manque pas de finesse ; mais il voit les hommes et les choses sans pouvoir un instant se détacher de lui-même. Aussi transforme-t-il plutôt ses types qu'il ne les traduit ; il arrive même à les grimer hors de mesure et à les rendre méconnaissables.

Ses allures traînent comme le son chantonnant de sa voix franc-comtoise, qui tour à tour aiguise les accents comme des aiguilles ou pèse lourdement sur certaines syllabes ; il dira par exemple : « Je reviens de *moun* pays. » Sa démarche est populacière ; son corps se penche sur une canne de chêne ou de cep de vigne à poignée recourbée qui ne le quitte pas plus que sa pipe de fromager toujours allumée. Ses mains sont longues, élégantes et d'une rare beauté. Sa mise révèle un homme simple, aisé, non sans coquetterie.

La vie de Courbet est pleine de probité, de douceur, d'obligeance et de sagesse, réserves faites sur son goût excessif pour l'estaminet et sur ses habitudes de noctambule qui nuisent, je crois, beaucoup à son esprit et à son travail. Il n'est jamais disposé ni à se lever, ni à se coucher. Son humeur est toujours égale et attirante. Il ment souvent, mais avec innocence, et finit toujours par se persuader à lui-même qu'il vient de dire la vérité en tous points, surtout quand il raconte, pour donner à son récit plus de couleur locale, la conversation qu'il eut en Angleterre après la Révolution de Février avec Hogarth le peintre de mœurs, mort en 1764 ! Invité un jour au château de Laecken, il appelait obstinément « Monsieur » le roi Léopold de Belgique, et lui expliquait à sa façon les véritables tendances du *Réalisme* dans l'Art et dans la Politique. Voilà l'homme.

Il adore l'originalité des opinions et l'excentricité des paroles, ce qui le porte quelquefois à supposer de la valeur à des personnages purement grotesques, à l'apôtre Jean Journet par exemple. Mais ces engouements passagers n'ont aucun danger pour lui, il ne cesse de s'en tenir à la joie qu'il éprouve d'être lui-même.

« J'ai trouvé, dit-il, le bonheur parfait ; l'ennui m'est inconnu ; (Tant pis ! sans tourments pas de génie !) j'aime toutes les choses pour ce qu'elles sont, et je fais jouer à chacune son rôle naturel à mon profit. Pourquoi chercherais-je à voir dans le monde ce qui n'y est pas, et irais-je défigurer par des efforts d'imagination tout ce qui s'y trouve. Il y a des gens qui détestent les chiens : pourquoi ? Moi, je les juge à leur juste valeur ; je reconnais à tout être sa fonction réelle, et je suis ainsi arrivé à donner une signification juste à chacun dans mes tableaux ; je fais même penser les pierres. Je ne méprise rien : si je rencontre à présent une femme douée d'une qualité, j'en jouis ; demain, je passe à une autre en qui je reconnais une qualité différente. Si j'ai souffert de mes passions étant plus jeune, je n'en souffre plus aujourd'hui. J'ai mis une ou plusieurs années au besoin à me défaire d'un attachement ou d'un préjugé ; voilà comment je suis devenu libre. Je récapitule tous les soirs, avant de m'endormir, mes idées et mes actions de la journée, ce qui m'apprend à vivre dans un ordre logique et rationnel. Si je m'aperçois que je suis dans un mauvais chemin, j'en prends un autre. »

Il se croit parvenu à la connaissance et à la possession de lui-même, et il a « tiré au grand clair » toutes ses illusions : « En les perdant, je n'ai rien perdu, il m'en reste toujours assez, et, d'ailleurs, n'ai-je pas l'inconnu devant moi pour me tenir lieu de tout ? » C'est ainsi qu'il est assuré de s'instruire de jour en jour, de voir sa personnalité grandir en progression géométrique, de « penser de plus fort en plus fort » sur son propre compte et sur les sottises de son temps. De seize à vingt ans il était affolé d'un amour qu'il appelle « l'amour chevaleresque », et qui lui faisait verser des pleurs sur les maux de l'humanité ; ensuite, un amour moins désintéressé le posséda : l'amour-propre : « J'aurais voulu sauver d'un incendie la femme aimée aux yeux de dix mille spectateurs étonnés ; mais je n'aurais pas été pleinement satisfait de la sauver sans témoins. » Puis il découvrit en soi-même une autre variété de l'amour qui le portait à demander à la femme de se sacrifier, de se tuer pour lui, afin de prouver au monde à quel prix il était adorable.

Il est devenu plus modeste dans ses désirs, sinon plus raisonnable dans ses idées : « L'homme ne peut s'en tenir à une seule femme s'il veut connaître la femme, et comme rien n'appartient à un homme que ses propres idées (ses bottes, hélas ! ne sont pas quelquefois à lui), il n'y a qu'un sot qui puisse dire que la moindre chose, sa femme par exemple, soit exclusivement sienne. Elle est à tous les hommes, et tous les hommes sont à elle. Toute femme joue dans le monde un rôle instinctif, mystérieux, qu'on pourrait appeler un apostolat. Si vous pouvez l'attirer par l'appât de l'argent, la séduction du sentiment ou le prestige de la gloire, elle vous appartient aussi naturellement et légitimement qu'à son mari. C'est un oiseau voyageur qui s'arrête plus ou moins longtemps chez vous. L'amour est né pour courir le monde et non pas pour s'installer dans les ménages, comme un vieillard casanier coiffé d'un bonnet de coton, et l'artiste qui se marie, n'est pas un artiste, mais une espèce de propriétaire, toujours prêt à se courroucer quand on vient chez lui, et qui dit : « Ma femme ! » comme il dirait « ma canne ou mon parapluie. »

« Si mes idées pouvaient prévaloir, ajoute-t-il, le monde ne tarderait pas à voir clair. »

C'est avec cette indépendance mêlée de bon sens et de caprices burlesques qu'il enlève les questions. Il plaît, il amuse, il étonne, il veut étonner; mais il se répète comme une horloge. Sa bonhomie persuasive, agissante, obstinée et son sans façon le feront toujours l'ami de l'observateur de types étranges et du bourgeois joyeux et libéral. Il professe, du reste, comme le bourgeois, l'amour du positif, la peur de l'imagination et le mépris du poëte. Il a pourtant fait des vers, mais des vers blancs, et composé des chansons, paroles et musique, qu'il chante d'une jolie voix, non pas dans les clubs politiques, comme P. Dupont, mais dans les réunions de *bons enfants*. J'en sais une par cœur; la voici :

Tous les garçons chantaient
Le soir au cabaret qu'ils étaient réunis.
Tous les garçons chantaient,
Répétant ce refrain :
Tra la la la la, lou lou lou, la,
Tra la la la la, lou lou lou, la,
Trou lou lou lou lou lou.
Le premier qui chanta
Raconta ses amours.

I

Quand j'étais chez mon père
J'avais une amoureuse :
Jeannette ma voisine
Avait mon sentimens.
Le soir à la veillée,
J'étais à ses côtés:
Nos yeux parlaient d'amour
D'un amour sans détour.

II

Le Maire qui était riche
S'avança pour lui plaire,
Tra la la la la, lou lou lou, la.
Lui dit directement :
Il faut nous marier
La bel', si vous m'aimez
Tous mes biens vous aurez.

III

Le soir des fiançailles,
Je pleurais l'infidèle.

> Nuitamment dans ma chambre
> Elle s'en fut me trouver,
> Me dit : mon tendre amour,
> Je t'apporte mon cœur.
> Si la fille n'est à toi
> Tu auras ses amours !

Oui, Courbet est un franc et bon vivant, un boute-en-train de fêtes de village. Je n'oublierai de ma vie le voyage et le dîner à Pontoise que j'ai faits avec lui, il y a trois ans. Nous étions invités chez un propriétaire (paroisse de Notre-Dame) qui, m'a-t-on dit, s'est pendu, la semaine dernière. J'en suis désolé pour lui. Ce vive-la-joie retourné nous avait dit : « Messieurs, je vous invite de grand cœur, de grand cœur, de grand cœur (il parlait absolument ainsi, et en criant) à venir *arroser*, à Pontoise, la belle *Baigneuse*, la belle *Baigneuse*, la belle *Baigneuse* de M. Courbet, de M. Courbet, de notre cher M. Courbet ! » C'était ce jour-là, à Pontoise, la foire des cruches; il y en avait dans les rues autant que d'habitants. Nous gagnâmes, à travers cette foule de poteries, la maison de l'amphitryon, et là, dans une salle à manger décorée de bas-reliefs du moyen âge en pierre grise et en bois doré, provenant de quelque monastère, et tapissée de *croûtes* qui représentaient des fêtes flamandes et des mascarades vénitiennes, se dressait une table de vingt couverts abondamment servie et entourée de bourgeois et de bourgeoises qui attendaient avec impatience l'arrivée des *Parisiens!* Ces êtres grotesques et venimeux apprenaient par cœur un feuilleton du *Journal des Débats* sur les Beaux-Arts pour se mettre à même de reprocher avec autorité au jeune peintre, entre la poire et le fromage, d'avoir renouvelé, dans l'école française contemporaine, la querelle allumée en Italie contre les Raphaélites de la décadence par le *fougueux*, le *sombre* et le *terrible* Caravage.

Les langoustes écarlates accroupies sur leurs pinces, les gros saumons allongés sur le flanc dans les faïences à fleurs, les ragoûts étouffés dans des pots, les bouteilles ventrues et chargées de poussière consolèrent, dans cette *Ile sonnante*, nos regards d'abord consternés par ces vilaines faces de bedeaux et de propriétaires endimanchés et rogues. On but, on mangea, on dit des bêtises à pleines gorgées. Des dames en lunettes, à perruque, à tête de mort, à menton en galoche, raillèrent l'artiste sur l'énormité proverbiale des formes de sa *Baigneuse*, et lui donnèrent de *bons* conseils touchant l'élégance des proportions et l'élévation du sentiment. Des matrones de soixante ans, suffoquées par leurs corsets et empaquetées dans des robes de satin du dernier siècle, reteintes en noir rougeâtre, s'irritaient contre le peintre réaliste au nom de la Vénus de Milo, citée par l'*estimable* journal.

A la fin du repas, nous promenâmes ces callipyges de rentiers et de fabriciens dans les rues et sur les bords de la rivière, dont les poissons s'effrayèrent sans doute. Sur le tard, on prit le thé dans le salon *de compagnie* décoré de vitrines à reliques et de figures de cire, et l'ami Courbet, après avoir fumé sa pipe sur le seuil de la porte du jardin en fleurs, vint prendre place au milieu du cercle et entonna hardiment à pleine voix cette vieille chanson grivoise :

I

En revenant un jour de Lille en Flandre,
    Tra la la, tra la la, la la ;
En revenant un jour de Lille en Flandre :
Tiens, voilà mon cœur; tiens, tiens, voilà mon cœur!

II

Je rencontrai quelques jolies flamandes,
    Tra la la, tra la la, la la;
Je rencontrai quelques jolies flamandes :
Tiens, voilà mon cœur, tiens, tiens, voilà mon cœur!

III

Je ne choisis pas, mais je pris la plus grande,
    Tra la la, tra la la, la la ;

Je ne choisis pas, mais je pris la plus grande :
Tiens, voilà mon cœur; tiens, tiens, voilà mon cœur!

IV

Je la menai dans la plus haute chambre,
    Tra la la, tra la la, la la;
Je la menai dans la plus haute chambre :
Tiens, voilà mon cœur; tiens, tiens voilà mon cœur! etc...

. . . .

Tonnerre d'applaudissements. « Bis, bis! Ça va bien! Parfait! Charmant! Recommencez! »

Quelle ovation pour Courbet! Il était déjà question de se cotiser, de *s'éboursiller* pour lui faire la commande d'une fresque qui aurait couvert toute la voûte du sanctuaire de Notre-Dame de Pontoise. Les personnages présents devaient sans exception y être peints de pied en cap et de grandeur naturelle, comme dans l'*Enterrement à Ornans*, et défiler en procession religieuse sur le pont de l'Oise. Dans le fond s'étendrait la ville animée par la foire des cruches. Ceci n'est pas une plaisanterie; c'est de l'histoire naïve.

Gustave Courbet est né à Ornans (Doubs), le 10 juin 1819, de braves parents, demi bourgeois, demi paysans, pleins d'admiration et de dévouement pour lui. Son enfance se passa dans les jeux de village et dans la liberté des champs. L'amour du pays natal le tient au cœur et le rappelle tous les ans à son clocher. Il ne fit pas grand'chose au petit séminaire d'Ornans, si ce n'est quelques malices contre les pions; mais il manifesta, m'a-t-il dit, de très-bonne heure, une invincible incrédulité religieuse, un rationalisme dont le cardinal archevêque de Besançon s'inquiéta beaucoup sans en venir à bout. Il dessina quelque peu au séminaire, et suivit après, à Besançon, l'atelier de M. Flageoulot, petit peintre de la queue de David, qui se disait « le roi du dessin », et qui ne tarda pas à surnommer son élève « le roi de la couleur. »

Notre jeune Courbet étudiait aussi la philosophie avec deux ou trois amis qui donnaient des rendez-vous aux filles, sur les bords du Doubs, et vers 1839, il vint à Paris, hésitant entre la profession de peintre et celle d'avocat. Rebuté par le baccalauréat et par la perspective de la chicane, il se jeta dans la peinture; mais sans emportement. Dès sa première visite au Louvre, il se mit à rire de l'enthousiasme du bon M. Flageoulot pour David, et dit, au Musée du Luxembourg, en présence du *Massacre de Scio* de Delacroix : « Ceci est mieux ; mais j'en ferais bientôt autant si je voulais. »

Il revint au Louvre, auprès des flamands, des hollandais, des espagnols et des vénitiens, les étudia sérieusement, surtout dans leurs pratiques matérielles; mais sans rien perdre de sa personnalité excessive, toujours prompte à se défendre de toute solidarité et de toute alliance avec les devanciers. Il s'est même très-vivement fâché, à plusieurs reprises, dans les journaux, contre le rédacteur du *Livret* de l'Exposition des Beaux-Arts, qui lui attribue un maître, M. Auguste Hesse. « Je n'ai jamais eu de maître, jamais! s'écrie Courbet; je suis l'élève de la nature! » On ne saurait, en effet, appeler son maître M. Flageoulot, qui, du premier coup, le surnomma « le roi de la couleur », ni M. Steuben, qui ne l'a vu que quatre ou cinq fois dans son atelier, ni enfin M. Hesse, dont il contesta à première vue les principes, et déconcerta les écoliers ; mais il étudia beaucoup le modèle vivant dans l'atelier public de Suisse, « qui est devenu, dit-il, un grand connaisseur en peinture, par la seule habitude de voir travailler les artistes. »

La plupart des premiers essais de Courbet sont passés dans des mains inconnues. « Mes *académies*, dit-il, étaient d'un dessin très-serré. »

Il fit l'essai d'un tableau biblique : *Loth et ses filles*, ouvrage repoussant par l'obscénité de la pensée et d'une exécution prétentieuse et nulle. Une des filles de Job, qui entr'ouvrait ses vêtements pour montrer ses nudités à son père, a été effacée; l'autre, étendue sur la terre, la tête appuyée sur son bras plié, tourne le dos au spectateur et verse du vin dans l'écuelle du vieillard, qui déjà tressaille d'ivresse et de lubricité. La scène se passe à l'entrée d'une grotte ombragée par des cèdres. L'artiste a fait de vains efforts pour agencer les personnages et disposer les draperies à la manière savante des académiciens; les chairs paraissent en bois et en fer-blanc, et les contours en fil de fer.

Une *Odalisque* aux formes allongées avec affectation, faite sous l'impression de la pièce de vers de Victor Hugo : SI JE N'ÉTAIS CAPTIVE..., et un autre mauvais tableau, peint après la lecture du roman de Georges Sand, *Lélia*, suivirent les tristes *Filles de Loth* « Je m'aperçus, dit l'artiste, que je malversais et qu'il était temps d'enterrer les folies amoureuses. Je résolus de faire mourir la femme qui faisait le tourment de mon imagination; mais, plus malin à moi tout seul que ne l'étaient Werther et Sténio réunis, au lieu de me tourner vers le suicide, je la sacrifiai sans pitié dans un grand tableau allégorique : *L'homme délivré de l'Amour par la Mort*. La Mort emportait, en riant aux éclats, une femme que l'amant éperdu (portrait de Courbet), s'efforçait de lui disputer. « Bientôt, l'idée de ce tableau me parut fausse, je l'effaçai. Je me disais : pourquoi haïr la femme? C'est à l'ignorance et à l'égoïsme de l'homme qu'il faut s'en prendre. Il n'y a pas de raison pour qu'elle s'identifie à moi, puisque son caractère est naturellement si différent du mien; laissons-la vivre! Dès ce moment j'entrai en plein dans la tolérance et dans la liberté qui sont le fonds du *Réalisme*. »

Vous verrez plus loin ce que le peintre entend par *Réalisme*, s'il est vrai que cette prétendue doctrine soit bien définie dans son esprit.

Il eut l'idée d'un autre mauvais tableau, qui exprime son antipathie personnelle pour les savants stériles, contempteurs de la Nature. C'est une espèce de satire contre le *Faust* de Gœthe, qu'il venait de lire. Une espèce d'alchimiste s'élance, haletant, sur les pas rapides d'une jeune femme, personnification de la Nature, qui s'enfuit sur la lisière des bois, comme une Nymphe poursuivie par un Satyre. C'est en vain que la main convulsive du savant s'étend pour la saisir. Il ne l'atteindra pas.

Le portrait de Courbet assis avec son chien noir dans la campagne, obtint, en 1842, les honneurs du Salon carré, à l'Exposition du Louvre. Bon début de jeune homme. Le *Guittarero*, *Les Amants dans la Campagne* (souvenir du jeune âge), à l'heure du crépuscule, un Roméo et une Juliette modernes, naïfs enfants de la bourgeoisie, marquèrent les progrès de l'artiste, au point de vue pratique de l'art; un nouveau portrait de lui-même, vêtu d'un pourpoint noir, la main gauche engagée dans une ceinture de cuir, la main droite passée dans de longs flots de cheveux noirs, est un essai fort remarquable à la manière des Vénitiens. Une main et un bras sont superbes, et le premier venu des vieux maîtres flamands n'aurait pas mieux peint que ne l'a fait l'auteur le porte-feuille de cuir fauve, fermé devant lui sur une table. S'il est bien vrai que l'artiste ait beaucoup lu, comme il me l'a tant de fois répété, sans vaincre mes doutes obstinés, les philosophes allemands et les socialistes français, il n'a pas tiré de cette lecture grand profit pour son art : il a fait, hélas! l'essai d'un tableau socialiste, où l'on voit la France assise sur un char, traîné, d'un côté, par des chevaux robustes; de l'autre, par des chevaux malingres. Les novateurs le poussent dans une direction; les conservateurs tâchent de l'entraîner dans un sens opposé; les jésuites mettent des bâtons dans les roues. C'est ce même *char de l'État*, qui a tant occupé le *Constitutionnel* et le bon M. Joseph Prudhomme. Heureusement que l'artiste, dégoûté à temps de cette absurdité, ne la poussa pas à bout. Engagé dans une voie plus simple et plus juste, il fit la petite *Baigneuse endormie*, très-bonne peinture, le *Violoncelliste*, morceau vigoureux et solide, quelques paysages de la Franche-Comté, pleins de qualités franches et libres. Il obtint un succès général et la seconde médaille d'or à l'Exposition de 1849 (il méritait la première), par son *Après-dînée à Ornans*, excellent tableau, préface d'un grand peintre, qui fut acquis par le gouvernement pour le Musée de la ville de Lille. C'est une réunion d'amis de famille, autour d'une table dressée dans une cuisine de campagne et déjà à moitié desservie. Si, autant qu'il m'en souvient, les demiteintes et les parties vigoureuses du tableau étaient moins épaisses et moins pesantes qu'elles ne le sont, l'*Après-dînée à Ornans* vaudrait les meilleures peintures du Caravage, du Valentin, des plus forts espagnols et des plus solides flamands. Courbet n'est donc pas en tous points ce charlatan grossier et sans valeur, sifflé par les journaux et les artistes.

En 1851, on lisait l'affiche suivante sur les murailles de la ville de Besançon :

EXPOSITION DE TABLEAUX

M. Gustave Courbet, d'Ornans (médaille d'or de 1849 et maître peintre), momentanément à Besançon, exposera ses tableaux dans la *salle des Concerts, place de l'Abondance*.

1. *Tableau historique d'un Enterrement à Ornans*, toile de 7 mètres de longueur; largeur 3 mètres 40 centimètres;
2. *Les Casseurs de pierres*, toile de 3 mètres de longueur; largeur 2 mètres 20 centimètres.
3. *Vue des ruines du château de Scey-en-Varais* (paysage).
4. *Les bords de la Loue sur le chemin de Maizières* (paysage).

Cette Exposition durera quelques jours et sera ouverte mardi prochain, 7 mai, de 10 heures du matin à 5 heures du soir.

Prix d'entrée : 50 centimes.

Ces cinq tableaux, déjà exposés au Salon de 1851, avaient produit sur le public parisien, si avide de nouveautés et sur le monde des artistes qui juge du premier coup d'œil tous les ouvrages dignes d'attention, un effet violent, profond, extraordinaire. *Les Casseurs de pierres, les Paysans de Flagey, l'Enterrement à Ornans*, surtout, soulevèrent une rumeur universelle où l'étonnement, la répugnance et l'admiration se trouvaient mêlés et confondus. Courbet frappa fort, cette année, comme un Hercule de foire. Les critiques les plus routiniers s'indignèrent, au nom de la noblesse des formes, de l'élégance du style, et de tous les préceptes d'académie, contre cette peinture franche et brutale à outrance, insolente même dans ses provocations. Certaines parties me rebutèrent et me rendirent injuste, à première vue; plus tard, je reconnus les hautes qualités de l'ensemble. Un jeune écrivain d'un caractère très-libre et doué du plus vif talent, M. Champfleury, fut le premier à signaler, dans je ne sais plus quel journal, le véritable côté du mérite de Courbet; mais non sans faire d'ironiques réserves. Son article fut suivi de centaines d'articles. Il était partout question de Courbet, dans les rues, dans les estaminets, dans les mansardes, dans les salons, à l'Académie, et son nom se fixa dans la mémoire du public moutonnier. Il n'a cessé depuis lors de chanter lui-même sur tous les tons ses propres louanges, ce qui fait craindre à ses vrais amis de voir son talent périr par extravagance. Le public, trop excité par les réclames personnelles, se fatigue à la longue, et quand il fuit un homme de talent et même de génie, il le fuit pour des siècles, quelquefois pour toujours. Il est beau par moments de lutter seul contre tous ses contemporains, mais sans braver inutilement le ridicule, qui sera toujours le plus fort, s'il faut en croire ces deux vers tirés d'une chanson chantée par les Parisiens sous les galeries de bois du Palais-Royal, au plus fort de la Terreur:

> Le ridicule est plus tranchant
> Que le fer de la guillotine.

Mais essayons de donner une idée de l'*Enterrement à Ornans*, le tableau capital de l'artiste, et qui résume puissamment la physionomie, le costume et les mœurs de sa contrée natale.

Le cortége vient de rompre ses rangs et de se grouper auprès de la fosse béante dans le cimetière mamelonné de tombes qui s'étend sur le plateau d'un monticule.

A gauche, au premier plan, le prêtre revêtu de sa chasuble de satin noir aux crépines d'argent, chante le *Libera*, la tête penchée sur les feuillets du Rituel qu'il tient dans ses mains avec son bonnet carré à houppette de soie. Le porte-croix et les *desservants* du voisinage en surplis; les enfants de chœur, — aube blanche, ceinture et calotte rouges, — armés, l'un du bénitier de cuivre, l'autre d'un cierge, sont suivis de quatre grands croque-morts, coiffés jusqu'aux yeux d'immenses chapeaux de chaudronniers, qui portent sur des draps de lit tortillés autour de leurs épaules la bière recouverte d'une draperie blanche, armoriée de tibias croisés. En avant du prêtre, le fossoyeur, un genou en terre, l'autre jambe arc-boutée, un bras pendant, une main appuyée sur la cuisse, attend le moment de refermer son trou. Une tête de mort, ce crâne inconnu qui fait faire à Hamlet tant de conjectures, gît à ses pieds comme un vieux tesson. « Hélas, pauvre Yorick! » Derrière le fouilleur de sépulcres qui dispersera de sa pioche notre nature aujourd'hui si insolente, mais sitôt perdue dans les flancs de la terre, comme un faisceau de racines desséchées, deux chantres en bonnets à canons et en robes rouges, que l'on a si longtemps pris pour des juges de Cour d'appel, malgré l'indignité de leurs faces trognonnantes et violacées, entonnent à pleine gueule les *répons* mortuaires.

Au milieu du tableau un de ces importants de bourgade que le peuple appelle des *avocats*, se tient froid et pédantesque le chapeau à la main. C'est le cousin de J.-P. Proudhon, l'illustre publiciste. Un parent du mort pleure à ses côtés.

A droite, au premier plan, deux *anciens*, contemporains de la *Marianne* de 93, sont accouplés, comme deux bassets à bout de chemin, qui ont longtemps couru le lièvre ensemble : grand frac à la française, à la mode du club des Jacobins, et culotte courte. Le premier, suivi d'un chien braque blanc tacheté de café, qui flaire les ossements, renifle et n'ose aboyer, porte des escarpins à boucles d'argent, des bas à côtes et le chapeau à claque bridé par deux cordons parallèles ; l'autre a de gros souliers, de longues guêtres de toile et un chapeau tromblon. Ces vieux disciples de l'abbé Grégoire et du curé Meslier restent couverts devant la Mort qui les emportera demain, ces débris obstinés du dernier siècle ! De jeunes femmes sont alignées à leur suite, habillées de mérinos noir, coiffées de bonnets à ruches, recouverts de crêpes. La demoiselle qui pleure et se désole dans son mouchoir, c'est l'une des sœurs de l'artiste ; la bonne femme qui touche le bord du cadre, c'est sa mère. Elle tient par la main une petite fille attristée. Les matrones d'Ornans s'échelonnent dans les profondeurs de la scène, pleurant et grimaçant dans leurs béguins aux longues oreilles froncées. Bourgeois et peuple franc-comtois se mêlent dans les derniers plans d'une extrémité à l'autre de cette vaste toile, si naturelle et si vraie pour le spectateur familiarisé avec les mœurs des provinces, si étrange pour le Parisien qui n'a vu que les Tuileries, les boulevards et le *Père-Lachaise*.

L'artiste a poussé à bout dans ce tableau ses défauts et ses qualités avec une rare vaillance, et cette fois il semble s'être oublié pour ne s'attacher absolument qu'aux types qui posent devant lui. Presque tous sont rendus avec une saisissante énergie. Le fossoyeur, brute impassible, a creusé cette tombe en chantant et en sifflant. Il disait au peintre : « *La boune anée que j'ourais faite si le chauôléra était venu cheu nous*[1]. »

---

[1]. Ces mots me rappellent ce passage de Machiavel, dont je prépare en ce moment une nouvelle édition pour la librairie Furne : « J'aperçus, dit ce grand homme, une foule de fossoyeurs qui dansaient en rond en criant : *Bien venue soit la peste ! Bien venue soit la peste !* C'était là leur : *Bien venu soit le mois de mai !* L'aspect de ces gens, le ton et

Le prêtre de cinquante ans, froid comme une larve, la tête pelée, les chairs blêmes et grisâtres, fait son métier comme le fossoyeur, c'est-à-dire avec la même indifférence. On dirait que cet homme, détaché par égoïsme et par habitude des affections de la famille et des liens de la vie, ne comprend même pas la mort, et qu'il ne lui reste plus au fond de l'âme que du dégoût et du mépris pour les misères et les confidences des hommes. Il débite machinalement ses oraisons, et sa bouche s'ouvre et se ferme comme un jeu de castagnettes espagnoles. Statue de cire vivante !

Les enfants de chœur sont des polissons qui s'amusent à s'égosiller à l'église, boivent les burettes, et vont au cimetière comme à la fête. C'est mademoiselle Brûleport, la présidente hargneuse des vieilles filles au *catéchisme de persévérance*, la blanchisseuse et la vestale de la sacristie, qui les surveille, les gourmande et les habille.

Le porte-croix, au visage en lame de couteau, à tête pointue, aux cheveux noirs et plats, est un de ces cagots serviles et méchants qui espionnent les familles libres. Son crucifix pesant, de vieux style espagnol, fut sans doute l'étendard de quelque auto-da-fé.

L'un des chantres est un cordonnier à face de pivoine, qui vient de quitter le tablier pour endosser une espèce de simarre avec son ami le vigneron dont le nez, énorme et violet comme une betterave, excite le rire universel. Ces deux innocents *cumulards* se partagent ainsi entre les offices de l'église et les travaux des champs et du village.

Le maire est un joufflu réjoui, un libéral de 1830, qui fait des calembours dans les repas de noces. La plupart de ces bour-

---

les paroles de leur chant déplurent autant à mes yeux et à mes oreilles que les charmaient naguère les jeunes filles et leurs chansons. »

MACHIAVEL. *Description de la peste de Florence.*

geois, soldats intrépides de l'imbécillité, vivent et respirent au naturel dans cette scène de la vie commune. Les deux vieillards de 93 sont surtout pris au vif. Fiers l'un et l'autre comme Artaban, ils ont posé devant le peintre en marmottant : « *Dé notre temps les jûnes-gens n'avaient pas votre savouér. Qual malheur qué votre grand père souél mort sans vous avouér vu comme ça lancé dans les sciences !* »

Le jeunes femmes qui pleurent, créatures honnêtes et sensibles, appartiennent à la classe aisée ; les commères, vieilles têtes de la famille d'Holbein, sont des laveuses, des ménagères, qui servent les bourgeois par intervalles, ou bien des pauvresses, qui attendent en jasant ou en sanglotant la fin de la cérémonie, pour recevoir des morceaux de pain à la porte de la maison du défunt.

Le ciel est chargé de sombres nuages qui semblent ramper sur la vallée. Tous les regards se tournent vers la fosse, point central du tableau. La plus vive lumière frappe le cercueil, les enfants de chœur, dont la couleur argentine retentit à la manière de Vélasquez, le dos du prêtre qui officie, et la face du fossoyeur en cheveux roux. La blancheur des draps mortuaires, des aubes et des surplis est rendue dans une gamme pleine de justesse ; la variété des vêtements noirs des hommes et des femmes, groupés dans la partie du tableau qui s'étend à la droite du spectateur, est disposée en parfaite harmonie.

La composition de l'*Enterrement* viole toutes les règles de l'art, ou plutôt ce n'est pas une composition ; les personnages y forment, comme au hasard, une espèce de bas-relief désordonné. Les têtes trop fortement accentuées dans les plans secondaires viennent tomber pour ainsi dire au premier rang et solliciter, par un parti pris contraire aux lois de la perspective, les regards du spectateur.

En envoyant au Salon, comme de brutales provocations, l'*Enterrement*, les *Paysans de Flagey* et les *Casseurs de pierres*,

Courbet exposait en même temps avec beaucoup de ruse une petite peinture très-sage et très-habile, faite pour tempérer le scandale violent qu'il attendait de ses trois machines de guerre, et qui, en effet, lui concilia l'unanimité des suffrages. Cette figure langoureuse, béate et finassière qui rêve et semble s'endormir au fond d'un atelier, aux derniers rayons du soleil couchant dans les nuages qui s'élèvent du fourneau de sa pipe, c'est encore lui, toujours lui.

Bientôt il promena ses tableaux à Munich, à Francfort, et le public allemand fut admis à les voir à tant par tête, suivant la mode des exhibitions courantes de la Belgique, de la Hollande, de la Prusse et de l'Angleterre. « On donne de l'argent, dit-il, pour aller au théâtre et au concert; mes tableaux ne sont-ils pas un spectacle? Je ne chercherai jamais à vivre de la faveur des gouvernements et des Mécènes. Je ne m'adresse qu'au public; s'il aime à voir ma peinture, il paiera son plaisir. »

« Mes tableaux, m'a-t-il raconté, firent tant de bruit à Francfort qu'on prit dans cette ville le parti d'interdire, pour cause de lassitude, toute conversation sur mon compte dans les lieux publics. On lisait sur les murailles du *Casino :*

IL EST DÉFENDU DE PARLER DE M. COURBET.

« Dans les familles même interdiction. Un banquier qui donnait à dîner plia ce billet à la place de chaque convive : *On est prié de ne pas parler de M. Courbet.* »

Je ne fais que rapporter ici textuellement, et sans commentaire, les récits de notre artiste.

Les *Demoiselles de village* provoquèrent au Salon de 1852 un déluge de plaisanteries et de caricatures. Mais on vantait avec raison le paysage, qui est d'une vérité nue et saisissante.

Les *Lutteurs* et les *Baigneuses* soulevèrent des tempêtes au Salon de 1853. Le ton des lutteurs est noir, sans transparence et tout à fait en désaccord avec le fond lumineux du tableau sur lequel se détache l'Hippodrome des *Champs-Élysées* en plein soleil d'été. Le dessin visant à l'extrême justesse manque d'ampleur et de tournure. L'une des deux *Baigneuses*, la plus célèbre, celle qui, en tournant le dos au spectateur, témoigne sans équivoque de l'irrévérence de l'artiste envers le public, est un monceau de matière vivace, robuste et fortement rendu. Le tableau *sage*, au moyen duquel Courbet voulait faire passer les *Baigneuses*, c'est la *Fileuse endormie*, figure tranquille, simple, solide, et, comme toujours, triviale, noire et lourde.

Mais la tourmente n'épargna rien : railleries, diatribes, charges et couplets tombèrent sur lui de toutes parts comme la grêle drue du mois de juin. Il était fier de ces persécutions; mais après avoir tenu tête six mois à l'orage, il s'en alla moulu retremper dans son pays sa vigueur montagnarde. M. Bruyas, riche et fervent amateur de Montpellier, fit l'acquisition de quatre ou cinq de ses tableaux les plus maltraités, lui commanda d'autres sujets, et l'appela auprès de lui pour le consoler par son enthousiasme et son dévouement personnels des violences de l'opinion publique.

L'artiste est revenu plus brave que jamais à l'Exposition universelle des Beaux-Arts de 1855, avec une quinzaine de tableaux anciens et nouveaux, scènes de mœurs, portraits et paysages. Les plus importants par la dimension ont été repoussés, je ne sais pourquoi; mais respectons l'ordre de choses. Le *Portrait d'une dame espagnole*, tout à fait manqué, deux ou trois paysages, la *Fileuse*, et deux têtes (toujours des portraits de Courbet) ont été admis. J'allais oublier la *Rencontre*, tableau que les journalistes ont voulu bon gré mal gré baptiser : *Bonjour monsieur Courbet!* C'est encore lui, arrivant fièrement, le sac au dos, le bâton ferré à la main,

> Et portant dans les cieux
> Son front audacieux,

dans la campagne poudreuse de Montpellier plantée d'oliviers pâles. M. Bruyas, son serviteur et son chien venus au-devant de lui l'accueillent *avec tous les égards dus à son rang et à sa dignité* : « Bonjour, monsieur Courbet ! »

En se voyant refuser l'année dernière ses plus importants tableaux, la plupart déjà reçus aux précédents Salons, notre homme s'est indigné, et prenant son courage à deux mains, comme une hache, pour trancher les difficultés d'un seul coup, il a fait construire à ses frais sur un terrain de location, Avenue Montaigne, un bâtiment quasi adossé au Palais des Beaux-Arts, *imperium in imperio*, dont la porte était surmontée de cette enseigne :

LE RÉALISME
G. COURBET
EXHIBITION DE 40 TABLEAUX DE SON ŒUVRE

Prix d'entrée : 1 franc[1].

Le public, harassé par une promenade de quelques heures au *Palais des Beaux-Arts*, à travers cinq ou six mille tableaux, dessins et sculptures, n'avait plus le courage de donner un moment à cette exhibition particulière dont je commençais à déplorer la témérité dispendieuse; mais peu à peu les amateurs y entrèrent, couvrirent les frais, et reconnurent la plupart en Courbet un praticien fécond et solide. On ne peut dénier en effet à ses portraits et à ses tableaux des côtés extrêmement remarquables. Les portraits ne brillent, à la vérité, ni par la finesse de l'observation, ni par la délicatesse du sentiment, ni même par l'exacti-

---

1. Et plus tard 50 centimes. (*Note de M. Blanchard, éditeur.*)

tude de la ressemblance; mais il faut admirer dans tous, dans celui de M. Berlioz en particulier, qui est le plus brutal, une solidité de plans, une énergie de modelé, une consistance de pâte qui ne se retrouvent guère plus que dans les vieux maîtres naturalistes de l'Espagne et de la Hollande. Le tableau de l'*Homme blessé* (portrait de Courbet), qui semble expirer à l'ombre des arbres d'un coup d'épée reçu dans un duel, est une forte peinture, qui par exception n'est pas sans noblesse, et dont le ton manque de chaleur.

Voyons le tableau monstre, que l'auteur appelle dans son catalogue, par une inconcevable bizarrerie :

« ALLÉGORIE RÉELLE, *Intérieur de mon atelier, déterminant une phase de sept années de ma vie artistique.* »

Il s'est obstiné en diable dans ce titre qui ne signifie absolument rien dans aucune langue. Il entend résumer dans cette vaste machine tous les types vivants et toutes les idées qui ont rempli sa vie et ses ouvrages, depuis sept ans. On le voit au milieu de son atelier occupé à peindre un paysage, prétexte ingénieux qu'il a pris pour nous présenter encore une fois son portrait. Derrière lui, une femme nue personnifie le modèle vivant; un monsieur et une dame figurent les gens du monde, qui de temps en temps viennent le visiter; son ami Champfleury le regarde travailler, MM. Bruyas et Promayet l'admirent sans réserve; Charles Baudelaire lit dans un coin; des amoureux s'embrassent avec délices au fond de l'atelier, ce qui signifie : vive l'amour libre !

Au pied du chevalet un marmot de cinq ou six ans l'examine, hébété; une grosse irlandaise, souvenir lamentable des rues de Londres, est accroupie et entortillée avec son enfant à la mamelle dans un madras en lambeaux qui voile mal son horrible nudité; le braconnier tenant ses chiens en laisse; le faucheur, le terrassier expriment la rude vie des champs; le prolétaire des villes représente le chômage. Le Juif, le marchand de *vieux habits*, *vieux galons*, le paillasse, le curé et le croque-mort veulent dire : nous vivons de la crédulité du monde, de sa mort et de ses débris. Le sombrero à plumes noires et le poignard qui roulent dans la poussière sont les emblèmes de la poésie romantique, et la tête de mort posée comme un serre-papier sur le *Journal des Débats* déployé sur un guéridon, c'est sans doute la réponse de Courbet aux articles de cette feuille, ou bien la traduction libre de cette phrase de Proudhon : « Les journaux sont les cimetières des idées. »

Voilà quel est à peu près le sens intime de cette ALLÉGORIE RÉELLE d'un goût détestable et d'un désordre de composition inouï. La peinture, si l'on excepte la femme nue et l'artiste à son chevalet, est d'un ton louche, blafard et amolli, en comparaison de la pratique mâle et puissante que l'on admire dans les meilleures parties de l'*Après-Dînée* et de l'*Enterrement à Ornans*.

Voici la profession de foi publiée par Courbet en tête du Catalogue de son Exhibition particulière :

« Le titre de réaliste m'a été imposé comme on a imposé aux hommes de 1830 le titre de romantiques. Les titres en aucun temps n'ont donné une idée juste des choses ; s'il en était autrement, les œuvres seraient superflues.

« Sans m'expliquer sur la justesse plus ou moins grande d'une qualification que nul, il faut l'espérer, n'est tenu de bien comprendre, je me bornerai à quelques mots de développement pour couper court aux malentendus.

« J'ai étudié, en dehors de tout esprit de système et sans parti pris, l'art des anciens et l'art des modernes. Je n'ai pas plus voulu imiter les uns que copier les autres ; ma pensée n'a pas été davantage d'arriver au but oiseux de l'*art pour l'art*. Non! j'ai voulu tout simplement puiser dans l'entière connaissance de la tradition le sentiment raisonné et indépendant de ma propre individualité.

« Savoir pour pouvoir, telle fut ma pensée. Être à même de traduire les mœurs, les idées, l'aspect de mon époque, selon mon appréciation, être non-seulement un peintre, mais encore un homme, en un mot, faire de l'art vivant, tel est mon but. »

Voulez-vous à peu près connaître les déductions tirées par Courbet, de ce qu'il appelle le *Réalisme?*

Un artiste, à son avis, n'a ni le droit, ni le pouvoir de représenter un siècle qu'il n'a pas vu et étudié d'après nature. Les figures des temps anciens, qui reviennent à satiété dans les œuvres modernes, n'ont aucune valeur. Ce sont des créations arbitraires de la fantaisie ou des rêves d'archéologues. César, Jésus-Christ, Charlemagne et même Napoléon Ier se perdent comme des fantômes dans les ténèbres du passé. Tout au plus serait-il possible sans trop d'extravagance de peindre Jésus-Christ, en prenant pour modèle un chrétien de nos jours dont la personne serait pour ainsi dire le reflet vivant du divin Maître; mais quelle folie de rechercher dans les iconologies et les légendes la vérité des traits du Christ venu au monde à la fin de l'empire romain!

La seule histoire possible, c'est l'histoire contemporaine. En mettant en scène notre caractère, nos mœurs et nos actions, l'artiste éviterait d'un côté la théorie futile de l'*art pour l'art* d'après laquelle les ouvrages actuels n'ont plus de signification, et il se préserverait, de l'autre, du fanatisme de la tradition qui le condamne à répéter invariablement de vieilles idées et de vieilles formes en lui faisant oublier et sa propre personnalité, et les aspirations légitimes des générations nouvelles. Les statues de Pradier ne sont-elles pas de maigres singeries de la Grèce? Les toiles de M. Ingres ne sont-elles pas aussi la parodie de quelques maîtres italiens, imitateurs eux-mêmes de l'antiquité païenne? Ces travaux ridicules, aveux formels de l'impuissance, semblent démontrer à la fois que Phidias et Raphaël étaient des dieux et que nous ne sommes que des ânes; qu'il faut nous taire parce qu'ils ont trop bien parlé, et offrir notre personnalité en holocauste sur leur tombeau.

Notre siècle ne se relèvera pas de cette fièvre d'imitation qui le tient couché sur le flanc; l'adoration des morts étouffe les vivants. « Phidias et Raphaël ont jeté leurs grapins sur nous. » Les cousins à la mode de Bretagne, les héritiers du côté gauche ou plutôt « les domestiques de ces grands hommes » sont des nullités prétentieuses et despotiques. Que nous enseignent-ils? Rien, rien. Jamais un bon tableau ne sortira de l'*École des Beaux-Arts*. Voyez la collection des *prix de Rome*. Ces essais sont tous absolument pareils et, pour ainsi dire, tirés à la mécanique d'un même cliché.

Il n'y a donc pas autre chose de précieux dans l'artiste que l'originalité, l'indépendance, et l'actualité significative qu'on peut tirer de ses ouvrages. A quoi lui servirait de faire des tableaux à la manière de Raphaël, du Titien, de Véronèse ou de Rembrandt, sinon à irriter par son infériorité fatale les admirateurs clairvoyants et réfléchis de ces maîtres célèbres?

Étudions la tradition pour profiter des découvertes successives et surpasser les ancêtres; analysons leurs procédés pendant le cours de notre éducation professionnelle; mais oublions-les, dès que nous touchons au moment de faire nous-mêmes nos preuves dans la carrière.

« J'ai traversé, dit Courbet, la tradition comme un bon nageur passerait une rivière : les académiciens s'y sont tous noyés. »

Le *maître-peintre* m'a donné également l'assurance qu'il résumait en lui, au plus éminent degré, toutes les forces des devanciers, et que son talent était aussi parfait dans la composition et le dessin que dans la couleur, sans compter qu'il « pense plus fort » que « *qui que ce fût.* » « C'est pourquoi, s'écrie-t-il, j'ai fini mes études. Celui qui ne tient pas en équilibre toutes ses facultés est affecté de quelque infirmité de nature, ou bien ses études ne sont pas encore terminées. Fût-il âgé de cent ans et réputé le premier maître de l'univers, c'est encore un étudiant! »

« Véronèse, voilà un homme doué de tous les talents, un peintre sans faiblesse et sans exagération, un homme fort et d'aplomb; Rembrandt charme les intelligences, mais il étourdit et massacre les imbéciles; le Titien et Léonard de Vinci sont des filous. Si l'un de ces deux-là revenait au monde et passait par mon atelier, je tirerais le couteau! Ribera, Zurbaran, et surtout Vélasquez, je les admire; Ostade et Craesbecke me séduisent entre tous les Hollandais, et je vénère Holbein. Quant à monsieur Raphaël, il a fait sans doute quelques portraits intéressants, mais je ne trouve dans ses tableaux aucune pensée. C'est probablement pour cela que nos prétendus idéalistes l'adorent. L'idéal! Oh! oh! oh! ah! ah! ah! Quelle *balançoire*[1]! Oh! oh! oh! ah! ah! ah! ah! »

Des modernes, il n'en respecte aucun, parce qu'ils ont, d'après lui, oublié, méconnu ou trangressé quelqu'une des grandes lois de l'art et proclamé les aphorismes les plus insensés : David, par exemple, disant à ses élèves pour les porter à réagir contre les coloristes : « Faites bien vos lignes et mettez dedans *ce que vous voudrez*[2], » était un réacteur exclusif qui mutilait la Peinture; Gros, en immolant son propre tempérament à David, a manqué de force et de vocation; Géricault s'est éloigné de la vérité naturelle pour se jeter à la poursuite des tournures fougueuses et des proportions colossales; Delacroix serait un très-grand peintre si le relâchement, le dévergondage de ses formes n'arrivait pas jusqu'au fantastique. Sauf Horace Vernet, qui a du moins le rare mérite de s'être attaché à la

---

1. *Balançoire* signifie dans le langage de Courbet plaisanterie, farce, duperie.

2. Il m'est impossible de citer ici le mot propre, ou plutôt très-malpropre, de David. Je n'imiterai pas non plus l'exemple des historiens modernes qui, au lieu de rapporter fidèlement la réponse énergique de Cambronne à Waterloo, lui ont fait dire avec pompe : « *La Garde meurt et ne se rend pas!* »

physionomie de son temps, les artistes vivants, linéistes exclusifs ou coloristes effrénés, ne comptent pas : les premiers, espèce d'abstracteurs de quintescence, suppriment sous prétexte d'idéalité les parties les plus importantes de l'art, et font des théories à perte de vue pour essayer de justifier la pauvreté de leur talent; les autres, en soutenant que la peinture n'est pas autre chose que la *fête des yeux*, rivalisent avec les bouquetières et les marchandes de modes. Tous sont dépourvus d'idées et de réflexion, tandis que la Peinture est pour maître Courbet un art « volontaire et mathématique. » « Le peintre puissant, dit-il, en pensant à lui-même, doit être capable, au besoin, d'effacer et de refaire dix fois de suite, sans hésitation et sans échec, son meilleur tableau, et prouver ainsi qu'il n'est l'esclave ni du hasard ni de ses nerfs. »

Sa préoccupation incessante de mettre la pensée, la composition, le dessin et la couleur en parfait accord dans ses ouvrages refroidit toutes ses facultés naturelles. En ne donnant à aucune le libre essor, il les comprime toutes et demeure à la fin sans énergie et sans effet. Ce vers du vieux Boileau qui est très-vrai lui semble inconnu :

<blockquote>Souvent un beau désordre est un effet de l'art.</blockquote>

Le geste lui manque; ses scènes sont inertes. Que devient l'exactitude sans la force de l'expression? Les personnages de Rembrandt, les bonshommes d'Ostade sont toujours pleins de vie et d'animation. Delacroix et Daumier triomphent de nos jours par l'ardeur de la pantomime. Horace Vernet, qui à force de précision semble diminuer ses personnages, est encore plein de pétulance et de mouvement. Ingres est mort. Cette immobilité fait la honte de l'art.

Toutefois, l'exécution de Courbet est d'une rare solidité; ce siècle n'a pas vu deux praticiens de cette trempe : il va bravement d'un bout à l'autre de son œuvre. Après avoir préparé sa toile, selon le caractère du tableau, tantôt en brun pour les *Lutteurs,* dont l'effet trop sombre rappelle les plus noirs Ribera, tantôt en rouge pour ses *Demoiselles de village,* dont les gazons et le ciel ont beaucoup d'éclat et d'intensité, il dessine *grosso modo* les personnages et les objets au crayon blanc, les construit et les reconstruit jusqu'à trois fois de pied en cap. Il fait grand usage du couteau à palette qui dépose la couleur sur la toile avec une franchise éclatante et brutale, tandis que les poils du pinceau creusent de petits sillons où la lumière vient s'émousser et s'éteindre, comme dans le tissu du velours.

Il poursuit l'harmonie en marchant par degrés de l'ombre la plus forte à la lumière la plus vive, et il appelle sa dernière touche : « *Ma dominante.* » Suivez, dit-il, cette comparaison : « Nous sommes enveloppés par le crépuscule du matin, avant les premières lueurs de l'aube : les objets sont à peine perceptibles dans l'espace; le soleil se lève : leurs formes se dessinent sensiblement; le soleil monte : elles s'illuminent par degrés et s'accusent enfin en toute plénitude. Eh bien, je procède dans mes tableaux, comme le soleil agit dans la nature. »

Je crois, sans m'arrêter à l'ambitieuse et inoffensive comparaison, qu'il est en ceci dans la vérité. L'artiste qui barbouille avec caprice, tantôt dans les ombres, tantôt dans les lumières, se voit à la fin obligé de recourir aux moyens artificiels : un grain d'ivoire, délayé dans l'huile et étendu sur la composition, lui donne une teinte générale qui paraît franchement harmonieuse. L'harmonie des tableaux de Courbet est une simple résultante des tons partiels juxtaposés, ce qui lui fait dire quelquefois : « Relief des objets, profondeur aérienne, harmonie de la couleur, j'atteints tout cela naturellement et simplement à la force du poignet ! » Ses tableaux ont l'aspect des vieilles toiles espagnoles, assombries et *fondues* par le temps.

Il empâte également toutes les parties de ses compositions :

les premiers plans, les horizons, les ombres, les lumières. Ce n'est que par la qualité du ton et par la précision du modelé qu'il fait avancer ou reculer les objets dans la perspective, au lieu d'employer les frottis et les glacis, moyens factices et impuissants. C'est en composant les tons sur sa palette que le peintre doit calculer les phénomènes de la lumière, de la couleur, et mesurer l'étendue de l'espace qu'il veut rendre sensible à nos yeux.

Et néanmoins l'indépendant Courbet devient, à force d'exactitude, l'esclave du modèle. Le compas qu'il a dans l'œil l'empêche de voir les hommes et les choses en grand. L'invincible effroi que lui inspirent les désordres poétiques le tient rivé aux plus étroits calculs, et lui fait des monstres de ces heureuses licences qui sont pour ainsi dire les coups de foudre du génie.

S'il ne connaît pas un homme depuis fort longtemps, il éprouve la plus grande répugnance à le peindre; s'il n'a pas vécu des années dans une contrée, il craint d'y manquer ses paysages. Il paraît nier ces émotions soudaines et profondes qui saisissent l'âme du voyageur arrivé pour la première fois dans un pays lointain. Mais il faut tout dire : cette rigueur de naturalisme est tout simplement, de la part du maître franc-comtois, une violente réaction poussée à bout contre ces artistes qui font des portraits de souvenir, et qui nous donnent à tout hasard mille points de vue de contrées où ils n'ont jamais mis les pieds.

Les uns ont étudié l'Orient dans la rue de Bréda, les autres sous les moulins à vent de Montmartre. MM. Aligny, Paul Flandrin, Desgoffes et Cabat ont visité l'Italie et étudié beaucoup de gravures; mais quand ils vont chercher les campagnes de l'Attique à Fontainebleau, ils n'y trouvent que la Béotie. M. Méry, pour prendre un autre exemple dans le monde littéraire, va bien plus loin dans l'agilité de ses procédés : celui-là décrit l'Inde au lecteur, précisément parce qu'il ne l'a pas vue. La réaction positive de Courbet n'est donc pas sans valeur et sans utilité contre de semblables abus.

Ses paysages sont très-vrais, mais d'une vérité matérielle; ils ne rendent pas le côté vaste et mystérieux de la nature, sans compter que les sites qu'il choisit ordinairement n'intéressent pas le monde entier. On dira que les plages de Van Goyen, les champs et les bois de Ruysdaël, les pâturages de Paul Potter sont surtout admirables, parce que leurs auteurs n'ayant jamais quitté la Hollande la connaissaient à fond et l'ont rendue en toute vérité. D'accord; mais ce n'est pas seulement par l'exactitude physique que ces artistes triomphent, c'est encore par l'intensité du sentiment.

On exagère pourtant en assimilant les procédés vivants de Courbet aux opérations machinales du Daguerréotype. Et d'abord le Daguerréotype, par sa seule conformation dont toutes les parties ne sont pas en parfait rapport avec les lois constantes de la lumière, manque lui-même de précision. Le graveur qui reproduit sur une planche d'acier les portraits photographiés, est à chaque instant obligé de redresser les légères déviations de l'instrument. Le Daguerréotype n'a d'excellent que ceci : il saisit instantanément un aspect général de vérité, et marque les points de repère dans la mesure des proportions. Il arrête surtout cette fureur qui porte les peintres à embellir leur propre image. Si j'avais demandé à chacun d'eux un portrait de sa main pour l'illustration de ce livre, la ressemblance eût été nulle, et le lecteur, au lieu de connaître ces hommes célèbres tels qu'ils sont, n'aurait vu en eux que des Apollons, des Christs ou des Prophètes.

Courbet est une nature trop *personnelle*, trop volontaire pour se condamner absolument à l'objectivité; mais il s'attache à ses partis pris avec une incurable petitesse. L'action manque à ses figures parce qu'il s'amollit lui-même; elles n'ont pas d'élévation parce que son esprit ne veut pas quitter le terre-à-terre; elles ne sont pas distinguées à cause de ses mœurs vulgaires. Le patriotisme du clocher, le provincialisme, sentiment vif et touchant, mais qui rétrécit la vue quand on n'a pas assez d'énergie intellectuelle pour le modérer ou l'agrandir, est empreint dans tous ses ouvrages. A ce provincialisme Courbet ajoute le goût naturel du burlesque et l'amour politique du scandale. Nous donnons toujours aux objets aimés quelque chose de nous-mêmes : ses figures de prédilection sont celles que le public déteste universellement ; et ne confondons pas le sentiment de tous avec les caprices de la mode ! Il voit tour à tour des mondes infinis dans la grosse *Baigneuse*, dans l'homme qui ramène un cochon de la foire (tableau des *Paysans de Flagey*), dans les chantres d'Ornans et dans toutes les parties de son ALLÉGORIE RÉELLE ; mais il aura des rires étourdissants devant la sublime ordonnance de l'*École d'Athènes*, ou en présence des figures majestueuses et terribles qui tourbillonnent dans le *Jugement dernier* de Michel-Ange, qu'on pourrait appeler dans l'Art le père des géants. Courbet flatte avec une rare tendresse le plus mauvais côté de sa peinture, arrose comme des fleurs les vices de son esprit, et engraisse son ignorance dans l'oubli du respect humain. Il ne lit jamais autre chose que les journaux qui parlent de lui. Ses goûts sont obstinés, mais il manque de goût. Rien ne l'arrête dans sa voie ; il cherchera toujours à donner de la tête, comme le bœuf écorné dont parle saint Jérôme pour figurer l'entêtement de la lubricité. Comparés aux types qu'il poursuit à présent, la *Baigneuse*, les *Lutteurs*, les figures les plus brutales de l'*Enterrement* sont des Anges et des Séraphins. J'ai vu dernièrement chez lui une tête de somnambule ou de tireuse de cartes et une autre femme qu'il appelle *Madame Grégoire*, dont la hideur ferait reculer les sorcières et les nains que Shakspeare et Vélasquez ont parfois employés comme repoussoirs dans leurs vigoureuses créations.

Loin de moi l'idée de reprocher à Courbet l'humilité de ses

sujets pris pour réagir contre ces académiciens têtus et bornés qui, pour sauver la noblesse de l'art, méprisent l'Humanité vivante et adorent les vieux mannequins. Ceux-là, nous le savons bien, affubleraient leur concierge d'une clamyde grecque et d'une toge romaine, si la risée publique ne les arrêtait pas. Mais il ne faut point pour cela se jeter dans l'excès contraire, ériger en nouvelle aristocratie les types les plus grossiers de nos jours, ni peindre, suivant le mot d'un homme d'esprit, « les décrotteurs à fresque et les grands hommes en miniature. »

Certes, les paysans et les prolétaires des villes, martyrs du travail, de l'ignorance et de la misère, ne me paraissent pas plus indignes des regards de l'artiste que ne le sont les rois et les héros ; mais en fuyant par système les sujets élevés pour se consacrer exclusivement aux scènes les plus communes de la vie, Courbet serait bientôt un réacteur étroit, plus étroit même que ne l'est tel académicien qui nous fait rire avec ses Alexandre le Grand, ses Épaminondas, ses Phocion et ses Philoctète, nus ou drapés dans des couvertures de lit.

Les paysans, je les aime et je les connais bien ; j'ai vécu dix ans au milieu d'eux ; j'ai gardé les troupeaux avec les pâtres, porté la soupe aux faucheurs et dansé dans les cuves avec les vignerons ; mais ces braves gens ne remplacent pas dans mon esprit toute l'Humanité.

J'irai plus loin : je préfère le tableau des *Casseurs de pierres*, qui est un chef-d'œuvre en son genre, aux fades et prétentieuses images tirées de la Bible, du Dante, de Shakspeare et de l'Histoire, par MM. Ingres, Hippolyte Flandrin, Lehmann, Scheffer, Picot, Picou, Gérôme, Jacquand, Muller, Vidal, Schopin, Couture et *tutti quanti*, qui ont tour à tour jeté la peinture dans l'archaïsme, l'ascétisme, l'onanisme ou l'abrutissement.

Je partage l'antipathie de Courbet pour les esclaves du passé et son amour pour les études contemporaines. Je fais moi-même tant bien que mal mes preuves de *réalisme*, pour employer son expression, en essayant d'écrire l'*Histoire des artistes vivants*, mais je suis loin d'adopter, on le voit bien, ses partis pris qui me semblent manquer de vérité et surtout d'ampleur. Comme lui, je n'ai pas perdu un instant de vue le modèle vivant, et je m'attache à le rendre en toute vérité, avec trop de détails peut-être. Mais l'Histoire est condamnée à suivre des lois rigoureuses qui n'ont en aucun temps enchaîné la Peinture. La certitude historique doit participer en quelque sorte de l'autopsie, du procès-verbal et du témoignage judiciaire, pour ne pas tomber dans les *anas* et dans les fantaisies romanesques; tandis que la Peinture n'est pas seulement un portrait isolé ou collectif, mais encore une apparition évoquée par le sentiment. La Peinture agrandit la vie, sans en altérer la forme et l'essence premières; l'Histoire n'a pas le droit d'inventer une figure, de créer un tempérament, ou de glaner ses récits dans les recueils équivoques; mais en méprisant les traditions infidèles, en choisissant avec méfiance et lucidité les points incontestables pris d'après nature par les écrivains antérieurs, et en s'armant de la force vive de ses intuitions, elle réveille, pour les ramener sous nos yeux, les générations endormies dans l'oubli des temps.

Il n'est donc pas absolument indispensable, sous peine de lèse vérité, de se parquer étroitement dans le présent et de regarder le monde par un trou de taupe, qu'on appelle le *réalisme* ou la réalité. Un homme d'esprit aimera mieux s'entretenir avec les supériorités que de passer toute sa vie dans un champ de maïs avec le laboureur, dans une échoppe avec le savetier, dans un tuyau de cheminée avec le fumiste, ou même dans un salon avec un noble, un prêtre ou un bourgeois qui disent des bêtises.

Pourquoi fermer la source de l'Histoire, qui a versé dans l'esprit et dans le cœur de tous les maîtres les plus grandes inspirations? Véronèse, Rembrandt, Vélasquez, dont notre ami Courbet reconnaît la valeur et l'autorité, ne se sont pas bornés à peindre des scènes de leur temps, ils ont fouillé dans la Bible et dans les siècles. Jésus-Christ, César, Charlemagne, Napoléon, ne sont pas des portraits de famille d'une ressemblance à garantir, mais des figures imposantes que l'artiste évoquera de siècle en siècle et que les générations jugeront tour à tour selon leur intelligence.

Quel spectateur ira s'informer des modèles qui ont servi à Michel-Ange, et rechercher dans le *Jugement dernier* l'exactitude de la ressemblance, le *réalisme?* Pourtant Michel-Ange était un *réaliste* et un fameux *réaliste* qui avait étudié quatorze ans l'anatomie, le scalpel à la main! Allons, pas de ruses, pas de subterfuges, pas de logomachies! Ce n'est point seulement la critique qui a imposé à Courbet le titre de RÉALISTE, c'est lui qui l'inscrit sur son drapeau, avec une ambition de sectaire, et qui vient rallumer une vieille querelle depuis longtemps vidée pour les esprits sensés. Les Caravagesques et les Raphaélesques, et plus tard les disciples de Rubens et du Poussin, se disaient les uns *réalistes*; les autres *idéalistes*. De nos jours, les classiques et les romantiques ont tiré trente ans leurs arguments opposés de la *Réalité* et de l'*Invention*. Est-il possible, pour faire de l'art vivant, de l'art nouveau, de l'art libre, de revenir à ces disputes surannées? Qu'il nous dise : Je suis le plus grand homme de tous les temps, et qu'il donne la preuve irrécusable de la légitimité de ses prétentions, tant mieux! Mais à quoi bon discuter alors? il faut agir.

C'est pourquoi la profession de foi de Courbet, adroitement rédigée du reste par une main amie, est un acte insignifiant, et qui ne peut résister au premier examen : si le mot RÉALISME avait un sens (et Courbet reconnaît lui-même qu'il n'en a pas) il voudrait dire de deux choses l'une : *Négation de l'Imagination :* alors l'homme, dépouillé de la plus haute de ses facultés, devient un animal inférieur, et la nature n'est plus qu'un théâtre inanimé ; ou bien *prééminence de la vérité visible et palpable sur la fiction poétique.* Dans ce second cas, l'artiste, réduit à l'état de scribe sans idée, n'a plus qu'à dresser le procès-verbal de tout ce qu'il voit et de tout ce qu'il touche.

L'Imagination, au contraire, c'est le principe des chefs-d'œuvre qui ont illuminé les siècles. Elle seule traverse la vérité brutale pour arriver à l'intimité secrète de la création, fouille les derniers replis du cœur humain, allume les passions qui se trahissent au dehors par la noblesse, la force, la majesté, la tendresse, la douceur ou la folie du geste, ce télégraphe rapide qui traduit avec tant d'énergie tous nos sentiments et toutes nos pensées. L'imagination est non-seulement le fluide animateur de l'Art, le feu sacré de Prométhée, mais encore l'éternel mobile des fortes actions. C'est elle qui donne l'audace à l'écrivain, l'enthousiasme à l'artiste, et la grandeur d'âme aux héros. Sans imagination tout est, dans cette vie, inerte, sec, étroit, plat et morne; il faut mourir! Si elle produit quelquefois en nous des ravages et des malheurs extraordinaires, ces malheurs et ces ravages ont toujours quelque chose de grand et de sacré. L'amour exclusif de l'exactitude est le fond du caractère des paysans, des usuriers, des bourgeois constitutionnels, *réalistes* dans la force du mot, qui savent toujours compter juste, et qui, au lieu de s'élever sur les ailes de flamme de l'esprit vers les sublimes régions, rampent ou végètent dans la fange, cherchant des yeux les liards perdus. Ceux-là sans doute ne tomberont jamais dans la folie, mais ils ne feront pas non plus battre le cœur des générations et ne gouverneront pas les empires.

OUVRAGES DE M. COURBET

Portrait du grand-père de l'artiste. — Saint Nicolas, tableau pour l'église du village de Saûle (Franche-Comté). — Une copie du Prisonnier de M. Schnetz. — Une copie de la Saint-Barthélemy de M. Robert-Fleury. — Une copie de Géricault (tête de cheval). — Une copie de Dante et Virgile de Delacroix. — Une copie de Van Dyck (portrait appartenant au sculpteur Préault). — Deux portraits (à Bordeaux). — Petit portrait de femme (à Marseille). — Portrait en pied d'un officier belge et de sa femme (à Gand). — Un portrait d'officier hollandais fait dans un bateau à vapeur sur le Rhin. — Deux paysages (à Amsterdam). — La Guerrera, portrait en pied de danseuse espagnole (Casino de Bruxelles). — Deux scènes de mœurs, dessins (Bruxelles). — Trois paysages (à Besançon). — Un portrait d'homme et deux paysages (appartenant à M. Bry, éditeur, Paris). — Un portrait (à Ornans, Doubs). — Une pochade, d'après le peintre F. Bonvin (Paris). — Portraits de M. et Mme Francis Wey (Paris). — Paysage (copie) pour l'Association des Artistes (Paris). — Dessin de Pierrot (d'après une scène du *Bras noir*, pantomime de M. Fernand Desnoyers, représentée aux *Folies-Nouvelles*). — Tête de somnambule. — Tête de Mme *Grégoire*. — Portrait de M. Gueymard, de l'Opéra (inachevé).

SUJETS EXPOSÉS AUX DIVERS SALONS

1844 : Portrait du peintre, par lui-même.
1845 : Guittarero dans un paysage.
1846 : Portrait de M***.
1848 : Violoncelliste. — Portrait de M. Urbain Cuénot. — Nuit de Walpurgis ; dessin. — Portrait de M. A. D. ; dessin. — Portrait de M. C. S. ; dessin. — Jeune fille rêvant ; dessin.
1849 : Une Après-Dînée à Ornans (appartenant au Musée de Lille).
1850-51 : Un Enterrement à Ornans (Doubs). — Les Paysans de Flagey revenant de la foire. — Les Casseurs de pierres. — Portrait de M. Jean Journet. — Vue des ruines du château de Scey-en-Varais (Doubs).
1852 : Les Demoiselles de village. — Portrait de M. U. Cuénot. — Paysage des bords de la Loue (Doubs).
1853 : Les Lutteurs. — Les Baigneuses. — La Fileuse endormie.

EXPOSITION UNIVERSELLE DE 1855

AU PALAIS DES BEAUX-ARTS

Les Casseurs de pierres. — Les Demoiselles de village (appartenant à M. le comte de Morny). — La Rencontre (appartenant à M. A. Bruyas). — Les Cribleuses de blé. — La Fileuse endormie (appartenant à M. A. Bruyas). — Portrait de l'auteur. —Autre portrait de l'auteur. — Une Dame espagnole. — La Roche de Dix-Heures, vallée de la Loue (Doubs). — Le Ruisseau du Puits-Noir, même vallée. — Le Château d'Ornans (Doubs).

EXPOSITION LIBRE

FAITE PAR L'ARTISTE, A SES PROPRES FRAIS, PENDANT LA DURÉE DE L'EXPOSITION UNIVERSELLE AUX CHAMPS-ÉLYSÉES, 7, AVENUE MONTAIGNE

L'Atelier du Peintre.—Un Enterrement à Ornans.—Les Paysans de Flagey revenant de la foire.— Les Baigneuses (appartenant à M. A. Bruyas, de Montpellier). — Les Lutteurs. — Portrait de M. A. Promayet, artiste musicien. — Portrait de M. Champfleury.—Portrait de M. Charles Baudelaire.—Les Amants dans la campagne, sentiment du jeune âge. — Le Violoncelliste. — Portrait de M. U. Cuénot. — L'Homme blessé. — Une Femme nue dormant près d'un ruisseau (appartenant à M. Lauwick). —Esquisse des Demoiselles de village (au même).—Portrait de l'apôtre Jean Journet partant pour la conquête de l'Harmonie universelle. — Pirate qui fut prisonnier du Dey d'Alger. — Portrait de l'auteur (essai). — Paysage pris à la Roche-Founèche, vallée d'Ornans (Doubs). — Paysage, Bois en hiver. — Forêt de Fontainebleau, paysage. — Château de Saint-Denis, vallée de Scey-en-Varais.— Paysage pris à Bougival, saulée.—Vallée de Scey, Soleil couchant.—Portrait de M***. — Portrait de l'auteur à la manière des Vénitiens. — Les rochers d'Ornans pris le matin. — Paysage, les Ombres du soir. — Vallon, Effet du matin. — Paysage de Fontainebleau (quartier Franchard). — Soleil couchant (appartenant à M. Courpon, agent de change). — Paysage pris dans l'île de Bougival. — Génisse et Taureau au pâturage. — Tête de femme, rêverie. — Tête de jeune fille, pastiche florentin. — Paysage imaginaire, pastiche des Flamands. — L' fût, paysage (d'atelier). — Les Rochers d'Ornans le matin. — Portrait de M. H. Berlioz. — Portrait de femme, dessin. — Jeune fille à la guitare, rêverie; dessin. — Un Peintre à son chevalet, dessin. — Un Jeune homme, dessin. — Le Suicide, paysage (appartenant à M. de Lancy). — Portrait de M. Grangier. — Portrait de M. Laurier.

PRÉAULT

A M. JULES DE LA MADELÈNE.

La fièvre de la poésie, l'hallucination du beau, la haine du vulgaire et la rage de la gloire possèdent et tourmentent Préault. Son esprit remué flambe et fume comme un punch aux folles couleurs, et ne semble chaque jour s'épuiser et s'éteindre qu'à l'heure où tout Paris est endormi. Tombez chez lui au chant du coq, hiver comme été, il entendra le plus léger bruit de vos pas, et, à peine aurez-vous touché la sonnette, que vous le verrez arriver brusquement en chemise, roulant, pour vous reconnaître à travers la porte entr'ouverte, des yeux torves, méfiants, brouillés par la lecture nocturne, ou fracassés par la lumière des théâtres qu'il fréquente avec une assiduité passionnée. Des cheveux rares, mais très-vivants, s'ébouriffent et s'agitent sur sa grosse tête comme les bruyères d'une lande ravagée. Les causeries et les boutades de la veille ont usé le timbre de sa voix et fatigué ses traits; car il dépense de bon cœur le plus vif de ses forces pour soutenir sans défaillance et sans affront sa réputation d'homme d'esprit et d'artiste fougueux. Des plis nerveusement paraphés relèvent ses sourcils et tiraillent son front ample et chargé d'inquiétudes. Sa bouche, dure, dédaigneuse et brouillonne, siffle et mord avec l'impétueuse violence d'un serpent dont on aurait par mégarde foulé la queue. Sa conversation, pleine d'ellipses, de bouillonnements, de soubresauts et d'écarts, excite de prime-abord la curiosité, gagne la sympathie et fatigue quelquefois l'attention par ses subtilités ou par ses digressions vagabondes;

mais des saillies soudaines ou préparées, des aperçus ingénieux, des enthousiasmes sincères, emphatiques et rutilants, la traversent et l'illuminent par intervalles, comme ces fusées d'artifice qui déchirent les ténèbres et meurent en pétillant. Préault ne pousse jamais à fond un raisonnement, mais il court et vole après les images et les comparaisons violentes ou raffinées. Il procède aussi par négations ironiques et par affirmations impérieuses renforcées de sarcasmes et de rires nerveux, à la moderne.

Il vous cherche de sa main inquiète et remuante pour vous harponner; multiplie vivement les interrogations : «N'est-ce pas? Qu'en pensez-vous? Peut-on dire autrement? » afin de vous faire entrer à l'improviste dans ses propres vues. Il vous contraint à coups de coude à lui répondre nettement : « Oui, oui, c'est juste! » Et vous voilà pris. En apparence léger, changeant, orageux; au fond réfléchi, rusé, opiniâtre en diable, tout lui est bon pour vous engrener et vous convaincre. Il y a même quelque chose de sauvage dans sa persévérance. C'est un matelot enragé qui s'élance à l'abordage de son interlocuteur : vaincre ou mourir! Mais j'insiste sur la subtilité de son caractère : ceux qui, l'ayant jugé sur ses paroles et ses ouvrages, le regardent comme la personnification naïve de la fougue, ne le connaissent pas. Il est réglé dans ses passions et mesuré dans ses projets comme l'argent-vif dans le tube d'un baromètre. Seulement il a conservé l'entrain, le flamboyant du romantisme de 1830.

Il se fait avec une rare dextérité des amis de circonstance d'un bout à l'autre de Paris, et les enrôle comme des volontaires par ses allures provoquantes. Personne mieux que lui ne sait, à l'occasion, fondre la glace et mettre le feu à l'eau. Il a déclaré une guerre mortelle à l'indifférence. A lui les nouvelles aussitôt qu'à la presse, à la poste, au télégraphe; à lui les premiers souffles de l'opinion! Voyez-le, dans les solennités théâtrales, voltiger à trente places différentes, sillonner les couloirs, mêler sa note au concert des critiques, souvent avec plus d'esprit que de justice;

hanter les cercles littéraires, dès l'apparition d'un livre nouveau, et affiler sa langue comme une lame de canif, un mois avant l'ouverture du Salon des Beaux-Arts. Quand il lui vient un mot, il faut qu'il le dise, contre vous, contre moi, contre lui-même. Il ressemble au soldat pris de vertige, qui fusille l'ennemi, tue son capitaine, et finit, sans se repentir, par se brûler la cervelle.

Préault est un homme du Nord par la culture de l'esprit, l'amour des rêves et de la couleur ; un homme du Midi par l'énergie instinctive des combinaisons, l'âpreté de l'humeur, la turbulence du geste, et un Parisien à la mode par le goût excessif de l'actualité : aussi les journaux impriment-ils son nom à tout moment dans les *feuilletons*, dans les *nouvelles à la main*, dans la liste des notabilités présentes aux illustres funérailles. Il est partout.

J'ai une montagne de gazettes qui parlent de lui et font circuler ses bons mots corrigés, augmentés, et souvent affaiblis. L'opinion est si moutonnière qu'elle commence à mettre sur son compte toutes les pointes d'esprit, tous les marivaudages contemporains, comme elle attribua tous les calembours au marquis de Bièvre et à Carle Vernet.

A part ces enfantillages, l'amour des livres, l'instinct de l'élévation intellectuelle, le commerce des hommes célèbres, ont fini par lui donner un cachet de sociabilité et de distinction qui manque absolument à la plupart de ses confrères, peintres et sculpteurs ignares, qui s'enflent dans leur spécialité et se montrent à la fois serviles, insolents, ingrats envers la littérature qui a fait les trois quarts de leur réputation, sinon leur réputation tout entière. Si Préault ne respecte pas toujours l'écrivain, si même il lui arrive de le railler ou de le fuir après lui avoir fait de très-beaux compliments, il est certain qu'il aime la plume et qu'il essaie même de s'en servir. L'article suivant, tiré d'un petit journal appelé RENAISSANCE, est de lui, m'a-t-il dit.

LA STATUAIRE MODERNE.

« M. Pradier a eu la main d'un sculpteur, jamais le cerveau.

« L'auteur de la Psyché, du fils de Niobé, de la Phryné, de la Sapho, de la Poésie légère, qui fut dans un jour d'inspiration l'auteur des Renommées de l'Arc-de-Triomphe, a peuplé de pendules gracieuses et de statuettes élégantes les boudoirs de nos Aspasies et les petites maisons de nos Turcarets. Il partait tous les matins pour Athènes, et le soir arrivait rue de Bréda.

« M. Rude, toute sa vie, fut un honnête homme. Il eut le grand souffle, le jour où il arracha de la pierre le grand cri de la France révolutionnaire (*le Départ à l'Arc-de-Triomphe*). Le petit pêcheur à la tortue, la statue en bronze du Louis XIII qui appartient à M. le duc de Luynes, et la statue en marbre de l'Hébé en font un des artistes les plus sains de ce temps-ci. Seulement, ce n'était pas un homme de génie. Il faisait la prose de l'art.

« Pendant cinquante ans, M. David a sculpté toutes les gloires, et s'est consacré au culte des héros et des martyrs. Il ne se passa pas un jour sans que son doigt ne modelât une face auguste. C'était bien à lui qu'il appartenait de conduire les grands hommes aux pieds de la Patrie qui leur tend des couronnes.

« M. David avait l'agitation fébrile du pouce ; le cœur restait calme.

« Il a voulu être l'interprète de la grande inquiétude moderne.

« Mais le gouffre de Décius lui aurait donné le vertige.

« Qui n'a pas le sentiment de se donner à tous sans indemnité, doit rester coi chez soi ou à l'Académie.

« David d'Angers fut le plus grand sculpteur du siècle, ce n'en fut pas le statuaire. »

Phrases prises au vol dans la conversation de Préault :

. .

« Il y a des gens d'élite qui regardent les grandes choses comme l'aigle, sans sourciller; d'autres qui ne peuvent les envisager qu'en clignottant.

. .

« Les académiciens ne sont pas des artistes, mais des *pions* de de collége, montés en grade.

. .

« La perfection de Phidias est telle qu'il ne reste plus à ses admirateurs serviles qu'à déshonorer sa mémoire et à calomnier son génie.

. .

« Le pédant qui vient me faire un devoir d'adorer, d'imiter Phidias, et qui ne le comprend pas lui-même, me fait l'effet de Vidocq me recommandant la lecture de la Bible.

. .

« L'artiste est celui qui voit plus grand, plus haut et plus clair que les autres hommes. Voyez-vous cette étoile? dit-il au vulgaire. — Non ! — Eh bien ! moi, je la vois !

. .

« On ne discute qu'avec les gens de son avis, et seulement sur des nuances.

. .

« Si dans les arts l'extraordinaire devient monotone et ennuyeux, rien n'est si bête et si plat que le naturel absolu.

*
* *

« Je hais l'inertie, l'ineptie, les platitudes consacrées ; j'adore le feu, le mouvement, la liberté, et je cherche à m'élever de la boue aux étoiles. Je fais faire la queue de paon à mon cœur et à mon cerveau. »

Préault est affolé de toutes les choses de l'art et de l'intelligence. Cette seule passion fait déjà de lui un homme très-distingué. Ses vues ne sont pas toujours justes ; il a souvent d'incroyables écarts ; mais du moins il n'est jamais ni mou ni banal. Il déploie, pour se défendre contre l'opinion et pour obtenir des commandes, une incessante activité ; mais ses menées sont relevées par un sentiment sincère de prosélytisme qui lui fait plaider involontairement la cause de l'art alors même qu'il ne croit travailler qu'à son intérêt personnel.

Ce n'est ni la cupidité ni la fureur du luxe qui le poussent à rechercher la faveur de la presse et des gens du monde, mais la soif de la célébrité et la prudente ambition d'amasser cet honorable *minimum* qui permet à l'homme intelligent et libre d'exister comme il l'entend, sans avoir à implorer, au moment du déclin, la sympathie et le secours d'un monde dont il connaît à merveille l'aimable férocité. Pendant que bon nombre de ses confrères illustres rêvent honneurs, millions, carrosses et mariages, il ne pense peut-être qu'à saisir un bout de ruban bien mérité et à peupler quelques niches de monuments, faute de plus vastes travaux à accomplir. Je lui ai souvent ouï dire : « Ce qu'il me faut à moi, c'est une feuille de laurier dans mon pot-au-feu. »

Insouciant de son corps robuste et vivace, il ne sait jamais ni comment il s'habille, ni ce qu'il boit, ni ce qu'il mange : tous ses raffinements sont dans son cerveau. Il buvait un jour coup sur coup plusieurs verres de vin de Chypre, sans s'apercevoir que le vin d'ordinaire avait disparu. Théophile Gautier, affligé de voir

maltraiter son vin, lui dit de sa voix douce et lente : « Ah ça!
tu f... ça dans le plomb, toi! » Les vêtements poudreux, débraillés
boutonnés de travers, la cravate roulée en corde autour du
cou, il traverse les rues au pas de course, enflé, rebondissant,
ébouriffé comme un chat qui vient de combattre sur les gouttières et qui regagne son gîte, sanglant, couvert de boue, de
plâtre, de toiles d'araignées; mais plein de courage et de fureur.

Il vit célibataire, dans un cinquième étage mansardé dont les
murs sont tapissés, du carreau au plafond, de vieilles gravures selon
son goût, c'est-à-dire d'un aspect coloré, grandiose, ronflant ou
bizarre (les Goltzius les plus musclés, les Rubens les plus apoplectiques, les Albert Durer les plus pensifs). Il aime encore, avec assez
d'impartialité de jugement, les morceaux animés des maîtres
calmes, sans les porter dans son cœur. La *Bataille de Constantin*,
de Raphaël, est accrochée derrière la porte de son couloir, tandis
que l'*Adoration des mages*, la *Descente de croix* d'Anvers, les Princesses du Titien, les têtes de la colonne trajane, le *Triomphe de
Venise* de Véronèse, l'*Ugolin* de Reynolds, le *Dante et Virgile* de
Delacroix, copié par Courbet, environnent son chevet. Toutes ces
images s'agitent, flamboient dans sa tête, le tourmentent comme
des apparitions, et lui font jeter dans son lit des mots entrecoupés.
La vue d'un sujet de M. Ingres le rendrait malade. « Si je viens
à penser à celui-là, dit-il, pendant que je fais une statue, je la
démolis aussitôt. »

Les livres, les brochures, les journaux s'éparpillent sur ses
meubles modestes, et il conserve dix ans comme une relique le
plus mince écrit dans lequel il aura trouvé deux lignes vivantes
à admirer.

Avec de telles habitudes, Préault n'aime pas autant le monde
qu'il paraît l'aimer : il le fréquente pourtant avec un incroyable
zèle. C'est à peine s'il peut lui rester le temps de faire à la vapeur
les ouvrages qui lui sont demandés. Il perd les heures si nécessaires au développement de son instruction et au perfectionne-

ment de sa sculpture. C'est la solitude qui fit la grandeur de Michel-Ange ; c'est la constance au travail qui, de nos jours, explique l'abondance de Delacroix et la certitude admirable de Barye.

Il faut d'ailleurs avoir une certaine tournure de caractère pour se plaire aux commérages du monde. Un salon est, pour l'ambitieux, un lieu de conspiration ; pour l'intrigant vulgaire, une espèce de rendez-vous de chasse ; pour le sot, une réunion de sommités dont le seul voisinage, fût-il impertinent, lui donne une certaine importance personnelle. Il y a tant de gens qui ne sont éclairés que par des reflets ! L'observateur ne voit dans ces brillantes soirées qu'une troupe de charlatans qui rient en dedans les uns des autres, et font ensemble des tours sur un tapis ; le misanthrope s'y croit égaré au milieu d'élégants bandits ; l'artiste y cherche des intelligences à séduire et des hommes puissants à entraîner dans ses projets.

Préault s'exerce à montrer aux gens d'élite l'agilité, la pétulance de son esprit difficile à comprendre dans son décousu ; mais intéressant, original, étrange ; souvent comique, parfois sanglant. Il appelle M. de Lamartine *un profil d'azur*, M. Ingres *une ampoule*, Couture *une tumeur*, Chenavard *un mancenilier*, et recommande de ne pas s'endormir à son ombre. C'est ainsi qu'il caractérise tour à tour ce qu'il a trouvé de vague, de vide, de malsain ou de léthifère dans ces divers talents.

Il sent, effleure, remue, franchit les idées, sans les saisir ; mais il les indique par un mot, par un signe, à la manière des sténographes ou des éclaireurs. « Je découvre, dit-il, les truffes, je ne les mange pas. » Sa mobilité capricieuse est celle de l'enfant qui, s'ébattant au milieu de cent joujoux, les prend l'un après l'autre, les mêle, les traîne, les casse, les quitte pour en demander de nouveaux. Il me faudrait entasser les comparaisons, non pour rendre au naturel, la chose est impossible, mais pour faire comprendre tels que je les vois, cette humeur tourbillonnante, ce verbe effervescent et précipité qui lance coup sur coup, à bout portant, ses éclairs et ses détonations avec la promptitude du revolver. Il va si vite que l'on oublie tout ce qu'il dit, même les choses qui vous ont charmé : *verba volant!*

La moindre contradiction l'irrite, le bouleverse et lui fait prendre la fuite en ricanant, comme si des polissons le poursuivaient à coups de pierres. Ah! si ses yeux étaient des pistolets, comme le contradicteur qui vient de l'échauffer et de lui faire perdre la tête serait tué sur place! Mais la seule présence d'un homme attentif et qu'il suppose intelligent et sympathique, lui rend le calme et la lucidité. Il est doux, aimable et plein de beaux compliments, quand on lui laisse tout dire et tout faire, sans le débattre ni le couper.

En tenant compte des habitudes romantiques de ces vingt-cinq dernières années, dont il n'a rien perdu; de ses passions naturellement inflammables, des dédains injustes, affectés, persécuteurs du jury des Beaux-Arts qui l'a exaspéré dès le commencement de sa carrière, on conçoit facilement ses colères et ses attitudes de porc-épic. On s'explique en même temps l'étourdissement continuel de son humeur par les nombreuses préoccupations qui se mêlent dans sa vie : il travaille, par exemple, en une même journée, dans ses deux ateliers des rues de Vaugirard et Campagne-Première, lit vingt journaux, fouille les portefeuilles des marchands d'estampes, fait trente visites, dîne en ville et va au spectacle. Sculpture, peinture, poésie, histoire, drames, discussions, affaires, dansent à la fois la sarabande dans sa tête.

Mais chacune de ces nombreuses activités a fait dans son esprit une heureuse diversion, au plus fort des douleurs de sa jeunesse d'artiste, malheureuse et troublée. Vingt ans il s'est vu pauvre et dédaigné par l'immense majorité du public, par les gens d'administration et d'académie qui n'ont eu si longtemps pour lui que « des têtes de bois », et qui, en repoussant, pour ainsi dire sans les regarder, ses sculptures de tous les Salons, le réduisaient à la nécessité de les casser et de les faire porter dans des tombereaux au fond des carrières. Il a pensé plus d'une fois, dit-il, à noyer ses chagrins dans la Seine. Voilà comment sans doute il s'est accoutumé, par façon de soulagement, à rire jaune, à railler, à piquer à tout propos. Mais il a conservé comme un feu sacré l'amour des belles choses et le culte des grands hommes : il « déchire l'écorce et respecte le fruit. »

Comme il a fait aujourd'hui de grands progrès dans la faveur des hommes intelligents et qu'il n'a guère plus raison de se plaindre, il montre ordinairement la gaîté vaillante, tapageuse et pleine de gestes du compagnon qui revient de son tour de France. Ce qui l'a beaucoup adouci et consolé, dit-il, c'est la familiarité des Lamartine, des Michelet, des Quinet, des Alfred de Vigny, dont les conversations lui ont donné de grandes jouissances intellectuelles, qui, ajoutées au plaisir qu'il trouvait déjà dans ses lectures et dans ses propres pensées, lui auraient fait oublier la faim elle-même.

Auguste Préault est né à Paris, le 6 octobre 1809, de petits artisans du Marais. C'est un enfant du peuple. Après les rudiments, il quitte le collége Charlemagne pour entrer chez un sculpteur d'ornements où il s'ennuie et ne fait rien. Il prend des séances de modèle vivant chez Suisse et chez Boudin avec les derniers élèves de David, sans aucun goût, sans aucun zèle, et tombe dans un *spleen* de quatre ans d'où le peintre Jeanron vient le tirer en l'emmenant avec lui au beau milieu de la querelle romantique. Le *Massacre de Scio* de Delacroix et la *Locuste* de Sigalon produisent sur lui une impression profonde et inaltérable ; mais la sculpture moderne qui, dit-il, fait des masques au lieu de visages, et en guise de corps des mannequins recouverts de draperies dont les plis droits ressemblent à des queues de billard, ne lui inspirent que du dégoût.

M. David d'Angers le reçoit dans son atelier et le renvoie bientôt sous prétexte qu'il corrompt les élèves par ses tendances désordonnées et sa répugnance instinctive à recevoir des leçons. C'est alors qu'il se lie d'amitié avec le sculpteur Antonin Moine qui, jusqu'à sa mort, lui est resté dévoué.

Antonin Moine, de Lyon, était une nature ardente, religieuse, pliée, souffrante; pleine en même temps de poésie, d'élégance et de réserve mondaine. Son intime fierté ne se trahissait guère que par les éclairs de ses yeux noirs, et son grand front fuyant traduisait bien sa propension rêveuse, exaltée par le catholicisme. Il avait eu des travaux à faire pour l'État ; mais il désirait une plus grande tâche. Seulement la nécessité des démarches d'antichambre blessait sa dignité ombrageuse; l'indifférence ministérielle le navrait, et le moindre refus le jetait dans le désespoir.

Il n'avait débuté dans sa carrière de sculpteur qu'à l'âge de trente-quatre ans, et il est mort prématurément. Les meilleurs ouvrages qu'il nous ait laissés sont des médaillons de plâtre très-finement modelés, le bénitier de l'église de la Madeleine, un bas-relief de cavalier dont le cheval s'abat, quelques statuettes, dont la plus aimable est celle de Mme Malibran.

Sa pratique élégante et tempérée ne brillait que dans les ouvrages de moyenne et de petite proportion; elle manquait peut-être, non pas de vie, mais de force et d'audace ; elle se ressentait en quelque sorte des manières polies, tièdes et correctes que l'artiste montrait dans ses relations avec le monde, et vous savez que le monde voit toujours des rebelles dans les artistes énergiques et emportés.

Préault se mit à chercher en lui-même la contre-partie vigoureuse de ce talent délicat et féminin. Il me disait un jour : « Moine est la femelle, et je suis le mâle. »

Le mouvement romantique était dans toute son éclatante violence. Antonin Moine fut prôné, malgré sa douceur ; Préault devenu son meilleur ami, fit sous son influence, mais avec l'exagération qui lui est naturelle, ses premiers travaux, notamment sa grande *Tête de Juif arménien*, qui fut remarquée au Salon de 1833 et qui depuis a reparu dans d'autres expositions. Il s'imprégnait en même temps de la fougue poétique de la jeune littérature. Les Iambes d'Auguste Barbier l'enivrèrent comme des liqueurs fortes et le mirent sens dessus dessous.

La jeunesse semblait triompher sur toute la ligne. En sculpture, les mannequins de feu Cartelier, les mièvreries du baron Bosio, les froides allégories de Cortot, n'avaient plus autour d'elles que les derniers classiques et les tristes lauréats de l'école de Rome : Ramey, Duret, Dumont, Lemaire, Petitot, Seurre, Simart, Ottin, de Bay, Gatteaux et tant d'autres utilités officielles dont les œuvres affligent les regards du public au milieu des jardins et des monuments de la France. Le plus habile, sans contredit, de tous ces praticiens d'académie en décadence, c'était Pradier.

Dans le camp romantique s'agitaient Barye, le plus fort de tous, Antonin Moine, Préault, Maindron, Feuchère, Marochetti, Chaponnière, Gechter, Foyatier, Klagmann, Duseigneur, Daumas, Triquetti et Mlle de Fauveau.

David d'Angers et Rude, deux personnalités solides, savantes, mais qui ne sont pas entrées complétement dans le flot de la vie moderne, restèrent en dehors du mouvement, les yeux encore tournés sur les Grecs et les Romains. Les discordes intestines dispersèrent le camp des sculpteurs romantiques, et l'académie ébranlée se raffermit, à l'aide de quelques alliances équivoques et à la faveur du roi Louis-Philippe, dont le goût personnel en matière d'art a consommé la ruine de l'école française au XIXe siècle.

Il était pourtant monté sur le trône au beau moment pour faire refleurir les arts. Tandis que l'Académie *empaillait* Phidias en récitant les phrases de Winckelmann, la jeunesse montrait les sentiments les plus libres, les plus chaleureux, et cassait les vitres de la vieille école. Cette génération, quoique maladive, eût produit de belles choses sous la protection d'un prince puissant, animé de ces nobles instincts qui ont poussé à la grandeur et à l'immortalité les Mécènes, les Papes, les Empereurs de la Renaissance et le roi Louis XIV. Mais le bon père de la Charte constitutionnelle aima mieux fraterniser avec les prud'hommes de la rue des Lombards, brasser des majorités électorales et engraisser des avocats que livrer son âme au souffle poétique de son temps.

Les artistes s'effrayèrent aussi de son *riflard*, de son chapeau gris, de ses socques articulés, de son toupet frisé et de ses favoris en cotelettes. Son musée de Versailles est, sans contredit, une collection navrante. L'idée qu'il eut de la former était sans doute éminemment française; mais, sauf de rares et respectables exceptions, ce nombre immense de peintures est une suite de tapisseries à quinze sous le rouleau.

M. Ph. de Chennevières, inspecteur des musées de province, a cité quelque part cette singulière opinion du roi bourgeois sur un de ses peintres favoris, M. Alaux, de l'Institut : « Alaux peint bien et dessine bien; il n'est pas cher et il est coloriste. »

Mais une autre cause, qui n'a pas peu contribué à la défaillance de la jeune école romantique, c'est cette vanité personnelle que n'ont point connue les plus grands hommes des grands siècles. Elle voulait, sans éducation professionnelle, sans exercices préalables, créer, produire, faire parler d'elle à tout prix. Le moindre des élèves de Gros s'exerçait à l'application de la recette que voici.

Un débutant qui veut se faire connaître, dès son apparition au Salon, doit y lancer un *pétard*, c'est-à-dire un ouvrage outré. Le public tournera les yeux sur lui, et, dès ce moment, l'artiste déjà connu mesurera ses coups aux Expositions suivantes.

On échappe rarement aux habitudes de son temps. Le jeune Préault, encore dépourvu d'instruction pratique, se signala par la hardiesse désordonnée et l'expression fébrile de ses premières esquisses au Salon de 1833 : *la Misère*, groupe en terre cuite, qui représente une jeune fille expirant dans les bras de sa mère; le bas-relief de *Gilbert mourant*, une plume et cette devise à la main :

La faim mit au tombeau Malfilâtre ignoré;

La Famine, bas-relief colossal fait sous l'impression de Michel-Ange ; le buste de Gabriel Laviron, mort depuis sur les murs de Rome assiégée, et une douzaine de médailles de bronze.

Préault, vivement attaqué et vigoureusement défendu par les journaux, prit date et rang parmi les sculpteurs notables. On voyait en lui un jeune homme, encore ignorant et emporté par l'ardeur du tempérament, mais rempli de belles promesses. Il fut question de lui confier l'exécution d'un bas-relief à l'Arc-de-triomphe de l'Étoile. Des amis officieux, tout en faisant son éloge, conseillèrent à M. Thiers, ministre de l'intérieur, de lui laisser le temps d'étudier. M. Thiers montrait alors les dispositions les plus favorables aux jeunes gens de talent, à quelques artistes déjà mûrs, et protégeait ouvertement Eugène Delacroix et Sigalon. Je n'ai jamais pu comprendre son engouement pour MM. Étex et Ziégler.

Préault envoya au Salon de 1834 deux médailles d'*Empereurs romains*, l'un vieux et l'autre jeune ; une *Tête de Juif arménien* déjà mentionnée ; le groupe des *Parias*, et la *Tuerie*, grand bas-relief. Tout cela fut mis à la porte en bloc, à l'exception de la *Tuerie* qui, sur l'avis de Cortot, devait rester exposée au Salon, comme un malfaiteur accroché au gibet, et effrayer le public sur les désordres de l'école nouvelle qui n'avait pas encore poussé si loin qu'elle le faisait cette fois la frénésie de la rébellion.

La médaille du vieil empereur (une espèce de Vitellius) est d'un caractère monumental. L'idée d'une puissance à la fois illimitée, crapuleuse, terrible, est poussée à bout dans la figure de cet auguste monstre. Les chairs huileuses de sa face immonde s'enflent, bouffissent et pendillent comme les saillies du corps d'un taureau engraissé en Angleterre. Les plis relâchés de son cou sont des fanons épais et remuants. Cette bouche gloutonne, abrutie, dont la lèvre inférieure est avancée en forme d'écuelle, reste entr'ouverte et au repos. Le Minotaure digère. Une couronne de lauriers immense, exagérée comme le sont tous les accessoires décoratifs de l'auteur, ombrage son front souverain.

Quelques parties du modelé de cette médaille se jettent de travers ; mais elle est en somme d'une exécution large, intelligente et libre.

La *Tuerie* est un grand bas-relief en bronze dont l'aspect vous saisit comme un cauchemar. C'est surtout dans cette débauche sauvage qu'il faut reconnaître les défauts, les vices immenses et les qualités suprêmes de l'artiste. C'est une mêlée de personnages qui s'égorgent et se déchirent en poussant des hurlements. On n'y démêle tout d'abord que des mains crispées, des torses inégaux, montueux, escarpés, des bouches béantes, des chevelures hérissées ou flottantes comme les flammes d'un incendie poussé par le vent. A gauche, un nègre hideux et colossal, les lèvres relevées par la rage, les dents à nu, semble vouloir dévorer le jeune enfant qu'une forte femme porte sous son bras à la manière de Médée. Elle se précipite follement sur lui ; tandis qu'une autre main convulsive serre le scélérat à la gorge, sans l'arrêter. A droite, un homme athlétique tombe et meurt, en poussant un horrible cri, frappé au cœur d'une énorme blessure qui reste pour ainsi dire ouverte à deux battants. Dans le fond, vers le milieu de la scène, une espèce de chevalier maigre, nerveux, farouche, revêtu de son armure, semble présider à l'égorgement avec une sinistre impassibilité. Je ne sais en voyant ce chef-d'œuvre manqué quelle diablerie et quel vertige ont emporté la tête et la main de l'artiste au delà de cette limite suprême que le talent médiocre n'atteint pas, et que le génie, maître de lui-même, n'a jamais franchie.

Il est inutile d'examiner en détail l'exécution de cette noire rêverie en bronze, s'il est vrai que le bronze puisse exprimer les rêves. Elle est aussi difforme et monstrueuse qu'émouvante. L'influence du modelé des peintures de Rubens y est partout sensible ; le dur métal y prend en certains endroits la souplesse vivante de la chair : les bouches crient, les corps tressaillent et palpitent dans le feu de la création. L'agencement du sujet est un pêle-mêle de hasard : ici, les membres s'accumulent ; là, s'ouvrent des trouées qu'il fallait combler; partout sont brutalement violées les lois de l'équilibre et de la proportion. Par l'élan, la passion, les éclairs, le mouvement, le désordre, l'enflure et le vide, mêlés dans cette improvisation, Préault appartient pour ainsi dire dans l'art à la race des tribuns. M. Eugène Delacroix, par la noblesse et la grandeur de ses inventions, continue la lignée des poëtes; M. Horace Vernet, par l'abondante rapidité de ses ouvrages et la légèreté de son esprit, tient à la famille des vaudevillistes, et M. Ingres, par la froideur, l'amertume, la patience et la stérilité de ses imitations, est lié à la secte des scholiastes.

Préault perd le sentiment de la forme à force de courir après l'expression énergique de la vie. Son égarement maladif parut frappant au Salon de 1834, où le jury repoussa sans exception tous ses ouvrages : l'*Ondine*, statue de grandeur naturelle; la *Rivière des Amazones*, la *Reine de Saba*, reliefs colossaux; le vilain *Buste de Galéas Visconti*, et une *Femme couchée* sur une pierre tumulaire. Il se jeta dès lors dans des sujets inabordables au sculpteur et s'efforça de traduire en terre glaise des pièces de vers, des impressions fugitives et des songeries creuses. Le Jury, et surtout la direction des Beaux-Arts, le mirent à l'*index*. Au lieu de chercher à le ramener dans la bonne voie par de salutaires encouragements, on lui laissa casser et jeter dans la banlieue la majeure partie de son bagage méprisé. Il rentra désespéré dans son atelier où des amis lui apportèrent de banales consolations. La misère et l'orgueil froissé le rendirent aigre, insolent, sauvage; et il se mit à pétrir chaque semaine, comme un insensé, un grand modèle de statue pour la décoration de quelques jardins.

Au Salon de 1836, sa statue de Charlemagne fait rire le jury qui dit : « Je ne comprends pas ! » — « Si l'auteur était là, répond M. David d'Angers, il nous expliquerait peut-être ce qu'il a voulu faire ! »

De 1838 à 1848, Préault retombe dans la foule des artistes

bohêmes, et son existence devient une boussole égarée. C'est dans cette période de troubles et de tourments qu'il fait les figures de *Flavie*, de *Carthage*, les mauvais bustes de Lesage, de Marivaux, de Diderot et de Sedaine, le Crucifix de Saint-Gervais et la statue de Clémence Isaure [1] que l'on voit au jardin du Luxembourg. Le Christ sculpté en bois de chêne, de grandeur naturelle, était destiné à Saint-Germain-l'Auxerrois; mais le curé le repoussa de son église en disant : « Ceci n'est pas le Christ, mais le mauvais larron qui a bu du vitriol. » Il voulait voir dans un Crucifix l'expression calme et radieuse de l'Agneau divin mourant pour le salut du monde, et non pas un supplicié hurlant et pantelant. C'est au contraire par l'animalité de la douleur que l'artiste a rendu sensible à tous les yeux le sanglant sacrifice du Calvaire.

Le Christ fut présenté à l'église Saint-Paul, au Marais, qui lui ferma également ses portes. Mais l'artiste, exaspéré, le fit admettre à Saint-Gervais par le curé qui se mourait, en lui disant avec beaucoup d'esprit et d'amertume : « Monsieur, vos confrères ont chassé deux fois Notre-Seigneur; recevez-le, je vous prie, dans votre église, sinon je me fais mahométan ! »

On plaça le Christ à perte de vue au fond de l'église. L'artiste conspira avec quelques ouvriers pour le faire descendre secrètement. Son étourdissement moral pendant cette audacieuse opération était tel, que, pour se calmer et se donner une contenance, il se mit à lire du premier au dernier mot une grammaire française oubliée par quelque écolier sur un banc de catéchisme.

Il y a de très-belles parties dans le Christ de Saint-Gervais, pris au rebours de l'ascétisme catholique : le mouvement de la tête qui se jette violemment en arrière, l'inflexion hardie des

---

1. Clémence Isaure, la prétendue fondatrice des *Jeux-Floraux*, n'a jamais existé. Voici l'origine de cette fable contestée par les érudits et réduite à rien dans ces derniers temps par le docteur Noulet : De petits pédants de Toulouse, qui avaient coutume de se réunir le dimanche dans un *barri* ou faubourg de la ville pour lire des vers, sont les inventeurs du mythe de Clémence et les fondateurs de l'Académie des *Jeux-Floraux*.

deux bras étirés, le poids du corps qui semble faire plier les clous, la bouche qui pousse un dernier cri, la poitrine qui râle et se dégonfle par sa blessure d'un flot étouffant de larmes, de sanglots et de sang.

> Ah! Jésus, souviens-toi du jardin des olives :
> Dans ta simplicité tu priais à genoux
> Celui qui dans son ciel riait au bruit des clous
> Que d'ignobles bourreaux plantaient dans tes chairs vives!
>
> Lorsque tu vis cracher sur ta divinité
> La crapule des corps de garde et des cuisines,
> Et lorsque tu sentis s'enfoncer les épines
> Dans ton crâne où vivait l'immense Humanité;
>
> Quand de ton corps brisé la pesanteur horrible
> Allongeait tes deux bras distendus; — que ton sang
> Et ta sueur coulaient de ton front pâlissant;
> Quand tu fus devant tous posé comme une cible;
>
> Rêvais-tu de ces jours si brillants et si beaux
> Où tu venais remplir l'éternelle promesse?
> Où tu foulais, monté sur une douce ânesse,
> Des chemins tout jonchés de fleurs et de rameaux?
>
> Où, le cœur tout gonflé d'espoir et de vaillance,
> Tu fouettais tous ces vils marchands à tour de bras,
> Où tu fus Maître, enfin?... Le remords n'a-t-il pas
> Pénétré dans ton flanc plus avant que la lance?
> . . . .

A cette question du poëte Charles Baudelaire, le Christ de Préault répond : « Oui, je meurs désespéré d'avoir perdu si tôt l'empire du monde par ma douceur et ma miséricorde. J'ai laissé tomber mes verges, et les *vils* marchands sont rentrés dans le temple ! »

L'exécution du Crucifix de Saint-Gervais est dure, inégale, heurtée; mais l'ardente expression de l'ensemble emporte le vice des proportions et les écarts du modelé. C'est déjà quelque chose que d'avoir su faire jaillir la vie et la passion d'un morceau de bois.

Depuis la révolution de février 1848 jusqu'à nos jours, Préault a fait assez bon nombre de travaux : le Christ en bronze de l'église des Thernes, le buste de l'abbé de l'Épée, celui de l'abbé Liautard, gardé par deux anges accoudés, qui rêvent et pleurent dans une extase où la foi religieuse du moyen âge est mêlée à la mélancolie de nos jours ; la belle statue de Marceau ; le masque funéraire de la *Douleur*, le cheval et le cavalier gaulois ; la figure de Mansart, d'une excessive affectation ; la statue d'Aristide Olivier, une aberration ; la figure inachevée de Lenôtre qui sera, je le crois, d'un bel effet décoratif, et deux groupes ronflants, de génies qui élèvent dans les airs des palmes et des couronnes, au sommet des nouveaux pavillons du Louvre, en face du Palais-Royal.

« Un art nouveau viendra, dit M. Michelet [1], que personne n'ose hasarder, *la sculpture des colosses au grand jour, à ciel découvert, bravant la lumière, les climats et le temps*. Notre grand et illustre maître David d'Angers y a songé parfois, par exemple, dans le *Condé* de Versailles, fait pour le pont de la Concorde. M. Rude y a songé dans son sublime *Départ de 92* qui est à l'Arc de Triomphe. Ni l'un ni l'autre pourtant n'a osé être assez grossier, assez peuple. Et pourtant ces fortes ébauches, quand elles sont savantes et profondes, comme le *Jour* de Michel-Ange, ce n'est pas seulement la sculpture forte, mais c'est la sculpture éternelle. — Un essai unique en ce genre, le *Gaulois* de Préault, durera des siècles, lorsque ses voisins du pont d'Iéna auront disparu depuis longtemps. Inutile de dire que cette œuvre hardie a été universellement critiquée. Le public ne veut, dans les arts, que les procédés de la miniature. Il a comparé ce colosse aux très-fines sculptures qui ornent le pont. Il a trouvé mauvais le

---

1. *Histoire de France*, tome VII. La Renaissance, pages 323 et 324.

cheval primitif de la Gaule chevelue, engorgé encore de l'humidité des marais, des grandes forêts. Il a trouvé étrange que cet hercule barbare, le *miles gloriosus* de l'antiquité, ne fût pas un lancier du dix-neuvième siècle. Il a regardé de près une figure faite pour être vue du Champ-de-Mars, la plus vaste place du monde, figure en lutte avec un infini d'espace et de lumière. »

C'est fort bien dit; mais il ne faut pas se payer de mots, sous prétexte d'imagination, ni exalter nos amis précisément à cause de leurs fautes. Le public a trouvé mauvais ce cheval *engorgé encore de l'humidité des marais*, et le public avait en cela raison. Que faire d'un cheval aux membres engorgés? Il faut l'abattre. Ce cheval, d'ailleurs trop court, écraserait le cavalier du premier bond entre sa croupe et son encolure. Aussi le *miles gloriosus*, qui est du reste d'un beau caractère, a fort bien fait de rester à pied. M. Michelet fait observer avec justesse que les grands ouvrages de l'art ne veulent pas être regardés de près; mais les statues les plus gigantesques ne sont pourtant pas faites pour être vues au télescope à travers *un infini d'espace et de lumière*. Si, de loin, la tournure de Michel-Ange nous étonne; de près, sa science nous confond. L'artiste réclame les grands espaces par deux raisons bien différentes : ou pour donner carrière à son génie décoratif ou pour noyer ses âpretés et ses défauts dans les profondeurs de l'atmosphère, et Préault en est souvent réduit à ce dernier moyen.

Ce qui lui manque, ce n'est ni la force, ni l'abondance, ni la noblesse des instincts; c'est le savoir et le sang-froid pratiques. Il travaille par boutades avec une rapidité qui résulte plutôt de l'impatience des nerfs que de l'agilité et de la certitude expérimentales. Quand une difficulté l'arrête, quand un souci le trouble, il s'emporte, et sa main devient alors meurtrière comme celle d'un sabreur au fort des mêlées. Il casse des côtes, des clavicules, des bras et des jambes; arrache des yeux et brise des crânes. C'est le Murat de la sculpture.

Les maîtres immortels sont plus forts et plus calmes. Un exercice continuel, un savoir immense, une froide lucidité, guident ces artistes vénérables. Chez eux, les passions les plus terribles se taisent à l'heure du travail et dorment dans leur âme comme des dogues enchaînés. C'est pourquoi leurs ouvrages, sortis des longues préméditations de la volonté, ont subjugué le monde par la puissance de leur caractère, et bravé par leur solide perfection les caprices de la mode et les outrages des siècles.

Voilà, je le répète, ce qui manque à Préault : une force constante. Son intelligence a des éclairs, des foudres et des coups de vent; son exécution est pleine de vie; mais aussi de désordre et d'enflure. Son talent, enfin, ressemble à son corps robuste et bien fait, comme celui du Faune; mais terminé par une tête affolée, qui tient à la fois du Borée et du Triton.

Malgré ces faiblesses, ces inégalités, ces troubles, je vois en lui un artiste libre, original, de bonne race, digne des encouragements et des récompenses de l'État. L'élévation de ses désirs s'est toujours manifestée passionnément, et par le choix des sujets et par quelques parties de son œuvre. Le buste et la tête de la statue de Marceau expriment à la fois la vaillance, le dévouement, la générosité et la douceur de ce jeune héros qui conserva la pureté naïve de son âme au milieu des orages de la révolution française; dont la mort si prématurée remplit de deuil la grande armée de Sambre-et-Meuse et le camp ennemi, et dont les sentiments innocents, sublimes, se traduisent par ces admirables paroles : « Vous me parlez de mes lauriers, vous voulez que j'aille les déposer sur vos genoux, vous, ma bonne sœur, si sensible et si aimante! ils vous feraient horreur, ils sont teints de sang humain. »

OUVRAGES DE M. PRÉAULT[1]

1830 : Un Jeune comédien romain égorgé par deux esclaves, bas-relief en plâtre (chez M. Daumier).

1833 : Pochades : Gilbert mourant, bas-relief en plâtre. — Buste de G. Laviron. — La Misère, groupe demi-nature en terre cuite. — La Famine, grand bas-relief en plâtre dont il ne reste plus qu'un fragment. — Médailles de bronze.

1834 : La Tuerie, fragment d'un grand bas-relief. — Deux médailles colossales d'empereurs romains, l'un vieux et l'autre jeune (plâtres). — Juif arménien, grande tête en plâtre. — Groupe de Parias, plâtre.

1835 : Ondine, statue en plâtre, d'après une pièce de vers d'Auguste Barbier. — La Reine de Saba, bas-relief de six pieds en plâtre. — Buste de Galéas Visconti (plâtre). — Statue de femme couchée (Hécube). — Quelques statues de terre cuite pour servir à décorer des jardins.

1836 : Charlemagne, statue colossale en plâtre (cassé). — Tête de vieillard.

1837 : La tête du Juif arménien de 1834, fondue en bronze.

1838 : Statue de Carthage (cassé). — Médailles.

1839 : Adoration des Mages, grand bas-relief en plâtre (cassé). — Christ en croix (plâtre).

1844 : Statue en pierre de l'abbé de l'Épée (façace de l'Hôtel-de-Ville).

1846 : Vierge en pierre pour Nogent-sur-Seine. — Sainte Marthe, statue en pierre pour l'hospice de Bergerac.

1847 : Reliquaire pour l'église de la Madeleine, commandé par M. M. Froment-Meurice.

1848 : Clémence Isaure, statue en marbre (jardin du Luxembourg). — Buste du Poussin (marbre, Musée du Louvre). — Statues en pierre de saint Gervais et saint Protais, pour l'église Saint-Gervais (en collaboration avec Antonin Moine).

1849 : Grandes et petites médailles de bronze. — La Douleur, masque funéraire en marbre (cimetière des juifs). — Deux grands bas-reliefs en plâtre : Flavie et Ophélie (cassés). — Buste en bronze de l'abbé Liautard et deux figures de femmes

---

1. Les ouvrages de M. Préault ayant rarement paru aux divers salons d'exposition, nous les avons simplement rangés ici par ordre chronologique.

en bois de chêne pour son tombeau (église des Carmes à Paris). — Tombeau de l'abbé de l'Épée, un buste en bronze (église Saint-Roch à Paris).

1850 : Marceau, statue en bronze (à Chartres, place Marceau).

1851 : Christ en croix (bronze, à l'église des Thernes, banlieue de Paris. (Salon de 1849).

1853 : La *Comédie humaine*, statuette en bronze, à M. M. Théophile Gautier. — Cavalier gaulois pour le pont d'Iéna (Paris). — Statue en bronze d'Aristide Ollivier. — Statue en pierre de sainte Valère (église Sainte-Clotilde).

1854-1856 : Mansart et Lenôtre, deux statues inachevées en marbre pour Versailles. — La Ville de Mulhouse, grande esquisse en plâtre pour le Palais de cristal à Londres.

1855 : Deux groupes en pierre d'enfants qui couronnent un des pavillons du nouveau Louvre.

Bas-relief du monument d'Aristide Ollivier : la Mort cueillant une fleur, allégorie. — Deux grands médaillons en bronze. — Une tête d'étude, Melancolia, bronze.

RUDE

A M. CHARLES FRÉVILLE.

J'ai connu le célèbre statuaire Rude[1] pendant les trois ou quatre dernières années de sa vie ; il me semble que je le vois encore et que je l'entends parler. C'était un beau vieillard de soixante-douze ans, verdoyant, droit comme un I, et bâti en Hercule Farnèse. Ses membres puissants forçaient ses vêtements, et son cou de taureau se gonflait avec une formidable vigueur pendant que ses mains velues taillaient le marbre ou pétrissaient la terre glaise. Sa stature n'était guère au-dessus de la moyenne ; mais elle paraissait élevée ; son port révélait le courage.

Une barbe de patriarche lui descendait jusqu'à la ceinture, avec une abondance extraordinaire qui attirait les regards des passants, et provoquait les railleries des membres de l'Institut. « Nous ne pouvons pas, disaient-ils en lui refusant leurs suffrages, recevoir au milieu de nous *l'homme à la barbe.* » Il faut avoir un talent tiré à quatre épingles, et le visage frais rasé pour entrer à l'Académie. La première femme de M. Ingres prit un jour le statuaire pour un *modèle* qui venait s'offrir à son mari. « Asseyez-vous, mon ami, lui dit-elle, je vais l'avertir. — Qui me demande? Qui me persécute? grommela le peintre. — C'est un modèle de *Fleuve* qui vous attend. » Et l'auteur du *Saint Symphorien* fut consterné à la vue de M. Rude qui avait tout entendu, et qui riait aux larmes dans cette fameuse barbe blanche.

---

1. Mort à Paris, le 3 novembre 1855.

Des sourcils jeunes, âpres, noirs comme le jais, donnaient un certain accent de dureté et d'emportement à cette physionomie d'ailleurs si douce et si paterne. Le front, bossué aux deux coins de sa base, était également bombé sur le milieu et fuyait par les côtés, depuis les tempes jusqu'au sommet de la tête, dépouillée et reluisante. Les yeux étaient petits, fins et caressants dans la joie, ternes et demi fermés dans la tristesse, gonflés et flamboyants dans l'irritation. Le nez, court et rond, manquait de caractère; les joues, la bouche et le menton se noyaient dans des flots de poil; on ne voyait saillir avec vigueur que les pommettes, grêlées par la petite vérole. En somme, cette mâle et belle figure se fût élevée au-dessus des types bourgeois et populaires, avec quelques traits allongés et quelque forte courbure : elle eût rappelé, par plus d'énergie, celle du Tintoret, et par plus de noblesse celle du Titien. On voit d'ailleurs, dans le portrait gravé de notre sculpteur, qu'il aimait assez à ressembler à ces deux grands maîtres de Venise.

Sa vie fut calme, retirée, solide et pure au milieu d'un siècle frivole, corrompu et maladif. Ses mœurs, simples et droites, semblaient taillées sur le patron de celles des anciens. Rude était un Romain qui fumait la pipe. Mais cette austérité d'un autre âge limitait son intelligence et lui fermait des issues lumineuses que la pratique de la vie moderne n'eût pas manqué de lui ouvrir. Il faut toujours être de son temps, sans perdre la mémoire des grands siècles. L'héroïsme des anciens, les hauts faits de nos révolutions et de nos guerres, remuaient son tempérament bilio-sanguin. Son patriotisme, ses sentiments *démocratiques-napoléoniens* manquaient de lucidité et de direction. Il semblait regretter en même temps le brouet noir de Sparte, la chaise curule du Capitole, la tribune de la Convention et l'épée d'Austerlitz. Il adorait à la fois Alexandre le Grand, Léonidas, César, Caton d'Utique, Brutus, Robespierre et Bonaparte; passait en rêve le Granique ou le pont d'Arcole; enfin, par l'exaltation de l'esprit, il triomphait à Marathon, à Salamine, à Marengo ; mourait aux Thermopyles, sur le pont du *Vengeur* ou dans les plaines de la Pologne : voilà tout ce qu'il savait de l'histoire et de la politique. Il aimait d'instinct la gloire, la patrie, la force et la grandeur d'âme, en confondant les temps et les mœurs, le despotisme et la liberté, comme un homme du peuple qui ne voit dans toute action éclatante que l'exercice de fiers tempéraments plus ou moins semblables au sien : cette aspiration vague a fait les trois quarts des tribuns et des généraux modernes.

Ses rêves démocratiques, mêlés au chauvinisme guerrier, n'avaient certes rien de très-important ni de bien dangereux. Le capitaine Noisot, son ami, répondit à un grand personnage qui lui demandait si Rude n'était pas *un peu trop rouge* : « Ah ! si tous les *rouges* lui ressemblaient ! »

Il avait, comme les meilleurs hommes du peuple, la probité, la sagesse, l'esprit de famille, et l'énergie laborieuse que l'ouvrier appelle *le coup de collier*. Il aimait à se faire lire, en travaillant, une traduction quelconque d'Homère, de Plutarque, de Tite-Live ou d'Ovide, les *Victoires et Conquêtes* ou *le Mémorial de Sainte-Hélène*, et s'écriait par moments, avec la foi du charbonnier : « Quels hommes ! quels hommes !... Allons, fumons une bonne pipe ! »

Ses plaisirs étaient tout villageois : il jouait aux dames en manches de chemise sur le trottoir de la rue d'Enfer, qu'il appelait depuis vingt ans son salon, et se lavait les mains et les bras aux fontaines publiques, comme un bon maître serrurier qui vient d'achever sa journée. Il ne quittait que bien rarement son quartier, et se résignait difficilement à faire une visite d'étiquette. Le dimanche, pour aller à la promenade, il mettait son large chapeau de *soldat-laboureur*, et boutonnait sa longue redingote bleue, à la mode des grognards de la Loire en demi-solde et des anciens abonnés du café Lemblin, naïfs souscripteurs du *Champ d'Asile*.

Il était d'un abord aimable, facile, et se plaisait « à vivre dans une maison de verre. » Il imposait assez adroitement ses impressions aux jeunes gens enthousiastes, leur disait : « Soyez libres! » et ne pouvait supporter une objection. En artiste de grand mérite, il concevait une très-haute idée de lui-même, tout en s'efforçant de ne jamais sortir des bornes de la modestie. Peut-être voilait-il, par un mépris affecté des honneurs, le regret et l'amertume de n'avoir pas reçu toutes les récompenses méritées; mais il ne mit en jeu ni intrigues, ni artifices pour augmenter le prestige de son talent, à l'exemple de ses confrères ambitieux qui tiennent chapelle ou vivent sous le masque. Ceux-là, certes, n'aiment pas être approchés par l'observateur qui, d'un coup d'œil, traverse leur hypocrite nullité; mais ils tourmentent par procuration le public avec leurs insidieuses réclames.

Sa loyauté fut souvent trompée par de célèbres académiciens que je pourrais nommer ici; mais à quoi bon s'occuper d'eux, puisqu'ils vivent sans talent et sans gloire? C'est par pure jalousie qu'ils lui fermèrent, en plusieurs occasions, les portes de l'Institut, après l'avoir obséquieusement attiré dans le rang des candidats. Quatre ou cinq de ces *immortels* lui avaient offert leurs voix, qu'il n'eût peut-être pas songé à solliciter, et, au dépouillement du scrutin, pas un ne le désignait. Ces fourberies sont à la mode, non chez les bohémiens, mais parmi les gens illustres bien nourris, envieux et mécontents.

François Rude est né à Dijon, le 4 janvier 1784, d'un père qui exerçait dans cette ville la profession de poêlier, et qui avait appris en Allemagne la fabrication des *cheminées à la prussienne*. Celui qui devait devenir un des plus illustres statuaires de ce siècle, a passé son enfance à souffler la forge et à battre l'enclume. Dans les rares moments de liberté que lui laissaient les travaux paternels, il suivait les cours de l'Académie dirigée par Devosge, le maître de l'illustre Prud'hon. Bientôt le vieux poêlier, frappé de paralysie, fut privé des moyens de soutenir son fils qui, pour gagner sa vie, se mit au service des frères Mugnier, peintres en bâtiments.

Il avait essayé de modeler quelques bustes, notamment celui du graveur Monnier, beau-père de M. Fremiet, directeur des contributions. M. Fremiet lui offrit d'abord un logement dans sa maison, sous le prétexte délicat de lui rendre plus facile l'exécution de ce portrait, et le traita bientôt avec la généreuse affabilité qui disparaît de nos mœurs, et dont on retrouve à peine quelques vestiges au fond des provinces les plus naïves et les plus reculées.

La conscription appelait Rude sous les drapeaux en 1806; son hôte sacrifia une partie de sa modeste fortune pour lui donner un remplaçant militaire et le maintenir dans la carrière des arts. La plus noire ingratitude est le péché mignon des artistes; mais il faut dire à l'honneur de celui-ci, qu'il s'est montré toute sa vie plein de reconnaissance et de dévouement envers son bienfaiteur.

Il partit pour Paris, en 1807, avec deux cents francs et une lettre de Devosge qui le recommandait à Denon. Denon le présenta à Cartelier, et lui fit donner quelques travaux par Gaules, alors chargé de l'exécution de la colonne Vendôme. Le jeune homme trouvait ainsi les moyens de vivre et d'étudier à la fois. C'est lui qui modela en grande partie les armes et les costumes disposés en friperie militaire sur le piédestal du monument.

Il remporta sur Cortot le second prix du concours à l'École des Beaux-Arts, et obtint, en 1812, le premier prix qui lui donnait droit à une place de pensionnaire à l'École de Rome. Mais Denon retarda son départ pour l'Italie en lui confiant l'exécution de quatre bas-reliefs pour le piédestal d'un obélisque à élever sur le terre-plein du Pont-Neuf, à l'endroit même où se trouve aujourd'hui le *Henri IV à cheval* de Lemot.

La folie et la sagesse se disputaient par moments son humeur; mais la sagesse l'emporta. Ses écarts n'étaient que l'explosion d'un fort tempérament qui s'est condamné lui-même au travail, à l'économie, à l'austérité, et qui ne peut pas résister au besoin de secouer et de briser un jour ses chaînes pour les reprendre le lendemain par devoir et par raison. Il était humain, vaillant, héroïque; mais susceptible, opiniâtre et même tempêtueux. « Je ne me mettais pas souvent en train, disait-il naguère, mais quand j'y étais, j'allais plus loin que les autres. » Il y avait, dans son caractère, ce mélange de *mauvaise tête* et de *bon cœur*, si remarquable chez quelques artistes du seizième siècle.

Très-habile à tous les exercices du corps, il nageait, patinait, dansait, tirait l'épée avec une agilité, une énergie et une certitude étonnantes. Il me souvient, si j'ai bonne mémoire, d'avoir remarqué dans ses mains et dans ses bras plusieurs coups de pointe qu'il avait reçus dans la période guerroyante de sa jeunesse.

Quelque temps après la Révolution de Février, il prit au collet et porta, pour ainsi dire, au poste voisin, un gros sergent-de-ville qui osait lui manquer de respect dans la foule, et lui dit : « Je suis le sculpteur Rude, drôle! Vous ne savez pas à qui vous parlez! » Rebelle à la contradiction et quelque peu porté à la rancune, il ne fallait pas trop le pousser, surtout quand il avait proféré avec une vivacité qui lui faisait monter le rouge au visage, ses deux singuliers jurons : « *Nom d'un cornon! Fontaine de beurre!* »

Voici des folies de jeunesse qu'il se plaisait à raconter :

Un soir, en 1810, il y avait je ne sais plus quelle première représentation à l'Odéon : à la sortie, il aperçoit une très-grande dame qui monte en calèche, s'élance aux côtés de la belle inconnue qui reste muette de tant d'audace, et, *fouette cocher!*

Un autre jour, il faisait assaut avec une des plus fines lames de Paris, et boutonnait son adversaire qui disait toujours : « *Pas touché!* » On mit du blanc, puis du rouge aux fleurets : même contestation. « Eh bien ! déboutonnons-les, dit-il, nous verrons les coups. » Et l'on se battit jusqu'au sang.

Au mois de mars 1815, il était à Dijon, prêt à partir pour l'Italie. Le bruit se répand tout à coup dans la ville que Napoléon, sorti de l'île d'Elbe, entraîne vers la Bourgogne, à travers les montagnes, des flots de partisans et les régiments du roi; que la duchesse d'Angoulême réchauffe à Lons-le-Saunier le zèle de ses serviteurs, et que le maréchal Ney, commandant la division militaire du Jura, vient couper à Dijon l'armée insurrectionnelle de celui qu'on appelait l'*Usurpateur*, l'*Ogre de Corse*. Rude court aussitôt les rues et les cercles de la ville pour rallier les hommes d'énergie à la cause impériale, et ne trouve que quatre ou cinq têtes brûlées résolues à le suivre. Saisissant un drapeau tricolore, il s'avance en criant : *Vive l'Empereur!* vers les troupes de Ney qui arrivent. Un silence sinistre se fait dans les rangs. *Vive l'Empereur!* répète Rude, en se jetant avec ses amis sur la pointe des baïonnettes. Les rangs de Ney s'ébranlent et répondent avec un ensemble formidable : *Vive l'Empereur!*

Cependant la ville de Dijon restait en proie aux sourdes rumeurs et aux émotions diverses. Ney, descendu à l'*Hôtel de la Cloche*, entendit sortir de la foule pressée sous son balcon quelques cris de *Vivent les Nobles!* et répondit avec un geste hésitant et conciliateur : *Pas tous! pas tous, mes amis!* « A ces mots, dit Rude *avec finesse*, je vis que le maréchal était à nous! »

L'artiste voulait rejoindre l'armée avec les volontaires de la Côte-d'Or ; M. Fremiet qui était lui-même un des hommes les plus dévoués à l'Empire, comme on peut le voir par la brochure qu'il écrivit sous le coup du retour de l'île d'Elbe, le retint auprès de lui par les liens du cœur. A la seconde restauration des Bourbons, M. Fremiet, voyant ses jours exposés à d'implacables vengeances, prit le parti de se réfugier en Belgique, et Rude, après l'avoir accompagné à travers les bois jusqu'au village de Pont de Pany, à trois lieues de Dijon, lui promit de le rejoindre à Bruxelles avec sa femme, ses deux filles et sa mère, madame Fremiet, âgée de quatre-vingts ans passés. Comme il s'en retournait à Dijon, il rencontra sur la route une diligence dans laquelle il reconnut le célèbre peintre Louis David, qui gagnait la Suisse pour passer aussi en Belgique par la frontière d'Allemagne.

Quand Rude fut lui-même arrivé à Bruxelles avec la famille Fremiet dont il ne tarda pas à épouser la fille aînée, il n'y trouva pas un sculpteur digne d'attention : on ne parlait que d'un vieillard nommé Godecharles, qui avait mis la main à quelques travaux de la ville, et qui dirigeait une espèce d'Académie où, depuis dix ans, quelques rares élèves n'avaient d'autre modèle qu'un seul homme, qui posait en même temps pour les deux sexes. Il était aussi question d'un certain Van Geel, médiocre praticien, auteur du *Lion* de Waterloo. Ces deux célébrités locales avaient pour principal rôle de dénigrer tous les artistes étrangers dont le dangereux voisinage faisait ressortir leur nullité à tous les yeux. Godecharles et Van Geel avaient chacun modelé un mauvais buste du roi Guillaume Ier, qui daignait poser fréquemment devant eux; Rude se contenta, pour faire à son tour le portrait du prince, de l'examiner attentivement, un dimanche, au prêche, et l'on assure qu'il donna, sans manquer à la ressemblance, quelque noblesse à la figure de ce souverain, taillée en *casse-noisettes*.

On bâtissait, à quatre ou cinq lieues de Bruxelles, le palais de Terwueren, offert en hommage national au prince d'Orange. L'architecte, M. Van Straeten, prévoyant, dans son habile médiocrité, tout le profit qu'il pourrait tirer des conseils et du concours de Rude, lui confia d'importants travaux de sculpture. Rude déploya beaucoup de talent et d'énergie pendant son séjour en Belgique, pour soutenir l'honorable existence de la famille Fremiet. Un des élèves qui suivait ses leçons, il y a trente-cinq ans, prétend qu'il était constamment à l'œuvre, du soleil levant au crépuscule, ne s'interrompant, dans la journée, que pour manger deux petits pains et boire quelques gouttes d'eau-de-vie, comme un pionnier.

Il établit successivement dans les ruines du couvent des Lorraines et dans la chapelle abandonnée des Douze Apôtres, son atelier, qui devint une espèce d'académie libre, où il recevait de nombreux élèves le soir, de six à dix heures, après avoir consacré la journée à ses propres travaux. Tant d'occupations ne l'empêchaient pas d'aller souvent à pied, par les ténèbres, le vent, la pluie et la neige, au château de Therwueren : sa vie était rude comme son nom. Il revenait souvent fort mécontent, jamais découragé, en répétant ce refrain, qui témoigne plutôt de l'énergie de ses sentiments que de la beauté de sa verve poétique :

Sort, f...., sort, plein de rigueur,
Ce n'est qu'aux âmes faibles que tu f... malheur !

Son caractère et son talent restent honorés en Belgique : il y a laissé de nombreux travaux. Les plus remarquables sont les neuf bas-reliefs qui représentent la *Chasse de Méléagre* et les épisodes de la *Vie d'Achille*, le fronton de l'Hôtel des Monnaies, les grandes cariatides de la salle du Concert Noble, la décoration de la Bibliothèque du duc d'Aremberg.

De retour à Paris en 1827, il acheva promptement le *Mercure* qui réussit au Salon de 1829, et fut coulé en bronze pour le Musée du Luxembourg.

Son ancien maître Cartelier, alors en vogue, et son ami Roman, lui firent obtenir des travaux : une *Vierge* en marbre pour l'église de Saint-Gervais, le *Buste de Lapeyrouse* pour le Musée de la Marine. Le *Petit pêcheur napolitain* (Musée du Luxembourg) étendit la réputation de l'artiste et lui valut la croix d'honneur au Salon de 1833. J'oubliais de dire que le ministère de l'intérieur lui avait confié, quelque temps avant 1830, l'exécution d'un tiers de la frise de l'Arc-de-Triomphe de l'Étoile, et la décoration des quatre piliers du monument; mais la Révolution fit naître une foule de prétendants qui ne lui laissèrent que la partie de la frise en regard de Chaillot, l'*Armée française revenant d'Égypte*, et le bas-relief appelé le *Départ des Volontaires* de 1792, un des rares morceaux de l'art moderne, dignes de passer à la postérité, parce qu'il est le cri d'un cœur mâle et le chef-d'œuvre d'une forte main.

Les sujets d'abord conçus et esquissés par le sculpteur pour les quatre piliers étaient :

Le *Départ de* 92, dont la disposition varia plusieurs fois dans son esprit. C'était, en premier lieu, une simple allégorie de la *Guerre*, une femme en fureur, coiffée de serpents, qui appelait les combattants; un cavalier à peu près semblable à l'Alexandre de Lebrun dans le *Passage du Granique*, s'élançait à l'ombre de ses ailes.

Le *Retour*, destiné à faire le pendant du *Départ*, c'est la retraite de Russie. Les débris de la levée de 92 s'en retournent vieillis et mutilés : le guerrier mûr, qui menait les volontaires à l'ennemi, a perdu la vue comme Bélisaire; le dragon, qui chargeait à Wagram, mêle son sang affaibli au sang de son cheval qui s'abat moribond dans la neige; l'enfant de troupe, né dans les rangs de Jourdan, protége maintenant la déroute. Des loups affamés rôdent à travers les sapins autour de cette poignée de braves qui se traînent, désespérant de revoir la France, tandis que l'*Hiver*, enveloppé de peaux d'ours et assis sur un glacier, les couvre impitoyablement de ses frimas.

La *Résistance*, c'est le suprême effort de la France impériale épuisée contre l'invasion étrangère. Les derniers défenseurs du pays meurent, les armes à la main, autour de l'autel de la Patrie.

La *Paix* agite son rameau d'olivier, et fait rentrer d'un signe l'épée du guerrier dans le fourreau. Le laboureur accouple ses bœufs sous le joug de l'Agriculture qui se réveille, et le matelot roule les cordages, au milieu des ballots du Commerce qui refleurit.

L'artiste voulait couronner l'Arc-de-Triomphe de l'*Apothéose de Napoléon* foulant un hémisphère aux pieds de son cheval, et suivi par la Victoire essorée. Mais le gouvernement de Juillet crut nécessaire de contenir cette fois l'enthousiasme napoléonien, qui tendait à le déborder. Il n'approuva pas davantage le projet d'un quadrige triomphant, et Rude proposa, dès lors, d'asseoir sur le globe doré du monde la figure colossale en bronze de la France, la tête entourée de rayons, les pieds posés sur un aigle portant dans ses serres des couronnes et des sceptres brisés. Aux quatre angles de la plate-forme de l'édifice, le sculpteur faisait pleurer les *Puissances* à jamais vaincues, non pas avec l'impartialité de l'historien, mais avec l'engouement national du démocrate et la vanité militaire de l'invalide.

Il a laissé, de ces divers motifs, cinq ou six dessins au trait, à la manière de Flaxman, et une quarantaine de petites esquisses en plâtre dont quelques-unes traînent dans les couloirs des ministères. Il demandait au gouvernement de bâtir une maison-atelier sur la plate-forme de l'Arc pour faire sur le lieu même, sans manquer à la perspective, le modèle de ses figures de trente pieds, qui devaient être ensuite coulées en bronze. Mais tout grand projet est rongé par les intrigants, comme un beau fruit par les insectes. Il ne lui fut donné d'exécuter que la portion de la frise déjà mentionnée et le bas-relief du *Départ*. Avec cette déplorable habitude de distribuer les travaux publics par fragments aux hommes de talent comme aux plus vulgaires solliciteurs, la Direction des Arts enlève à nos monuments tout caractère d'ensemble et de grandeur, et sans faire taire les plus infimes mécontentements, se change en bureau de bienfaisance.

Un *Mercure* en bronze de demi-grandeur naturelle pour

M. Thiers; le *Jeune Louis XIII* en argent pour M. le duc de Luynes; le *Baptême de Jésus-Christ* (église de la Madeleine); le *Maréchal de Saxe* (musée de Versailles); *Caton d'Utique*, commencé par Roman (jardin des Tuileries); les bustes de *Louis David* (musée du Louvre), de *Devosge* (musée de Dijon), de *Dupin aîné*; la *Résurrection de Napoléon sur le rocher de Sainte-Hélène* (à Fixin, Côte-d'Or); *Godefroy Cavaignac couché sur son tombeau*; le *Calvaire* (église Saint-Vincent-de-Paul); *Gaspard Monge* (ville de Beaune); le *Maréchal Ney* (place de l'Observatoire à Paris); enfin les statues en marbre d'*Hébé* et de l'*Amour vainqueur du monde* : telle est la suite des plus importants travaux exécutés en France par l'illustre statuaire, depuis son retour de Belgique jusqu'à sa mort. Quelques-uns de ces sujets suffiront à nous expliquer la nature de ses impressions et de ses procédés, et entre tous la *Résurrection de Napoléon sur le rocher de Sainte-Hélène*.

Dans le village de Fixin, à deux lieues de Dijon, vit le capitaine Noisot, type devenu célèbre parmi nos vétérans par son culte pour Napoléon Ier. Il s'est plu à décorer sa maison et son enclos de fortins et de joujoux guerriers. Les enfants font des reposoirs, les dévotes improvisent des chapelles de fleurs pour le *Mois de Marie*, les vieux soldats dressent sur un autel, au fond de leur jardin, la statuette en plâtre peint de l'Empereur : M. Noisot ne pouvait vivre plus longtemps sans l'image de son Dieu des batailles, et Rude, qui partageait la naïveté de ses sentiments, modela l'idole :

Napoléon, couché sur le rocher de Sainte-Hélène, en uniforme de colonel de chasseurs, le front couronné de lauriers, soulève lentement les plis du manteau de Marengo, qui lui sert de linceul, et se réveille insensiblement du sommeil de la mort pour s'élancer dans l'éternité. L'aigle gît à ses pieds, la langue tirée, la serre détendue, l'aile pendante dans les flots. L'épée tant redoutée est liée par les chaînes de l'Europe prudente, et les carcans du captif de la Sainte-Alliance, délivré par la mort, pendent brisés aux flancs du roc expiatoire.

C'était en 1847, après la messe commémorative du 15 août : les invalides se pressèrent dans l'atelier de Rude, et firent éclater leurs transports. On les vit tour à tour menacer du poing l'Angleterre, accuser le Roi de *la paix à tout prix*, interroger le bronze, le couvrir d'immortelles, l'échauffer de baisers et l'arroser de pleurs. Il fallut, le lendemain, laver la statue.

PREMIER PORTEUR D'EAU.

Vois-tu comme sa tête et ses pieds dépassent le rocher?

SECOND PORTEUR D'EAU.

C'est qu'il y était gêné, lui, pour qui l'Europe était trop petite.

PREMIER PORTEUR D'EAU.

Son épée est enchaînée, parce que les Anglais ont craint qu'elle ne fît la conquête du monde.

SECOND PORTEUR D'EAU.

Et son aigle... il est mort de chagrin?

PREMIER PORTEUR D'EAU.

Cela veut dire que sa brave armée n'existe plus et qu'elle n'a pu vivre sans lui.[1]

Quelques jours après la statue fut érigée, aux acclamations des communes bourguignonnes, sur un tumulus du clos Noisot, ombragé de thuyas, et dominant toute l'étendue de la plaine bornée par le Jura et par les Alpes. M. Noisot prononça ce discours :

« Messieurs, j'ai besoin de vous dire quelques paroles qui me semblent être ici à leur place.

« Rassurez-vous, ce n'est point un discours : c'est une révélation qui nous a été

---

1. Ce dialogue est tiré à la lettre de la *Notice sur le monument élevé à Napoléon par MM. Rude et Noisot*, in-8°, Dijon, imprimerie Loireau-Feuchot, 1847. Page 16.

faite, depuis l'exécution de ce monument par M. Marchand, le serviteur et l'ami du grand Empereur; révélation qui fait honneur au caractère des Bourguignons.

« Vous savez, Messieurs, nous savons tous que la maladie qui a tué notre Napoléon a pris son origine sur le rocher tropical de Sainte-Hélène. Après cinq ans d'agonie, après cinq ans de martyre, un jour le Christ moderne[1] se sentant plus mal... il ne se trompait pas, l'heure solennelle approchait! la vie lui échappait!... dit à Marchand : « Console-toi : ton exil touche à sa fin; tu reverras la patrie, toi! tu reverras la « France! Eh bien, crois-moi, achète un coin de terre en Bourgogne; c'est la patrie « des braves; j'y suis aimé; on t'y aimera à cause de moi! »

« Il aimait donc les Bourguignons, Messieurs, puisqu'il leur adressait ses amis! Il avait raison.

« Voyez, Messieurs, une circonstance, un hasard, le doigt du ciel peut-être, a jeté l'un en face de l'autre deux hommes, un vieux soldat, un vieil artiste, tous deux contemporains du grand Empereur! C'est ici, c'est à cette place même que nous avons parlé de lui! « Comprenez-vous, mon cher Rude, lui disais-je dans ma douleur, qu'il n'y ait pas en France un tableau, une figure, un monument qui rappelle à mes yeux mon Empereur, celui que j'ai connu si grand, si glorieux, et dont j'aurais voulu partager les deux exils! »

« Il fallait voir en ce moment comme moi l'œil étincelant du vieux sculpteur! il était beau de bonheur et d'inspiration. « Mais, me dit-il avec vivacité, que voulez-vous faire d'une statue? où voulez-vous la placer? — Ici, là, en face des Vosges, en face du Jura, des Alpes, en face de l'Italie! ayant à ses pieds les vallons et les champs de la Bourgogne! — Eh bien! consolez-vous, mon cher Noisot, me dit-il en me pressant la main, *je vous ferai* un Empereur! »

« Messieurs, le croiriez-vous, son amitié ne me disait pas tout; car depuis longtemps il avait fait ce monument dans sa pensée pour en doter la Bourgogne, sa patrie. Ainsi, je n'ai à me vanter ici que d'une chose, et je m'en contente, c'est de l'honneur insigne qu'il m'a fait en me choisissant pour abriter sa modestie. Ne vous y trompez donc pas, Messieurs, la gloire est à l'artiste, et je dois décliner ici la part d'ovation que vous voudriez peut-être m'offrir.

« Si je ne craignais d'abuser, je rappellerais encore ces paroles qui nous viennent de Sainte-Hélène : « Je désire que mes cendres reposent sur les bords de la Seine, au « milieu de ce peuple que j'ai tant aimé! »

« Honneur à la main royale qui a accompli ce dernier vœu de l'Homme du Destin. La Capitale peut avec raison être fière de l'honneur de posséder son corps. A nous, Messieurs, il nous faisait une autre part : il nous adressait ses amis; mais nous avons aujourd'hui quelque chose de plus, nous avons son image reproduite par un bronze immortel. Plaçons donc, Messieurs, une fleur, une branche de chêne sur le front du vieux sculpteur, sur le front du moderne Phidias auquel nous le devons!

« Il nous reste à remercier avec effusion les magistrats, les citoyens, l'armée, de l'empressement qu'ils ont mis à honorer, à embellir de leur présence cette fête de famille donnée au milieu des montagnes!

---

[1]. Napoléon Ier eût certainement mis aux arrêts l'officier qui se fût permis de l'appeler le *Christ moderne.*

« Nous confions ce monument à l'honneur national, au patriotisme énergique des Bourguignons! et si un jour les ennemis de la France, les Barbares, les Vandales, osaient encore une fois tourner leur front et marcher contre nous au cri de : « Paris! Paris! » en défendant notre patrie, nous défendrons aussi ce monument que nous découvrons aujourd'hui! »

Les cris de *Vive Napoléon! Vive Noisot! Vive Rude!* se mêlaient dans l'air fatigué aux accents de la musique militaire qui jouait la *Marseillaise* et *Veillons au salut de l'Empire!* Deux jours après un banquet fut donné à Dijon : les notabilités provinciales, préfet, général, artistes, conseillers municipaux, notaires, juges de paix, directeurs de Messageries, épanchèrent leur verve :

A LA MÉMOIRE DE FRANÇOIS DEVOSGE! — A M. RUDE! A MADAME SOPHIE RUDE! AU CAPITAINE NOISOT! A L'ECOLE DES BEAUX-ARTS DE DIJON!

Et toujours :

Vive Napoléon! Vive Rude! Vive Noisot!

Les légendes populaires vinrent ensuite :

Une vieille femme de Fixin, disait-on, descendait de la montagne au village : « Eh bien, bonne mère, avez-vous vu Napoléon? — Ah! monsieur le curé, je l'ai trouvé si triste, que je n'ai pu m'empêcher de me mettre à genoux et de dire pour lui un *Pater* et un *Ave*. »[1]

— « Voyez-vous cette statue, disait un ouvrier? Rude a mis vingt ans à la faire : cela ne m'étonne pas, elle est assez belle pour cela. Quand elle a été faite, les Anglais l'ont su, et ils sont venus à Paris lui demander son moule. — « Mon moule, s'est-il écrié, mon moule, à vous, Anglais, qui l'avez fait mourir! » Il a saisi son marteau, il a brisé son moule, et puis il leur a dit : « Mauvais gueux que vous êtes, faites-en une pareille à présent, si vous pouvez! »[2]

---

[1]. *Notice sur le monument élevé à Napoléon par MM. Rude et Noisot,* brochure déjà citée. Page 31.

[2]. *Notice,* etc. Page 32.

Le *Napoléon* est un ouvrage manqué, mais il n'est pas étonnant qu'il ait excité l'enthousiasme populaire : la tête de l'Empereur, soigneusement faite d'après le moulage en plâtre si connu ; le costume, d'une minutieuse fidélité historique, et l'épée, calquée sur celle que l'on conserve aux Invalides, frappaient les regards et réveillaient les souvenirs des vieux soldats. Mais il ne s'agissait pas seulement ici de la copie rigoureuse d'un homme ; il fallait une *Apothéose*.

L'Empereur, au contraire, semble sortir de son manteau étriqué, comme une Vénus marine de sa conque entr'ouverte : l'effet est déplaisant. Cette idée du sculpteur, devinée par les porteurs d'eau, de lui faire dépasser des pieds et de la tête le rocher trop petit pour le contenir, est prétentieuse et stérile. Le plus ou moins d'étendue du corps de Napoléon ne laisse rien préjuger de la grandeur de son génie. Le géant du *Café Turc* enchaîné sur un banc de pierre ne nous donnerait pas l'idée de Prométhée.

Au point de vue purement matériel de l'exécution, cette statue, comme tous les ouvrages sortis de la main de Rude, porte le cachet d'un talent robuste, exact et patient. Son esprit ne franchissait pas les limites de la vie commune, et ne s'élevait pas par des révoltes angéliques au-dessus de la réalité.

Les opinions et les pratiques du sculpteur Rude se trouvent longuement exposés dans un livre d'Émeric David[1], qui les avait lui-même trouvées dans la compilation des auteurs, depuis Pausanias jusqu'à Winckelmann.

Les artistes de la Grèce, fidèles au culte national de la force et de la beauté physique, recherchèrent d'abord les plus parfaits modèles vivants, et les imitèrent avec exactitude. Une loi rigoureuse exigeait même des sculpteurs chargés de la *statue-portrait* des vainqueurs d'Olympie, l'expression absolue de l'original, et

---

1. *Recherches sur l'art statuaire chez les anciens et chez les modernes*, in-8°. Paris, 1805.

les Hellanodices ne manquaient pas de repousser les ouvrages qui n'étaient pas conformes en tous points aux exigences du programme. Ainsi feraient nos célèbres *sportmen* pour avoir le portrait de leurs étalons. Les athlètes de l'antiquité furent nécessairement réunis, comparés et mesurés dans les ateliers. Les experts remarquèrent des particularités de structure plus ou moins sensibles dans les pieds et les hanches d'un coureur, dans les épaules et les reins d'un lutteur, dans les bras et la poitrine d'un pentathle.

De l'imitation exacte, en certains cas imposée au sculpteur, Rude infera que les artistes grecs avaient une tendance décidée au naturalisme, et il crut suivre la vraie tradition en copiant rigoureusement le modèle vivant.

Les anciens apportaient, dit-on, dans toutes les parties de l'exécution statuaire, le même soin qu'ils donnaient à la mesure préalable des proportions. L'armature sur laquelle ils bâtissaient leurs maquettes avait sans doute la justesse et le jeu d'un squelette humain. On a même prétendu, mais sans vraisemblance, qu'ils modelaient d'abord le squelette jusqu'au moindre détail, et qu'ils le recouvraient ensuite de tous les muscles. Parfois il leur arrivait aussi d'improviser dans le bloc de marbre, avec une hardiesse qui fut plus tard si familière à Michel-Ange.

Winckelmann cite trois pierres gravées du cabinet de Stoch. qui représentent : 1° Prométhée mesurant le corps humain à l'aide d'un fil à plomb ; 2° Prométhée modelant le squelette ; 3° Prométhée pesant dans une balance les membres humains.

Rude voyait dans ces allégories la méthode suivie par le statuaire antique : 1° Examen général des proportions ; 2° construction de l'ossature ; 3° modelé des muscles.

Le squelette l'occupait d'abord à l'extrême. En le considérant naturellement comme l'armature intérieure du corps humain, comme le centre de la force et du mouvement, il soutenait que la physionomie de l'individu dépend surtout de la longueur et de la forme des os, dont le seul jeu suffit à le faire reconnaître à de longues distances. Il disait avec le compilateur déjà cité : « Qu'est-ce que la peau? Le vêtement des muscles. Que sont la peau et les muscles? Le vêtement des os. Le squelette est le premier ouvrage de la Nature, qui, après l'avoir modelé, se mit à le revêtir. » Rude arriva même à donner cette singulière définition : « L'homme est un squelette dont les muscles sont l'ornement. »

Il étudiait en second lieu les muscles l'un après l'autre avec la plus grande rigueur.

Armé du compas et du fil à plomb en face du modèle vivant, il prenait ses « trois points de ronde-bosse » entre les clavicules, au milieu de l'os pubien, à la malléole interne ; réglait les parties comprises entre ces grandes divisions, marquait les têtes d'os, les éminences musculaires, et levait pour ainsi dire le plan topographique du corps humain.

Ses élèves les plus zélés tatouaient d'encre les articulations et les saillies du modèle, et ne manquaient jamais, à l'exemple de leur maître, de planter dans leurs maquettes des chevilles de bois pour points de repère.

L'enseignement de Rude se réduisait donc à peu près à l'ensemble des moyens géométriques employés par tous les ouvriers sculpteurs chargés de reproduire en pierre ou en marbre un modèle donné, et que l'on appelle la *mise au point*.

Les Grecs ne se rendirent pas ainsi tout à fait esclaves du modèle. Il est même avéré que l'emploi des instruments de précision leur permit non-seulement de s'en affranchir, mais de le dominer absolument. L'expérience leur démontra bientôt que le plus bel homme et la plus belle femme ne sont que des fragments plus ou moins parfaits de la Beauté. Du rapprochement de tous les types particuliers, choisis dans les deux sexes à tous les âges de la vie, ils tirèrent des types supérieurs qui participaient de la vérité de la nature et des inventions de l'esprit.

Michel-Ange mesura peut-être lui aussi les proportions de la *Nuit* sur les plus belles femmes de Florence ; mais il est certain que pas une d'elles n'égalait en beauté la statue qu'il nous a laissée.

Rude, obéissant et timide devant la vérité extérieure, appelait respectueusement Nature tout modèle vivant posant devant lui à cinq francs par jour, et il refrénait ainsi la liberté de ses propres impressions. En copiant le mieux du monde tel ou tel homme, il ne traduisait pas l'Humanité. Il n'était pas un de ces esprits qui, à force d'expériences, arrivent aux plus hautes généralités et aux procédés les plus simples. Il ne sut jamais abréger sa méthode. A chaque nouvelle statue, il paraissait recommencer ses études avec une invincible patience. Du reste, il se jugea lui-même en niant l'innéité du génie par les deux formules de son ami et compatriote Jacotot : *Qui veut peut; Toutes les intelligences sont égales.*

Son école se composa, en 1844, des élèves de David d'Angers, alors en voyage. On aima Rude, on le respecta profondément, parce qu'il se montrait à la fois bon, juste, sévère (il avait horreur de voir les jeunes gens vivre avec des maîtresses), désintéressé, et qu'il n'exploitait jamais à son profit le talent de personne. Pour encourager un de ses plus jeunes élèves, il alla jusqu'à lui permettre de travailler avec lui au monument funèbre de Godefroy Cavaignac, et signa le nom inconnu de *Christophe* à côté du sien. Il n'exigeait que six mille francs pour son modèle de la statue d'argent de Louis XIII; mais le duc de Luynes ne crut pouvoir se dispenser en conscience de lui en faire accepter dix mille. Le jour où le sculpteur se fut assuré, par le règlement définitif de ses affaires, quinze cents francs de rente, il répondit à M. Thiers, qui lui offrait trente mille francs sur la caisse du ministère pour un voyage en Italie : « Je suis très-sensible à votre libéralité, mais je n'ai besoin de rien. »

L'honorable artiste arrivé à l'âge de soixante-douze ans, sans avoir pour ainsi dire connu la douleur physique, se sentait depuis quelque temps la poitrine embarrassée vers la région du cœur.

Une certaine mélancolie se révélait dans ses paroles avec la lucidité du pressentiment : « Pourvu qu'il me reste le temps de finir la statue d'*Hébé*, je quitterai, disait-il, le monde sans regret. » On lui lisait au coin du feu une lettre d'ami venue de la Bourgogne : il en écouta quelques lignes en souriant, posa sa pipe, et s'endormit dans la Mort sans agitation et sans trouble.

Bien qu'il se soit rarement élevé par l'imagination vers les hauteurs lumineuses, il s'est montré dans tout le cours de son existence très-supérieur aux illustres pédants et à la plupart des artistes libres qui ont pris pour l'exaltation de l'art le désordre de leur esprit. Sa mémoire vivra dans l'École française, et, pour mon compte, je me fais un devoir d'honorer à la fois en lui la probité de l'homme, le savoir du statuaire et les généreuses illusions du citoyen. Son culte étroit de la tradition me paraît même respectable en ce sens qu'il a réagi contre les improvisations des novateurs ignorants. Le savoir ne nuit qu'aux pédagogues d'Académie ; mais les grandes lois qui résultent des observations du génie sont excellentes à suivre pour quiconque ne veut pas les appliquer aveuglément. Les plus illustres exécutants : Léonard de Vinci, Albert Durer, Michel-Ange, les ont connues et s'y sont plus ou moins conformés. Est-il étonnant que Rude ait exagéré leur précision dans la sculpture, de tous les arts le plus positif et le seul matériellement commensurable ?

Il a pourtant laissé quelques ouvrages qui attestent tour à tour la grâce, la correction, la vigueur personnelles de son talent : le *Jeune pêcheur napolitain, Louis XIII,* le monument de Godefroy Cavaignac, mort à temps pour ne pas voir grandir dans le sang et les larmes les sombres lauriers du Dictateur de Juin.

Que dire du mausolée élevé à Pagnerre, l'heureux marchand d'almanachs démocratiques, au boutiquier Pagnerre, qui, à la faveur de nos agitations, devint un législateur et porta ses pénates enorgueillis dans les appartements que la reine Marie de Médicis habitait autrefois au palais du Luxembourg ? Cet ouvrage est une concession à la vanité bourgeoise, que le bon goût devait interdire au sculpteur.

Hébé est une conception ingénieuse, réalisée d'une main délicate et savante. L'aigle joyeux, tournant autour de la déesse, lui fait de ses ailes étendues une auréole de marbre transparent qui s'illumine avec une certaine magie.

Mais un ouvrage d'inspiration qui suffit à la gloire de Rude, c'est le *Départ de 92* :

La *Marseillaise*, les ailes étendues, les cheveux épars, les bras éperdument levés, s'écrie : *Aux armes, citoyens!* Les guerriers de tout âge marchent à la frontière qu'elle montre de la pointe de son glaive. A l'électrisant refrain de l'hymne révolutionnaire, qui emporte les défenseurs de la République, se mêlent le cliquetis des armes, le hennissement des chevaux et le frissonnement des étendards. Dans l'élan de ce départ on lit déjà la victoire. Reviendront-ils, ces volontaires intrépides? Peu leur importe. Le Génie qui les guide semble leur dire, en étendant la main vers les hauteurs du ciel : « Ceux qui meurent pour la Patrie se réveilleront dans la Gloire. »

D'autres héros s'élèveront de toutes parts au souffle embrasé de la Révolution. Quand leurs aînés auront sauvé le territoire, eux en reculeront les limites, et, soutenant l'idée par le glaive, feront éclater à la fois aux yeux des peuples puissance militaire, grandeur civile et sentiment de l'art. Ils choisiront, entre toutes les richesses du vaincu, les chefs-d'œuvre de l'intelligence humaine pour dépouilles opimes, et les mystérieux monuments de l'Égypte, les belles statues de la Grèce, les superbes tableaux de l'Italie, de l'Allemagne, de la Flandre, de la Hollande et de l'Espagne arriveront sur leurs fourgons victorieux dans le vieux Louvre, le premier musée du monde, l'encyclopédie figurée de toutes les civilisations.

Le *Départ* n'est pas écrit dans la pierre en caractères historiques, mais dans le style de l'Allégorie. Pour éviter la pauvreté du costume moderne, le sculpteur a représenté ses personnages demi-nus, couverts de casques et armés à la manière antique. Ils s'avancent, non pas avec la furie française, mais animés de la foi résolue des vieux temps, de l'énergie stoïque de Léonidas, de Phocion et de Philopœmen. Les alarmes n'ébranlent pas ces guerriers austères, dont les coups froidement mesurés seront mortels.

Ce groupe robuste écrase toutes les sculptures qui l'avoisinent, et par le caractère de l'exécution, et par la fierté du sujet, qui frappera toujours les âmes viriles. Ce sujet, c'est le plus grand cri d'enthousiasme qui soit sorti des entrailles de la France.

OUVRAGES DE M. RUDE

M. Rude a fait, en Belgique, de 1815 à 1827 : *Château de Therwueren;* la Chasse de Méléagre, grand bas-relief en pierre et deux trophées pour la façade principale du château. — Une frise d'enfants avec des guirlandes de fleurs et de fruits pour la décoration du vestibule. — Huit bas-reliefs en marbre (Histoire d'Achille) pour la rotonde du palais, avec quelques têtes entourées d'ornements. — Une cheminée en marbre pour le salon de réception : Romulus et Rémus, figures entourées d'attributs de guerre. — Génies tenant des écussons, pour dessus-de-portes en marbre de la salle à manger. — Dessins pour quelques sujets peints au salon de réception.

Bruxelles : Fronton en pierre de l'Hôtel des Monnaies. — Buste de Delille. — Autre buste. — *Palais du Roi :* Ornements du plafond des escaliers particuliers. — Les armes des Pays-Bas au plafond du vestibule. — Frise de figures allégoriques pour la salle des fêtes. — Enfants ailés jouant de divers instruments pour la salle de bal. — Cheminée en marbre pour la chambre à coucher de la reine : Amours jouant sur le dos de monstres marins dans la frise, et deux têtes dans les gaînes divisées en quatre compartiments qui contiennent chacun un bas-relief.

Cariatides pour la loge royale du Théâtre. — Cariatides pour la salle du Concert Noble.

Palais des représentants, dit des États Généraux : Première chambre : Deux génies tenant un cadran de cheminée. — Deuxième chambre : Génie tenant l'écusson aux armes des Pays-Bas.

Figure de trois pieds pour une pendule, fondue en bronze. — (Le fondeur a obtenu la médaille d'honneur à l'Exposition de Harlem. M. Rude avait surveillé et corrigé la ciselure.

Décoration de la bibliothèque du duc d'Aremberg (figures allégoriques).

Buste du roi Guillaume. — Médaille de Louis David. — Une chaire pour la ville de Lille (église de Saint-Étienne), composée de deux figures de sept à huit pieds, la Foi et l'Espérance, du bas-relief de la Lapidation de Saint-Étienne, d'un Archange de huit pieds et de deux Anges.

Revenu à Paris, M. Rude y exécuta successivement les travaux dont voici la nomenclature :

Une Vierge pour l'église Saint-Gervais, à Paris. — Un Mercure en bronze, placé au Musée du Luxembourg. — Le buste en marbre de Louis David. — Le buste en marbre de François Devosge, pour le Musée de Dijon. — Le buste en marbre de Lapeyrouse (Musée de la Marine). — Jeune pêcheur napolitain jouant avec une tortue, statue en marbre (Musée du Luxembourg). — Une partie de la frise de l'Arc-de-Triomphe de l'Étoile, et un des quatre grands trophées, représentant le Départ des Volontaires de 1792. — La statue du maréchal de Saxe, pour le Musée de Versailles. — Un groupe en marbre, représentant le Baptême de Jésus-Christ, pour l'église de la Madeleine. — Un petit Mercure en bronze, pour M. Thiers. — Une des figures ornant le tombeau de M. Cartelier, statuaire. — Le buste en marbre de M. Dupin aîné. — Le bas-relief de droite de la façade du Palais des Députés. — La statue de Louis XIII en argent et son piédestal orné de figures, pour M. le duc de Luynes. — Un buste du connétable de Luynes. — Statue en bronze de Napoléon Ier, pour le capitaine Noisot, à Fixin, Côte-d'Or. — La statue de Monge, pour la ville de Beaune. — Le tombeau de Godefroy Cavaignac. — La statue du général Bertrand, pour la ville de Châteauroux. — La statue de Jeanne d'Arc, pour le jardin du Luxembourg. — Le Calvaire, groupe en bronze pour le maître-autel de l'église Saint-Vincent-de-Paul, à Paris. — La statue du maréchal Ney, pour la place de l'Observatoire, à Paris. — La statue du Poussin, pour le Louvre (Galeries extérieures). — La statue de Houdon, pour le Louvre (Galeries extérieures). — Un Portrait de Mme M. C.-V., buste en marbre. — Un buste en bronze, de M. Pagnerre. — Hébé et l'Aigle de Jupiter, groupe en marbre. — L'Amour souverain, statue en marbre. — Tête de Christ en marbre.

SUJETS EXPOSÉS AUX DIVERS SALONS

1827 : Vierge immaculée. — Mercure en plâtre.
1831 : Buste en marbre de Lapeyrouse. — Buste en marbre de Louis David.
1833 : Jeune pêcheur napolitain.
1834 : Mercure en bronze.
1838 : Buste en marbre de M. Dupin aîné.
1848 : Statue de Monge.
1852 : Jeanne d'Arc, statue en marbre. — Calvaire, en bronze.

EXPOSITION UNIVERSELLE DE 1855

Jeune pêcheur napolitain. — Mercure. — Portrait de Mme C.-V..., buste en marbre.

FIN DE LA PREMIÈRE SÉRIE.

TABLE

DE LA

PREMIÈRE SÉRIE DE L'HISTOIRE DES ARTISTES VIVANTS

—◇◇—

Pages.

Introduction. 1

ARTISTES FRANÇAIS

I. Ingres, peintre 4
II. Eugène Delacroix, peintre 44
III. Corot, peintre 85
IV. Chenavard, peintre 105
V. Decamps, peintre. 149
VI. Barye, sculpteur. 189
VII. Diaz, peintre 221
VIII. Courbet, peintre. 241
IX. Préault, sculpteur 281
X. Rude, sculpteur 305

ERRATA

Page 26, ligne 30. Au lieu de : Ce moyen l'a beaucoup servi, lisez : Ce moyen lui a beaucoup réussi.

Page 29, ligne 33. Au lieu de montres, lisez : monstres.

Page 107, ligne 27. Au lieu de : il se ravale soi-même, lisez : il se ravale lui-même.

Page 125, lignes 5 et 6. Au lieu de : Allégorie aux religions, lisez : Allégorie des religions.

Page 133, ligne 3. Au lieu de : allégories, lisez : allusions.

Page 138. Le second paragraphe de cette page, n'étant pas la description d'un tableau, ne doit pas être marqué XLIII.

Page 164, ligne 18. Au lieu de : la jeune école qui exaltait, lisez : la jeune école exaltait.

Page 172, ligne 13. Au lieu de : une lange, lisez : un lange.

Page 191, lignes 1 et 2. Au lieu de : Je l'ai vu, pour la première fois, à l'atelier, lisez : Je l'ai vu, pour la première fois dans l'atelier.

Page 209, ligne 22. Au lieu de : contiendrait en trois mots, lisez : tiendrait en trois mots.

Page 320, ligne 24. Au lieu de : se trouvent longuement exposés, lisez : se trouvent longuement exposées.

PARIS. IMPRIMERIE DE J. CLAYE, RUE SAINT-BENOIT, 7.

www.ingramcontent.com/pod-product-compliance
Lightning Source LLC
Chambersburg PA
CBHW052239220526
45471CB00001B/113